U1010214

人民楷模朱彦夫

遲浩田

朱彦夫查找资料

朱彦夫田间小憩

朱彦夫和妻子陈希永

1958 年朱彦夫和妻子陈希永、长女朱向华

朱彦夫看报学习

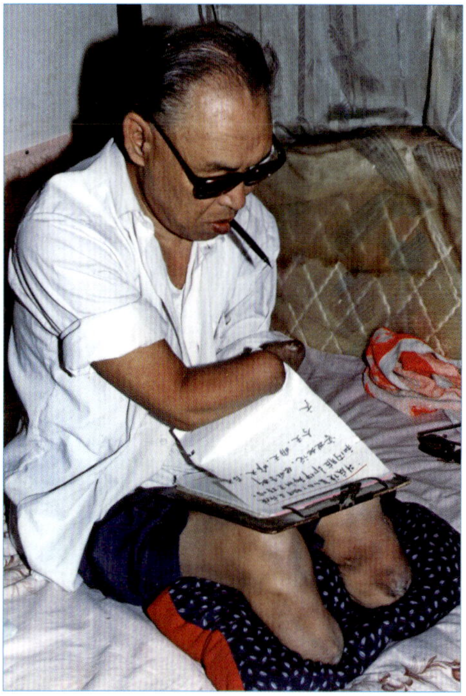

朱彦夫衔笔创作

朱彦夫绑笔腕书

人民楷模朱彦夫系列丛书

男儿无悔

朱彦夫◎著

新华出版社

图书在版编目(CIP)数据

男儿无悔/朱彦夫口述；张立新代笔
北京：新华出版社，2014.2（2023.10 重印）
ISBN 978-7-5166-0894-4

Ⅰ.①男… Ⅱ.①朱…②张… Ⅲ.①传记文学-中国-当代 Ⅳ.①I25

中国版本图书馆 CIP 数据核字(2014)第 028126 号

男儿无悔
作　　者： 朱彦夫

责任编辑： 米俊峰　林郁郁　　**封面设计：** 刘宝龙

出版发行： 新华出版社
地　　址： 北京石景山区京原路 8 号　　**邮　　编：** 100040
网　　址： http://www.xinhuapub.com
经　　销： 新华书店、新华出版社天猫旗舰店、京东旗舰店及各大网店
购书热线： 010-63077122　　**中国新闻书店购书热线：** 010-63072012

照　　排： 六合方圆
印　　刷： 河北鑫兆源印刷有限公司

成品尺寸： 170mm×240mm　　**字　　数：** 200 千字
印　　张： 18.75　　**彩　　插：** 4 页
版　　次： 2014 年 2 月第一版　　**印　　次：** 2023 年 10 月第五次印刷

书　　号： ISBN 978-7-5166-0894-4
定　　价： 50.00 元

版权专有，侵权必究。如有质量问题，请与出版社联系调换：010-63077124

《男儿无悔》序

迟浩田

我和朱彦夫有着特殊的情缘。我们是战友，从解放战争到抗美援朝，我们共同参加了许多著名的战役。又都在战斗中负伤，有战胜伤残的相似经历，尽管我的伤比彦夫轻。彦夫是沂蒙山的儿子，而战争年代我曾多次在沂蒙老区养伤，是那里的人民给了我第二次生命，所以我们又是“老乡”。我对沂蒙这片土地，对沂蒙的父老乡亲，始终怀有深深的眷恋。我在济南军区工作时，听到彦夫很多感人肺腑、催人泪下的事迹，1987 年 7 月曾专程到沂源县看望他。那时他已从村支书的岗位上退下来，正以坚强的毅力创作他的自传体小说《极限人生》。这部小说 1996 年 7 月首次出版。不久，彦夫突发脑血栓，本已残缺的肢体进一步瘫痪。我知道后很担心他是不是还能挺得住，没想到两年后他又把这本传记文学《男儿无悔》奉献给读者。我为此欣慰，更深为感动。彦夫最近来信说，要我为他的这本书作序，我欣然答应。

朱彦夫是个普通战士，普通党员，普通农民，但又有着不平凡的传奇式的人生经历。他 14 岁加入中国人民解放军，先后参加过济南、渡江、上海等重大战役，在战争的洗礼中懂得了人生的战斗和战斗的人生，历经磨难，矢志不移。在抗美援朝战场上，在一次与美国王牌军的殊死搏斗中，他和他的战友们冒着零下三十多度的严寒，三天三夜颗粒未进，饿了吞棉絮，渴了吃把雪，打退了敌人一次次疯狂反扑，始终像钉子一样坚守着阵地。最后他们那个高地上的战友全部壮烈牺牲，只剩下彦夫一个人。他遍体是烧伤和弹伤，左眼球被打掉，肠子露出腹外，双腿和双手都冻坏了。获救以后，他整整昏迷了93天，仅大大小小的救治手术就进行了47次，四肢全部被截掉。他这样从死神那里挣脱出来，重新燃起生命之火，这本身就是一个奇迹。像彦夫这样严重伤残的人民功臣，本来可以在荣誉军人疗养院中安度一生，但他身残志坚，要求回乡务农，选择了一条自食其力的生活道路。他当了25年的村支书，带领乡亲们战天斗地，改变了家乡贫穷落后的面貌。为了把革命先烈为国家为民族前仆后继、英勇牺牲、无私奉献的凛然正气和英雄壮举写出来，为了把一个特殊军人自强不息、挑战生命极限的人生历程写出来，他晚年又拿起了笔，开始了写作这一特殊形式的战斗。

我们这些从战争中走过来的人，曾目睹和亲历战争的惨烈与牺牲的悲壮。有多少可亲可爱、朝夕相处的战友，英勇地倒在沙场，消逝于战火硝烟。

青春是美丽的，而她在生命旅程中又是那么短暂。生命是美丽的，而每个人只能拥有一次。战场上如何面对可能骤然到来的生与死的选择，是人生的严峻考验。朱彦夫经受住了这样的考验。然而，在他身上展现的不仅仅是这些。他向人生的种种磨难，包括困苦、挫折、病痛、彷徨、绝望甚至是死亡宣战，向生命极限发出一次次冲击，不仅创造了生命的辉煌，而且获得了超越生命意义的新生，实现了生命的再造，表现了一个在党的旗帜下成长起来的革命战士特有的生命张力。正如朱彦夫所说，他把生命的能量定格在最壮美的极限深处了。

苏联作家奥斯特洛夫斯基以自己的人生经历创作了《钢铁是怎样炼成的》，塑造了保尔·柯察金的光辉形象，鼓舞了无数的革命者义无反顾地走向为共产主义理想奋斗的道理。在朱彦夫身上，我们看到了中国的保尔·柯察金。朱彦夫铮铮铁骨、无怨无悔、笑傲人生的英雄本色，他用生命写成的《男儿无悔》，真实而生动地向我们展示了一个真正的革命战士，一个真正的共产党员，一个真正的中国人的形象。我相信，我们每个人都可以从中得到人生的感悟，更好地把握生命的真谛。

朱彦夫告诉我，由于他现在身体甚差，这本书可能是他的最后创作了。但他表示，作为一名战士，只要一息尚存，就不能泯灭自己始终追求更大胜利的渴望。他认为人生本就不该有什么极限。所有的极限全部跨越之后，也许就会有一片更加崭新的天地。这是极富哲理的人生箴言。我觉得，不管彦夫今后还能不能创作，他高扬着的爱国主义和革命英雄主义精神，他对党、对祖国的无比忠诚和热爱，他永远战斗着的人生姿态，他的巨大的人格力量，都将使他的生命更加充实和璀璨。在这里，我祝贺《男儿无悔》再次出版，也祝愿彦夫的生命之火烧得更旺！

2014年2月26日

目　录

身体的健壮与残疾并不是衡量人生价值的唯一标准，只有最大限度地向社会贡献自己的潜能，才能使人生有价值，才能使自己的人生重新充满光明！

世上没有不认娘的儿子，更没有不认儿子的娘。儿子一别15载，母亲长梦盼儿归，端碗思断肠，看山山蒙蒙，望天天空空；春去秋来，雨枯雪消，头发盼白了，人熬老了，泪流干了，儿子总算回家了。

每一次我都强烈地渴望着生。人的躯体可以残缺，人的生命可以终结，但一个人的精神和信念必须是完整的、永生不死的。但只要信念不死，哪怕只有万分之一的希望，我也应该全身心地去争取。

我从乡亲们不约而同的意见中，觉出了一份信任、鼓励和殷切的期待，更感到这是一项神圣而沉甸甸的使命。有所作为、不甘寄生是我梦寐以求的理想，只是想不到它来得这么快、这么意外、这么真实！

在我的心中，始终不变地奔腾着的是对党、对人民、对正义无限忠诚、无限挚爱的热血，在我的世界里，只要不死，就得战斗！生存，就应该是为了更大的胜利，更光明的未来！

命运虽然给了我太多苦难，但所幸的是，我始终是用一种战斗的

第一章　飘摇的雨夜

我出生在一个风雨飘摇的夜晚。那些年，村里常遭洪灾，吃了上顿没下顿。长大后，我便随着姐姐外出讨饭，每一处荒凉贫瘠的土地上，几乎都留下了我年幼的足迹。

第一章　飘摇的雨夜

沂蒙山脉绵延起伏几百里，重重叠叠，岭高谷深。在最北端的崇山峻岭中，有一条溪流蜿蜒南下，东转西拐，一路接纳群山流出的十几路溪水，在大山环绕间，硬是撕开几百米宽的河床，汇成浩荡、渺茫的沂河，并折转向东，一路咆哮远去。

沂河水一年年、一代代地流淌着，流走泥沙，流走了岁月，留下苦难和贫瘠。

就在沂河水折首向东的山谷间，一条叫九曲河的支流把西部的荒山僻岭冲开了一条窄窄的河谷。顺河谷弯弯转转逆流西去40里的地方，因河水年年暴涨，泥沙淤积，在河北岸渐渐形成一片南低北高的三角地带。这个三角地带北依红崮山，跨过河就是南珠山，南北距离窄处不足百米，东西狭长超过10公里。顺红崮山南下的一条横亘山梁直抵这片冲积地带的中部。古人称此地为“风水脉头”，人们便安下家来，祈盼好风水能给山里人带来好年景。可穷山恶水留给山里人的只有苦难，于是人们渐渐离去。河谷依旧荒凉。后来，不知在哪朝哪代，一位姓张的猎人，毅然看中了这片土地，便落户扎根，繁衍后代，人烟渐旺。这个小山村叫作张家泉。

1933年的夏天，雨季早早地来到了这片贫瘠的土地上，铺天盖地的大雨没日没夜地倾泻在这狭窄的山谷里。不几天的时间，山洪连连暴发，浑黄的洪水顺九曲河咆哮而下，冲走了树木，冲走了庄稼，冲走了穷苦百姓的草房。村西头张西元家不仅两间草房被洪水吞没，多病的妻子也被洪水冲去。张西元和两个孩子哭天抢地，可那撕人心肺的雷鸣和暴风雨的呼啸却把一家人的悲号淹没了。

到了7月6日这天的晚上，依旧雨如瓢泼。

天黑沉沉地压在山头上，几乎把南北两座山都要压扁了。闪电和闷雷仿佛就在脑后，偶尔撕开雨帘中的一线天，瞬间又压到了头顶上，令人窒息和恐惧。

九曲河的洪水夹杂着上游冲下来的树木、沙石，横扫了这片狭窄的三角地带，恐怖和绝望在村子里蔓延。

约莫二更天的时候，村南的几户人家哭喊着奔向村北，洪水已漫上了那几户人家的草房。眨眼间，房子就被吞没得无影无踪。洪水继续上涨，村东头在南北山梁下的几户人家，由于地势较高，九曲河水暂时威胁不到他们，可顺山沟冲下来的山洪，却夹着碎石、泥沙、荒草、烂木滚滚而下，从北向南，由高及低，凶猛地压了下来。张长明一家四口还没从恐惧中惊醒过来，山洪已卷了过去，房子没了，人不见了。

这时，又一声闷雷从红崮山顶滚了下来，擦着村子的上空，“泼剌剌”地炸响在九曲河对岸的绝壁上。洪水把闷雷的余声冲走以后，雨点慢慢地稀疏了。偶尔的几道闪电从山上划过，但没了雷声，只有山洪的低吼和整个村子的呜咽交织在一起，天地一下子静了许多。

这时，村北一间石砌的草顶房里，一声嘹亮的啼哭划破了阴沉寂静的夜空，一个新的生命在这苦难的夜晚降临了。

雨虽小了下来，可草房顶漏下的雨水仍然不断线，蜷缩在房子西北墙角的父亲猛地站了起来。这位还不到40岁的男人，由于被生活重担压得腰弯背驼，看上去倒像50岁般的苍老。他焦躁地把头上的雨水撸了两把，急匆匆踩着满屋的泥水奔到土炕前。土炕四角插着四根指头粗的树枝，上面遮了一条草席，由于屋子东南角雨水漏得厉害，雨水顺着草席子“滴滴答答”地把炕南头淋湿了一大片。父亲伸手把草席向南扯了扯，这才低头去看妻子怀中的儿子。孩子小脸憋得有些发紫，但眉眼清秀，小手、小腿有力地蹬踹着，小嘴大张着，一声声嘹亮的啼哭像是大声宣告着自己的降临。

父亲头发梢上流下的雨水很快就冲刷掉了刚刚显现出的一脸惊喜。望着妻子苍白无力的脸庞和一双疲惫无神满是忧郁的眼睛，看看在风雨中飘摇不定、一无所有的家，听着门外轰然作响的水啸，儿子的出生仅仅给做父亲的带来了一丝欢欣，更多的却是忧虑和无奈。是啊，在这个凄风苦雨的夜晚，在这无衣无食、贫困交加的年月，这个孩子不该出生啊！爹娘拿什么养你长大？这个不平的世界能容得下你吗？

起风了，茅草屋难遮风雨，炕头的一盏小油灯被风吹得忽明忽暗。湿透的衣服经风一吹，父亲不禁打了一个寒战。他赶紧伸手给妻子拽了拽被角，并叫八岁的女儿艳花从炕洞里抽出些茅草盖在娘和弟弟的身上。

又一阵风，拱开了仅剩几根枯枝的房门，油灯忽地灭了。刚刚安稳地睡在妈妈怀中的婴儿像是被惊醒一般，“哇”的一声哭了起来，这响亮、清脆的哭声久久地回响在这凄苦的雨夜中……

我的出生，是伴着一场灾难来的。

就在那天晚上，全村的庄稼地几乎被洪水冲了个精光，村里有六位乡亲死在那场洪水里。接下来的几天里，雨虽然停了，乡亲们却没有从灾难中挣扎出来。没了庄稼，一下子断了全村人生存的希望，有几户人家携妻带子远走他乡。这苦难深重的窝啊，留下了他们的希冀，留下了他们的酸楚，他们泪流满面，一步一回头，沿着红崮山脚一条狭窄的小路去寻找新的希望和生路。

由于没有吃的，娘干瘪的乳房里挤不出一点营养给我。由于没了地，爹一扭头去南乡打短工。姐姐艳花才八岁，自爹走了以后，她几乎成了我家的顶梁柱。每天早晨天还不亮，她就挎上一个小篮子，光着脚板挨村乞讨，来养活多病的娘和我。山路崎岖，她稚嫩的脚板时时被扎得鲜血淋漓。娘心疼，每次总抱着她的脚，流下辛酸的眼泪。娘对她说，去近处挖点野菜采点树叶充饥吧！可姐姐每次都懂事地安慰着娘：“没事，俺不疼，你光吃野菜，哪有奶水喂弟弟呀！”

时近隆冬，妈妈的身体有所恢复，她用一件破夹袄把我紧紧地裹在怀里，又找来一些破布条，帮姐姐把脚缠起来当鞋穿，娘仨就这样一起外出讨饭。

刚下过的一场雪还没有融化，又飘飘扬扬、忽紧忽慢地下了一夜，染白了全村的茅草房，覆盖了远远近近的群山，那条山路也看不见了。娘在前头，姐姐挎着篮子跟在后头，一步深、一步浅地摸索着在雪地中挣扎。

在离村八里远的刘庄，姐姐讨来了半块地瓜，可能刚煮熟不久，

还有些温热。姐姐双手捧着，央求娘快点吃下去。娘接过地瓜，看看姐姐冻得青紫的脸蛋和皲裂得皮开肉绽的小手，眼泪直在眼眶里打着转转。

“你吃了吧，娘不饿。”

“不，还是娘吃，娘吃了，弟弟才能不饿!”

“好孩子，听娘的话，你吃饱了，才能给娘要饭。”

我的一声长长的啼哭打断了娘俩的推让，看看怀中的我，娘咬咬牙，把那块地瓜掰成两半，直到看着姐姐吃下那半块后，才和着泪水，吃下了剩下的半块。

不知什么时候，雪又密密地飘了起来。只讨了半块地瓜的娘和姐姐，听着我一声声饥饿的哭声，只得冒着雪，强打着精神继续沿路乞讨。

在柳枝峪，大户丁光耀家的门口，雪已经铺了厚厚的一层。朱漆大门外的一根粗大的石柱上，放着一块不知是谁吃剩的烙饼。姐姐眼尖，兴奋地叫了一声娘，就快速地跑过去，伸手去拿那块饼。柱子太高，姐姐伸长了手也没抓着，急得她连忙放下篮子，侧着放在柱子下，两脚踩上去，伸手抓住了那块饼。可脚底下太滑，篮子一骨碌，姐姐摔倒了，两条腿正磕在石柱旁的台阶上。娘喊了声“艳花”，就急急奔了过去，一把拉起姐姐，忙问磕着了没有。姐姐疼得眼泪都下来了，可依旧举起手中的饼，兴奋地对娘大声说：“娘，是烙饼!”

雪依旧飘飘地下着。

娘怀揣着我，领着姐姐踉踉跄跄地走在回家的路上。娘一扭头，见姐姐一瘸一拐，忙停下来，蹲下身子，掀起姐姐的裤腿，右腿膝盖早磕烂了，一道血口子翻开着皮肉，血顺着小腿渗到了破布裹着的脚上，又印在走过的雪地上。娘慌忙从破夹袄的下摆撕下一缕布条，又从里面拽出一团黑乎乎的棉花，压在姐姐的伤口上，又用布条系了一遭，打了结扣，伸手替姐姐擦去了满腮的泪水，这才立起身子，牵着姐姐，一拐一跛地朝着张家泉那熟悉的草房走去。身后洁白的雪地上，留下两行深深浅浅的脚印，在姐姐踩出的那弯弯扭扭的雪窝旁边，有几点殷红的血迹在白雪的衬托下分外刺目，这血迹渐渐渗进雪中，又渐渐被飘飘而下的雪花盖住了。

许多年以后，每当娘给我讲起这段故事，我就觉着那天，我分明是看见了那雪地上刺目的血迹，并且，从此再也没有忘记。

九曲河水封冻又融化，融化又封冻。南珠山绝壁上的迎春花，开了又谢，谢了又开。苦难的日子就这样熬了一年又一年，转眼我已经三岁。

这期间，我有一个弟弟出生了，可还没满月，就饿死在娘的怀里。爹号啕大哭，把弟弟幼小的身躯埋在了红崮山脚的一片小松林里。这片小松林里还埋着我的两个哥哥和一个姐姐。他们都没能熬得过风霜雨雪，就先后夭折了。爹娘生下的七个孩子中，只有姐姐艳花、我和在我五岁时出生的弟弟彦坤顽强地活了下来。从此，我们一家五口人相依为命。爹除了耕种着三亩多山岭薄地外，依旧去南乡打工。娘在家照看弟弟彦坤，姐姐和我天天上山挖野菜，去邻村讨饭。我从此走遍了家乡的山山水水，每一处荒凉贫瘠的土地上，几乎都留下了我年幼的足迹。在我的眼睛里，看到的都是贫困交加，都是人间的不平，都是欺凌辱骂和毒打。于是，在我幼小的心灵中，早早地也是深深地埋下了反抗的种子。

1942 年的春风翻过层层深山，终于顺着九曲河谷，早早地吹进了张家泉村。屋东边土崖上生长着的几株迎春花，用力地抖一抖枝条上的积雪，顽强地把身子再伸长一点，再伸长一点，在谁也不注意的时候，悄悄吐出了一串串嫩黄的花蕾，在乍暖还寒的风中恣意傲视着尚未苏醒的大地。

这一抹嫩黄，竟把肃杀的天地装点得生机无限。

这一年，我刚刚九岁。

苦水中泡大的我，伴着这一抹盎然生机，吸吮着故乡土地给我的营养，渐渐长成一个充满活力的少年。个头虽然不高，可我有的是力

气，家中的农活都是由我和爹一起操持。姐姐已经是大姑娘了，娘不放心，外出讨饭不再让她去了。娘身体好的时候，就和我一起去，身体不好时，就由我单独外出。我什么都不害怕，能光着脚走到 40 里外的蒙阴县。天黑我也不怕，那一条条崎岖的山路都印在我的心里。娘不放心的是怕我碰上土匪、鬼子和国民党兵。

那时大土匪刘黑七就常常窜来周围村庄烧杀掳掠。听我爹说，头几年，刘黑七领着土匪一路杀到我们村西 20 里地的张家旁峪村，一夜杀了一百多口人。刘黑七原名叫刘桂堂，从 1918 年起拉起了土匪队伍，无恶不作，祸害乡里，许多村庄的人被他杀光，尸横遍野，白骨累累，成了无人敢靠近的“无人区”。后来，他窜到费县，安下据点。他残忍地声称：“有我就没有费县百姓”，“要把费县杀个鸡犬不留”。刘黑七杀人极其残忍，有点天灯、放天花等做法，还叫土匪用碾把小孩碾碎。当地百姓对他咬牙切齿，恨之入骨。1943 年 11 月，八路军鲁南部队一举将其剿灭，乡亲们拍手称快，并抬着刘黑七的尸首在周围村庄游行。在费县的柿彦村，一位老人拿刀从刘黑七腿上割下一块肉，非要尝尝这个害人精还有没有人味。

日本鬼子的部队是 1938 年底越过鲁山进入沂源县的。当时国民党山东省政府主席沈鸿烈带领省府机关驻扎在鲁村，闻听鬼子进入沂源，吓得慌忙迁到了离张家泉 40 里地的东里店。1939 年 6 月 7 日，鬼子出动飞机，疯狂轰炸了东里店。一时间，省政府驻地火海滚滚、尸横遍地，沈鸿烈仓皇逃到临朐县。三天后，鬼子在东里店建起了炮楼，设立了据点，并频频扫荡周围村庄，让百姓吃尽了苦头。

国民党的部队除了吴化文新四师以外，还有秦启荣的第五纵队，还有五十一军。他们不但不抗日，闻风就跑，反而处处和八路军作对，制造摩擦，屠杀抗日队伍。

乡亲们渐渐都看明白了，只有共产党领导下的八路军才真正是咱穷人的队伍。老百姓不顾鬼子兵和国民党的层层堵查，偷偷给八路军送信、送饭，掩护伤员。

屋东边土崖上的迎春花还在迎寒绽放的时候，一天夜里，我家来了一位陌生的客人。爹告诉我们姐弟仨，以后有人问起来，就说是南乡的亲戚，因生活困难投奔我们家来的。爹和他上山不一会儿，就砍来些树杆子，和些黄泥，屋后有的是石头，拣些大的来，接着屋东头的墙，砌起屋基来，娘和我们姐弟仨见状，也都过来帮忙。那亲戚很和蔼，他一把抱起弟弟，放在东土崖上，随手脱下身上的一件布衫披在弟弟身上，然后回过头笑着对我说："朱彦夫，你来看着弟弟，看我给你盖新房子！"

那亲戚好大的力气，一伸臂轻轻地就抱起块大石头。

天傍黑的时候，爹和亲戚悄悄地走了，第三天的早上才匆匆回来。爹很兴奋，手里还拎着一袋子高粱米，娘忙接过来。爹笑着对娘说："给孩子们做顿饱饭吃吧！"随即，爹和那亲戚顾不上休息一会儿，接着就又去搬石头，和泥巴，垒起那房子来。石头墙垒到一人半高的时候，爹扛过树杆子搭在上面，又盖上树枝，上面均匀地铺上一层茅草，茅草上又厚厚地涂上了一层泥巴，又铺上茅草。爹和那亲戚又上山砍来一些树枝，盖在茅草上。那亲戚高兴地对爹说："好，新房盖好了！"爹抱来一把茅草在屋里铺开，就算床了。娘又找出床破烂被子，铺在茅草上，那亲戚在上面坐了坐，很满意的样子，爹和娘都笑了。

晚上，一泡尿把我憋醒了。我爬下炕来，摸着屋里东西方向的一道土墙，这墙是爹前几年砌的，墙里边靠房子北墙的地方睡着姐姐。我顺着墙，睡眼惺忪地摸到门口，推开门来到屋外。天上有几颗星星，一轮满月除了偶尔有几朵浮云遮住外，均匀地向大地播撒着月光。四周静悄悄的。山村的夜就是这样静谧，为生计而奔忙了一天的乡亲们天天都在唉声叹气中、在恐惧中、在饥饿中慢慢睡去，总祈盼着天亮醒来的时候，不会再有欺压百姓的坏人，不会再有饥饿。

忽然，院子东北角的那白天刚盖好的新房子里传出一阵说话声。虽然声音极低，可还是把我吓了一大跳，我打了一个激灵，那泡尿也不知跑哪去了。我愣了一会，给自己壮了壮胆，"可能是爹和那亲戚还没睡？"我不再害怕，就朝那房子走来。那房子没有门，只在我家

房子东墙角这地方留了一个豁口当门。可能是听到脚步声，有一个人从屋里走了出来。借着月光，我认出是爹，这下我完全放心了，几步走近了门口。爹也认出了我，他表情很凝重，略一犹豫，低低地对我说了声“进来吧!”转身就走进了屋里。我一步迈进，爹早就麻利地点上了一盏油灯。灯光下，那亲戚坐在茅草搭成的铺上，看见我，忙站了起来，把我拉过去，叫我也坐在那铺上。爹回过头来，蹲下身子，顺手抓过一块石头垫在腚底下，坐在了我的对面。

“彦夫，爹知道你是个懂事的孩子，要保密，知道吗?”爹表情很严肃，几句话说得我晕头转向，我不知道爹说这话是什么意思。

见我一脸茫然和惊讶，那亲戚朝我坐的地方挪了挪。

“别吓着孩子!”他摆了摆手，打断了爹的话。

“我早就听你爹说过，你是个很勇敢的孩子。”那亲戚伸手扶在我的肩膀上，亲切地对我说着。

“告诉你吧，我是这个!”他伸出右手，作了个“八”的手势，脸上含着笑意，一双明亮的眼睛信任地看着我。

“嗬！原来你是……”

那亲戚伸手止住了我的话：“小声点，这可是秘密啊!”

他脸上的表情也和爹一样的严肃和认真。

嗬！原来是八路军！我心里一阵惊喜。虽然当时我才九岁，可在南乡要饭的时候，早就听说八路军的事了：八路军专打鬼子，个个像天兵天将，会飞檐走壁，手里的枪百发百中。八路军对咱老百姓最好，走到哪里，就帮哪里的老百姓干活。我还听说，离这 80 里地的黄庄有的是八路军，在那里打跑了国民党兵，老百姓有吃有喝，想干什么就干什么，谁也管不着。没想到我们家里也有八路军了，爹还说他是亲戚，准是嫌我是小孩，不敢跟我说实话！其实我早就想见见八路军了，过了年的时候，我要去黄庄要饭，娘嫌太远，说啥也不让我去，这几天我还一直想去呢!

爹脱下褂子，披在我身上，轻轻地，但是很凝重地对我说：“千万要记住，有人问起来，就说是南乡的亲戚，不能……”

我兴奋地点了点头，转脸去看着那亲戚，亲戚依旧满脸笑意地看着我，朝外努了努嘴："去睡吧！我和你爹还有事商量。"

我躺在床上，那一夜再也没有睡着。一直在兴奋地回想着这意外的惊喜，翻来覆去地想着那亲戚，还有爹。

我爹叫朱青祥。朱家在张家泉是独门独户。听我爹讲，朱家祖辈一直住在蒙阴县上东门村。从我爹朝前数七辈的时候，才因贫寒而迁到了这里。我娘叫郑学英，也是蒙阴县人。有一年讨饭讨到村里，我爷爷可怜她孤苦一人，就收留了她。爷爷去世后，她就嫁给了我爹。爹一辈子正直、刚毅，不畏艰难，嫉恶如仇。乡亲们谁家有灾有难，他总是倾其所有给予帮助，虽是独门独户，在村里却很有人缘。爹的这些优秀品质对我后来影响极大，我应该感谢他给予我的这些潜移默化的影响。爹常年在南乡打短工，肯定早就接触了八路军和共产党。很可能正是由于他具备这些品质，八路军的部队极其信任他，并安排侦察员住进我家，利用我家作掩护，四处侦探敌情。

天快放亮的时候，我还在迷迷糊糊地想着这些事情：有八路军来了，这下可好了！看谁还敢欺负咱穷人，兴许咱张家泉也快和西乡的黄庄一样了，老百姓有吃有喝，想干啥就干啥！唉，他怎么才来了一个人呀，那鬼子和土匪一大帮一大帮的，他一个人什么时候才能杀完呀！要是我也能帮他杀坏人就好了，我有的是力气，胆子也大。唉，他们总说我太小，我什么时候才长大呀！快点长大吧！想着想着终于慢慢睡着了。

那晚上之后，我好像一下子长大了许多，干活或者外出要饭时，我都有使不完的劲。平日里看惯了、走惯了的穷山穷水，这时候在我眼里竟亲切了起来。有时见到那个亲戚，我就止不住地想笑。

不知过了多少天，有一天晚上，爹和那位侦察员又悄悄出去了。可到了早上，俩人谁也没回来。娘和我们姐弟仨起初谁也没在意。娘当然知道这个秘密，她安慰姐姐和弟弟：兴许是走远了，隔几天准能回来。可一连几天过去了，俩人还是不见踪影。娘有些着急了，就叫我出去找找，我一听很高兴。爹总不让我跟他们去，这下我总算能来

个“跟踪追击”了。

挎上篮子，我一溜烟就窜上了村东的山路。远处有一伙人影影绰绰看不清。再往前走了一会，我猛然发现人群中有高头大马正晃晃悠悠走过来。不好！是鬼子来了！鬼子常来周围村庄扫荡，都是骑着大马，举着明晃晃的刺刀。我不及细想，赶紧猫着身子跑回了村里。娘见我上气不接下气的样子，忙问是怎么回事。我喘着粗气，手指身后，半天才说清楚是鬼子来扫荡了。娘也很慌张，忙叫姐姐领着弟弟到山上躲躲，又吩咐我快帮她把东屋里的东西收拾收拾藏起来。

我刚把侦察员的茶缸和皮带、衣物等藏进屋后的树林里，鬼子兵就进村了，而且是直奔我家的院子！

我心里一惊，莫非是爹和侦察员的事让他们知道了？我担心娘有不测，又从树林里跑了出来，三步两步就窜进了院子。娘见我又跑回来，着急地喊我快跑。这时，鬼子兵已涌进了院子。

我一眼就看见鬼子兵身后的几个汉奸抬着一个人。鬼子兵一挥手，几个汉奸向前紧走几步，“扑通”一声把人扔在了娘和我的眼前。

啊！是爹！只见爹血头血脸，身上褂子早就撕成缕了，裤子也只有半截。赤着脚，血顺着腿一直流到脚上，黑乎乎的，早就干结了。胸膛上一片一片的血渍，也都干结成黑乎乎的颜色。

娘见状脸都吓白了，继而扑到爹的尸体上号啕大哭起来。我惊得像脑子炸开一般，那黑乎乎的血渍一片片在我眼前旋转起来——爹死了？爹死了？爹叫鬼子杀了？这怎么可能？这是怎么一回事？爹让鬼子发现了？那血渍在我眼前转得更快，我感到天旋地转，“扑通”一声趴在娘的身上。这时几个汉奸走过来，一把扯起了我娘，连拖带拽扔在了鬼子的脚下。从马上跳下来的那个鬼子对旁边的汉奸叽里咕噜地说了几句，那汉奸走上前，朝着娘的头凶狠地踢了一脚。然后又一把扯起来，恶狠狠地问道：“他就是你男人？他敢领八路去侦察皇军的据点，就该杀！快说！八路是不是住在你家，还有什么东西在你家？快说！小孩，你也过来！”

“他是俺亲戚，他爹领他出去打工，俺啥也不知道！”娘挣开汉奸的手，抹了一把头上淌下来的血迹，一把把我拉到身后，眼睛里没有了悲伤和恐惧，平静地回答道。

“八格!”为首的鬼子大吼一声，“唰”地一下抽出指挥刀，架在娘的脖子上。

悲伤和愤怒涌上了我的心头，九岁的我，不知哪来那么大的勇气，一下挣开娘的手，一步跨到娘的前面，挡住了娘，涨红的双眼狠狠地盯着眼前这个狰狞的面孔。

鬼子“嗖”地一下抽回刀，又高高地举了起来。娘见状又伸手想把我拉到身后，一拉没拉动。正在这时，鬼子的刀“唰”的一声劈了下来，我只觉得右肩膀一阵钻心剧痛，一下子就瘫倒在娘的脚下，什么也不知道了……

我醒来的时候，见自己还躺在院子里，娘正坐在我身旁放声大哭。

鬼子已经走了，我一阵欣慰。忽听身后僻叭作响，我一扭头，肩膀上一阵剧痛，眼泪都疼得掉了下来。可眼前的情景更让我震惊：鬼子把房子点着了，干透了的茅草顺风向“呼呼”地燃烧着，东边的小屋已烧完了，只剩下残垣断壁。

“娘，快救火!”我一边喊着，一侧身想爬起来，可撕心的疼痛一下子又使我晕了过去。

当我第二次醒来的时候，发现自己躺在炕上，姐姐坐在旁边。

“这是咱张婶子家，咱家的房子让鬼子烧了，张婶说要找几个人帮咱再盖一间！你肩膀还疼吗？咱娘给你捂上灰，都包起来了!”

“咱爹呢?”我咬着牙，朝上起了起身子。

“咱爹死了，张婶子……”姐姐终于没忍住，眼泪涌了出来。

娘和张婶领着几个人把爹埋在了屋后的树林里。原来的房子没法再盖了，就搭了几根杆子，捆上茅草，把东边的小屋简单地搭成了“团瓢”。

我右肩膀上被鬼子砍去了巴掌大的一片肉，骨头碴子白森森地露在外头。娘用草烧成的灰捂在上面，用破布条子缠了起来。天渐渐热了，伤口化脓，娘用剪子剪开皮肉，挤干净了脓血后，又抹上灰，再包起来。九岁的孩子，哪能承受这种创伤，疼在我身上，也疼在娘心里，娘天天守着我，抹不完的眼泪。

有好几天不见姐姐了，我就问娘，“姐姐上哪了？要饭去了？”

“你姐姐……她……”娘吞吞吐吐。

“我姐姐怎么了？娘你快说呀！”我忍着痛，一骨碌爬了起来。

“你姐姐……苦命的孩……子……哟……”娘像是被戳着了痛处，拉长了音，两手揉搓着头发，放声大哭起来。

原来，爹死了，我又受伤起不了床，家里一下子塌了天。弟弟又小，一家人要吃的没吃的，要住又没住的地方，娘一狠心，把姐姐卖了！一个鲜活的大姑娘，仅仅换来了两斗谷子！弟弟饿得又哭又叫，娘狠了狠心去碾上碾了些回来，又去山上挖了些野菜，捋了些树叶，和在一起烧了两碗糊糊端给我和弟弟。看着弟弟狼吞虎咽，娘又悲从心起：“彦坤啊，你这是吃你姐姐的肉啊！我可怜的闺女啊，娘对不住你，你可别怨娘啊，娘也是没办法呀……”

娘的哭声悲悲切切，时断时续，我再也忍不住了，和娘抱头哭在了一起。

拿姐姐换来的这两斗谷子，弟弟也没能喝上几碗。一天傍晚趁娘不在家，我唯一的一位大伯把他骗出院外，塞在一个挎篓里，架在驴背上，连夜翻山越岭，卖到蒙阴县去了。我的这位大伯叫朱青山，一辈子游手好闲，偷鸡摸狗，嗜赌成性。因赌欠下巨债，就把我弟弟卖了还债……

大伯的结局也很惨。1947 年，国民党重点进攻山东时，他偷割“国军”的电线，被抓住后一顿暴打，抛尸荒野。

可当时谁也不知道我弟弟哪里去了，娘经不住这一连串的打击，精神彻底崩溃了，成天疯疯癫癫，一会儿号啕大哭，一会儿又大笑不止，看着那谷子就抓起来塞进嘴里，大喊着：“闺女，你回来了？你的肉真香！”一会儿看着我就叫彦坤，一会儿又坐在院子里，低头喊着我爹……

短短几天时间，我一家妻离子散，家破人亡。

幼小的我，早早就看透了这吃人的世道。我要报仇！我要砸烂这吃人的社会！我要参军！

第二章　少年的心愿

现在想来，当初参军的这个愿望，仅仅是出于一种报仇的渴望，爹的惨死，激发了我一种本能的反抗，当时的我不可能有更高的理想了。

第二章　少年的心愿

1944 年的春天终于来到了。

春天，迎春花开得特别多。土崖上、山坡上、南珠山悬崖峭壁上的石缝里也挤出了一簇簇的枝条，好像一夜之间，漫山遍野都长出了迎春花，哗哗啦啦一下子绽放开来。天地间一下子充盈着耀眼的花朵，那淡淡的香气就聚拢在一起，越聚越多，越聚越浓，最后竟以排山倒海之势，掠过河流，掠过高山，直逼云天，天空一下子变得高远起来，云天下的大地也显得更加辽阔。小草忽忽悠悠破土而出，万木“噌噌”拔节，竞相含笑。

一个令人振奋的春天来到了！

这一年的 3 月 25 日，八路军鲁中军区主力部队以鲁山为中心，在纵横一百多里的战线上，向盘踞在沂源县境内的国民党吴化文部发起了全面猛攻，到 4 月 20 日，歼敌近万人，解放村镇一千多个，沂源县大部分地区解放了！

解放的锣鼓敲得震天响，解放的歌声唱得人心醉。

在这欢欣鼓舞的日子里，张家泉村也沸腾了（注：当时，张家泉村虽在区划上归沂水县，但 1944 年同沂源县一起解放，1952 年正式划归沂源县金星乡）！乡亲们找出些红布条，扎在腰里，扭扭摆摆地跳起了秧歌，没有锣鼓，乡亲们就敲盆敲桶。村里有一个吹唢呐的，那唢呐是过去外出要饭时才用的玩意儿。今天他也拿了出来，平生第一次吹起了欢快的调子。

我也加入了这欢庆的队伍，喊够了，跳累了，又和乡亲们一起涌到村头，翘首盼望着要来村里休整的部队。

部队终于来了。乡亲们拿出了仅有的一点粮食，拿出了平日里舍不得吃的东西，家家户户都倾其所有要款待英勇的八路军战士，款待可爱的子弟兵。可战士们谁也不要乡亲们的东西，还把自己粮袋里的粮食分给老百姓。乡亲们早就给战士们腾出的房子，他们也不去住，就在村北的树林里安营扎寨，开始休整。

部队就住在我家北边不远的地方。第二天早上，嘹亮的歌声把我从梦中惊醒。我一骨碌爬起来，挎上个篮子就奔向那片树林。

战士们正排着队在我爹的坟西边不远的一片林中空地上唱着歌。我不敢靠近，就在一棵小槐树下坐了下来，眼睛一眨也不眨地望着他们出神。多么威武、神气呀！我要能穿上军装当上八路军，那该多好呀！

证在我凝神遐想的时候，一位年纪稍大的八路军走到了我的跟前。

“小老乡，你在看什么?”他的问话，把我吓了一大跳。我这才发现他。

望着他和蔼可亲的面孔，我猛地想起了那位侦察员，想起了我爹的惨死，想起了被卖的姐姐，想起了失踪的弟弟，还有病了的娘。委屈的泪水一下子涌出了眼眶，不禁失声哭了起来。

“我要当兵！我要报仇!”我边哭边喊着，回头一指我爹的坟，“看！那就是我爹的坟，我爹让鬼子杀死了?”

我呜咽着，断断续续地向这位陌生的八路军哭诉着。

听完了我的话，他拉住了我的双手。

“孩子，你要勇敢，你爹死得很光荣！你一家的苦，都是日本鬼子和国民党反动派造成的，我们八路军就是要消灭这些反动派，让老百姓都过上好日子!”说这些话的时候，我看见他眼眶里闪动着泪花。

“你还太小，我们要行军打仗，你受不了。等你长大了，再来参加八路军，你说行吧?”他好像征询意见一样地看着我。见我没再答话，他拍拍我的头，转身就向队伍走去了。

我不甘心，第二天一早又去树林，可树林里空空荡荡，连个人影都没有。我急得满树林子里找，可他们连一点痕迹都没有留下，就像这片树林里根本就没有驻扎过什么队伍。我跑回村里，逢人就问见着八路军了没有?知不知道八路军上哪去了?乡亲们也没有一个人知道。

后来我才知道，原来是他们接到紧急任务，半夜里悄悄地开走了。

我失望地走回家里，把篮子狠狠地摔在地下。

第二章　少年的心愿

那一年，我刚满 11 岁。

区政府知道了我们家的情况后，对我家非常照顾。经常派人给我家送些吃穿用的东西。见我娘病得厉害，就派人把她接到区里，住院治疗。也许是新生活的甜蜜冲淡了娘心头淤积的苦涩，也许是因为千百个好心人热心帮助和抚慰，娘的神志逐步清醒了，疯疯癫癫的病情大见好转。

时近腊月的时候，有人捎信给我，说我娘病全好了，明天就能回家来了。我一听喜得直蹦跳。这几个月好像几年那么漫长。三亩多山地，刨、锄、割、担，都是我的活，幸亏有张婶和乡亲们谁见了就帮一把，要不我一个十来岁的孩子，早就累死在地里了。这年秋收收成还行，区上派人领着我们搞减租减息，搞土地改革，我虽然不明白是咋回事，但挑回家的地瓜明显地多了，地瓜干靠北墙根垛了一大堆，这个冬天不用去要饭了。为这，村上的人只念叨八路军的好。

第二天，天还没亮透，我就早早起来了。把地瓜干重新堆了堆，又出去抱来一捆麦秸把炕重新铺了一层。娘怕冷，一进冬天就直喊着腰腿疼，张婶给的一块破棉被，我也把它铺在了娘睡的那一头。

一切收拾停当，我又环视了一圈，泥罐子里水不多了，我赶紧提起罐子去河边灌满水。这才往怀里揣上几块地瓜干，飞跑出门，直奔 30 里外的区政府。

我得去把娘接回来。

快晌午的时候，才赶到区上。娘治病的地方，我早就来过几回了，熟门熟路。娘见我来了，十分高兴。我和娘正说着话的时候，有位婶子端来了两个馒头，还有一大块咸菜。娘叫我快吃，我说我早吃饱了；怕娘不信，我敞开怀，让娘看剩下的地瓜干。娘见了眼圈一红，撩起衣襟直抹泪，然后又伸手一遍遍地抚摸着我黑瘦的脸。自打家破人亡后，娘成了我唯一的依靠，可她疯疯癫癫，我有话没处说，有苦没处诉，幼小的心里堆积了太多的委屈和泪水。见娘又恢复了往日的温存，一双温暖的手抚慰得我悲从心生，终于没忍住，一下扑进娘的怀里，眼泪哗哗地流了下来。

两个馒头娘最终也没吃，揣进我的怀里，又攥起袄袖，给我擦了擦泪，牵起我的手，我和娘终于回家了。

离家还有十几里地的时候，天乌沉沉地阴了下来，不一会，北风就夹着雪花漫山遍野地飘起来。11 年前，娘怀里揣着我，领着姐姐，也是走在这熟悉的旷野上，走在这漫无边际、白茫茫的雪地里。今天却只有我和娘在孤独地走着，只是身后的雪地上留下的依旧是两行一大一小的脚印，和 11 年前一模一样……

每年的冬天，我都盼着雪早早地飘下来。我爱家乡的雪，那晶莹剔透的雪花飘飘忽忽，伸手抓一把，却什么也没有，只有凉津津的感觉迅速传遍全身。不管岁月多么艰难，不管大地多么荒凉，那雪花总是宁静而安详地飘落着，轻轻巧巧，扬扬洒洒，像一双轻柔的手，一遍遍地抚慰着大地。当白皑皑的雪花最终铺满大地的时候，穷人家的孩子们竟忘了悲苦，忘了饥饿，忘了寒冷，赤着脚在雪地上尽情地追逐，尽情地嬉闹。天怜人意，雪解人心，它用自己洁白、柔软的身体厚厚地遮盖住一片片的荒凉，遮盖住丑恶，遮盖住凄苦，为的就是让人们有哪怕只是片刻的慰藉。在人们渐渐要忘却它的时候，它却牺牲了自己，浸润了大地。当第一楼春风刮进山坳时，是它托着第一抹生机拱出干涸的土地，奉献给人间久违的新绿，奉献给穷人对新的一年的希冀和渴求。

家乡的雪给过我凄苦，给过我欢乐，给过我永远难以忘怀的回忆。也正是家乡的这雪，从小就养育了我不畏艰难的品格，给了我生的力量和勇气。使我在以后的岁月里，不论遇到什么样的艰难困苦，都能顽强地生存下去。从此，家乡的雪就始终飘荡在我的心头，我的一生，都好像和这雪连在了一起。

雪越下越大，雪花和着北风，渐渐拧成了团，密密地扫过来。我挣开娘的手，抬脚就在雪地里“扑通扑通”地蹦起来。见我撒欢，娘的脸上也堆满了笑容。快到村口的时候，我一时高兴，拉着娘的手快步走到村东北角的山梁上。娘纳闷，直问啥事。我手一指，让她看土崖北边的一块山坡地。

地早就被雪厚厚地盖了一层，像被一床棉被暖暖和和地捂着。我兴奋地告诉娘，这地是今年冬天我自己开出来的，有二分大的地方，搬走了碎石，铲除了杂草，有今冬的这雪浸泡着，开春就能耕种。娘又高兴又心疼，怕我累坏了身子。见娘喜笑颜开，不知怎么的，我就想跟娘说件事，几次想张口，却又咽了回去。娘看我欲说又止的样子，忙问咋的了，我鼓了鼓勇气说："娘，我想报仇，我想给我爹报仇！还有我姐姐、我弟弟，我想去当兵！可这些地，你……"

娘的笑一下子凝固在脸上，愣怔怔地盯着我，看了半天没说话。娘的眼神有点吓人，我不敢去看，低下头瞅着脚底下的雪团，用脚来回搓着。

娘终于开口了："彦夫，娘知道你是个好孩子，你爹的仇，咱也一定要报，可你才 11 岁，你能干啥？再说，娘就你这一个孩子了，你……你要是……要是有个好歹，娘……娘可……"

娘忽然扭过脸去，嘤嘤地抽泣起来。

见娘难过，我想过去安慰娘，可不知该对娘说些什么，只觉得娘确实够可怜的，熬到今天，娘吃了多少苦，遭了多少罪啊！我要是走了，谁来照顾娘呢？唉！这可咋办呢？

我和娘回到家时，天已经黑下来了。娘点把火，把两个馒头烤了烤，塞给我一个。我不想吃，可又怕娘难过，就把馒头揣进怀里，跟娘说一声我要出去玩会儿，就开门出去了。

我还在想着当兵的事。头几天，听从南乡来的人讲，八路军在那里打得热火朝天，还动员老百姓参加队伍保家卫国呢！娘刚去治病那会儿，东乡的唐庄，老百姓自己拉起了队伍，成立了民兵游击队，专打鬼子和汉奸，上级还奖励了枪支弹药，光是手榴弹就扛回了好几箱子。还有西乡的黄庄，有一名叫左太传的穷人，年龄才比我大几岁，可人家当上了民兵队长，领着一伙穷人，专门埋地雷炸据点，鬼子汉奸听到他的名字就心惊胆战。听说有一回，他还弄了个钱包扔在公路上，扫荡的鬼子汉奸见了争先恐后地就去抢，一声巨响就把他们送上了天，原来那钱包也是地雷！

当时这些传奇故事就一直在周围村庄中流传着，越传越奇。在我心中，就觉着他们简直和八路军没什么两样了。我想，要是当不上八路军，当个左太传那样的民兵也行啊，不也一样能杀鬼子报仇吗？

这些英雄的故事，给了我很大的影响。当时十多岁的我，不可能了解和懂得更多的东西，身边的这些英雄好汉就成了我最直接、最明晰的报仇的榜样。在后来的战场上，他们的英勇顽强，他们视死如归的形象，一直回荡在我的大脑中，成了我不尽的力量源泉，激励着我英勇杀敌，顽强战斗，至死不屈地捍卫着脚下的土地。

雪还在扑簌簌地下着，脚趾头冻得猫咬一般，渐渐都没了知觉，可我心中却很热。今天下午和娘说的当兵的事，一直还憋在心里不能排解：我虽然急于要报仇，可娘要是不同意我去咋办？娘那么可怜，谁来照顾她呢？难道这兵我就当不成了？

这些乱七八糟的想法和念头，一直充塞着我的脑袋，昏昏胀胀的，理不出个头绪来。等我回到家时，娘早睡了，昏黄的油灯下，两行清泪还挂在娘瘦黄的脸上。岁月的折磨，家破人亡的惨痛，都压在她的身上，使她过早地衰老了，皱纹爬满了眼角，枯黄瘦削的脸上，早就没有了光彩。那蜷缩着的瘦弱的身躯，再也背不动岁月，背不动苦难，再有一点点的打击，娘就会彻底垮下去。我再也不能让娘吃苦受累了，我要好好地伺候她，尽到一个儿子的责任！

娘的那个馒头还搁在油灯下，一定是她舍不得吃留给我的。我鼻子一阵发酸。娘给我的那个馒头，我也没舍得吃，一直在我怀里揣得热乎乎的，我掏出来也放在油灯下，转身蹑手蹑脚去墙根那儿掏出了一把地瓜干，放进嘴里轻轻地嚼了几块。回过头来，又给娘轻轻地掖了掖被子，吹灭油灯，然后在娘脚这头和衣躺下了。

岁月如梭。

在我的困惑、祈盼中，1946 年的秋天来到了张家泉村。

这一年的庄稼长得还行。夏季虽然阴雨连绵，可今年的山洪却比往年小得多，乡亲们辛苦一年的汗水没有白淌。我又长了两岁，力气显然大了。入秋娘就病倒了，地里的活我一个人全包了。种的谷子、高粱、地瓜，都收了不少。特别是我前几年开的那块地，光地瓜就挑回来了好几筐。我看着直乐。看来这一个冬春的口粮是足够了，只要别让娘挨饿，我多下些力气心里也是甜滋滋的。

村里有党组织了。前几天还领着大家伙搞土改复查，还把几户富农多余的财产全部征收过来，分给了穷人。我们家分了张小木桌，一口木箱子，还有几床被子，把娘乐得整天翻看那几床棉被，看个没够。然后又方方正正地叠好，塞进那木箱子里，说是留着给我娶媳妇。我说我不娶媳妇，只要娘，我伺候娘一辈子。娘半开玩笑半认真地说："你那褂子娘都缝不了了，娘眼都花了，娶个媳妇好给你做饭缝褂子呀!"

我有点害羞，不理娘的茬儿。我才 13 岁，娶什么媳妇?娘想得太远了。这两年，娘老是唠唠叨叨，一会儿媳妇，一会儿房子的闹得我心慌。开春，娘雇了几个人，把西边被烧毁的屋碴又用石头垒了起来，又让我上山砍了些木料，乡亲们都来帮忙，老宅子又焕然一新了。娘搬了进去。我说这东屋住惯了，就没听娘的话，依旧住在东边这屋里。

秋天的沂蒙山是富足的。沟沟坎坎，开满了五颜六色的山花；刚刚抢收完的庄稼地里，依旧弥漫着一股股淡淡的香气。北山上，有几棵柿子树，也不知哪年月谁人栽的。树干都有一抱粗了，树身不高，枝条却大大咧咧地向四周蔓延开来，像一把巨伞，遮住了一大片阳光。红彤彤的柿子像是什么人无意中撒下的点点红晕，缀满了枝头，枝条不堪重负，压弯了腰身，无奈地一任这累累果实在秋风中不住地点头。这金黄、这红晕会一直熬到树叶随风飘落，自己依旧任性地挂在枝条上不挪窝。于是，上下左右的星星点点，便一览无余地显露出来，渐渐聚拢到一起，形成了一大片耀眼的光芒，给秋后的大山涂上最浓最美的色彩。

九曲河水依然欢快地流淌着，哗哗啦啦地不知疲倦，百折不回地一直奔向遥远的大海。它脚步不停，直把淡薄的养料赐给这片贫瘠的山坡。靠南山山根一条狭窄的山岭上，东西排着一溜不大的枣树，站在我家门前放眼望过去，绿叶中藏不住身子的红枣干脆大大方方亮出了红里透紫的脸蛋儿，惹人眼馋。这是山里孩子秋后最盼望最挂心的一顿犒劳，大人们拿根竿子一路敲打过去，那枣便撑不住劲地“噼里啪啦”掉下来，“扑扑”地砸在孩子们的头上，却引得大人开心地大笑。

多美的家乡啊！要是穷人天天都能平平安安地过着这日子，那该多好啊！可是，日本鬼子被打跑了，国民党兵又开进来了，到处烧杀抢劫。穷人刚刚过上安生日子，眼看着又被他们搅和得天昏地暗。天下的坏蛋都是一个鼻孔出气，都长了一样的坏心眼，永远不让穷人翻身，永远要骑在老百姓身上拉屎拉尿。要想保卫这片土地，要想让穷人彻底翻身解放，只有拿起枪，统统地消灭这帮敌人，就像八路军说的那样，打倒反动派，建立新中国！让劳苦大众过上新生活！

我要参军！我要报仇！为了爹、为了姐、为了弟弟、为了村里的乡亲、为了这片土地，我一定要去当兵杀敌人，报家仇国恨！

当兵打鬼子的念头，一直在我心头萦绕着，一刻也没有离去过。

现在想来，当初的这个愿望，仅仅是出于一种报仇的渴望，爹的惨死，激发了我一种本能的反抗。一个十多岁的孩子，除了为爹报仇这个简单明了的欲望外，当时的我不可能有更高的理想。

磨难不断，我过早地成熟，过早地耳闻目睹着眼前的世界。

解放了，鬼子被八路军打跑了。可是国民党、汉奸的烧杀淫掠，很快又冲淡了刚刚涌上人们心头的那份喜悦。国民党汉奸抢粮抢物，杀人放火，一些村庄被劫掠一空，人烟绝灭，一个个“无人区”遍布沂蒙山区，田地荒芜，村舍凋敝，蒿草丛生。村里村外一堆堆豹狼吃剩的白骨，累累森森。狐狸进院生崽，野狼炕头产羔。饿鹰绕村踅着圈，落下来恣意啄食村头的尸首……

山北边有个村里一户姓李的人家，一家六口全都饿死在一间屋里，两个含着奶头的孩子，和骨瘦如柴的母亲，一块饿死在炕上，娘仨鼻子眼里都爬满了蛆，也没人掩埋……

这一幕幕惨景，都装进了我幼小的心里。我知道了，苦，不光我一家苦，恨，也不光我一家有。穷人都是一条苦藤上结出的苦瓜。要报仇，穷人就得抱成团，跟着八路军走，跟着共产党干！不把国民党汉奸全杀光，穷人谁也别想过上好日子。

家仇国恨就这样一直在我心中积聚着，膨胀着，当兵的念头不但没有淡忘，反而愈加强烈，更加坚决。

就在这年的秋后，无数的穷人就是带着和我同样的家仇国恨加入了八路军的行列。当时四村八舍的乡亲们在政府的号召下，喊出了“不吃二遍苦，不受二茬罪”的口号，纷纷报名参军，杀奔前线。西乡的爷仨一起参了军。还有一个村的13名青年，赶集回家后连口气也顾不上喘，当晚就跑到区公所报了名。第二天人人披红挂花，在周围村子里游行宣传。这个消息传到我耳朵里的时候，激动得我好几天像掉了魂一样坐卧不安。娘总是说我还小，那几天连门也不让我出。

在这种兴奋、焦躁和无奈中，1947年的年关来临了。

到了年前年后，八路军在南乡浩浩荡荡地打了一连串胜仗，这消息成了乡亲们这年最好的一顿年饭，人人都在嚼着、尝着、传着，不厌其烦，心花怒放。

我终于有事做了。刚过了年，区上组织各村的老百姓支援前线。民兵雄赳赳地上去了，大人们也忙火火地推车挑担上前线了，剩下的老人孩子也闲不住，日夜不停地赶做和运送军粮。

当时正是莱芜战役的前夕。就是在这个时候，我头一回听到了陈毅的名字，头一回听到了粟裕、听到了许世友。至今，在沂源县还流传着陈毅元帅和“将军槐”的故事。那是在这一年的二月，在沂源县的一个偏僻的小山村，一天，当金色的晚霞映照着天际的时候，村东的大路上泼剌剌奔过来一百多匹战马，陈毅和粟裕等华东野战军将领们来到了这个战役临时指挥所所在的小山村。一匹匹战马拴在村东的槐树林里。一棵虬枝盘根、枝繁叶茂的古槐下，拴着一匹枣红马，那马儿高大威武，格外引人注目，这马就是陈毅将军的坐骑。

就是在这个小山村一间低矮的茅草屋里，陈毅将军就着昏暗的烛光，一遍遍地在一张地图前徘徊、思虑……

古槐的枝叶，在晚霞中摇摆着点点碎金，嘶鸣的战马，期待着一场大战的到来。

四天后，莱芜战役在隆隆的炮声中打响了，五万多国民党兵在陈毅将军的运筹帷幄下全军覆没。捷报传来，乡亲们奔走相告，一遍遍地抚摸着这古槐，一声声地念叨着陈毅将军的名字。

那古槐现在还依旧健在，岁月和炮火的洗礼使它显得更加遒劲健壮，因为它的根已深深地扎进沂蒙山人民的心中……

区上的人说，八路军都是打南边来的，最喜欢吃米面，乡亲们就开始没日没夜地推呀、磨呀，源源不断地送上前线，孩子们也都加入了运粮的大军。我当然落不下，撒开两腿，跟着大家伙扛着粮袋子，撒欢地跑。那队伍浩浩荡荡，车来人往，川流不息。走在其中，我又喜又忧。喜的是自己虽没当上兵，但总算是为八路军作了点贡献，特别是给陈毅将军运粮食，心里觉着特别的伟大和庄重；忧的是光扛粮食不过瘾，当兵打仗才是我的目的。八路军和陈毅将军什么时候才能要我呀？要是能跟着陈毅将军这些心目中的天神天将去当兵打仗，那才叫过瘾呢！

春天刚过，孟良崮战役又悄悄拉开了序幕，我又跟上大伙去修公路。这是一条通向蒙阴县的战时公路，由于山高岭陡，难度相当大，乡亲们几乎把命都拼上了。磨烂了脚磨烂了手，我一点也觉不着疼，能让八路军战士从自己双手开出的路上跨上前线，那是无比自豪的。

这路还真没白修，这力气更没白下，八路军还真给咱老百姓争了口气。仗打了三天三夜，八路军打了个痛快淋漓，把蒋介石骄横不可一世的七十四师杀了个片甲不留，从马夫到师长，三万多人全部被歼灭。

从我和乡亲们修的这条路上，急匆匆杀奔孟良崮主峰的是八路军第九纵队的二十五师。曾担任中央军委副主席兼国防部长的迟浩田将军当时就在这支部队的七十三团三营。在两个月后的南麻战役中，在距南麻以西三公里的高庄，就是这个团与敌人展开了一场殊死决战，接连打退敌人的13次反扑，受到了当时的纵队司令员聂凤智将军的高度赞扬。当时在三营担任书记的迟浩田，在这次战斗中打得英勇顽强，身受四处重伤，被炸断的骨头都清晰可见。但他依旧不肯撤下火线，咬牙坚持着率领战士们拼死守住了阵地。

40年后，迟浩田将军重返沂蒙，在他和战友们洒下热血的地方饱含热泪，吟诗抒怀，凭吊烈士英灵：

四十载别离，
四十载重逢，
四十载戎马江南塞北，
四十载魂牵梦萦！
今日来到你的身边，
心跳急急，热血腾腾，
一双目光倍感太窄，
两鬓银霜顿觉消融。
……

有幸的是，我参军以后，和这位由士兵成长起来的将军，成了同兵团的战友。在一次次的战斗中，在朝鲜的冰天雪地中，我们一起谱写出了一曲曲可歌可泣的壮丽诗篇！

可就在他当时飞奔在我和乡亲们修的这条路上的时候，大概我们谁也不会想到，在后来，将军会和站在路边目送他奔向战场的一位少年结下深厚的战斗友情……

1947年的秋后，一个消息像长了翅膀一样传遍了山里山外：八路军又要招兵上前线了！区里、县上都在动员青年报名参军，杀敌立功。消息传到村里，我浑身血液都沸腾了：这下可好了！我终于有机会去当兵了。怕娘反对，我偷偷地跑到区上打听。区政府门口聚了好大一帮人，都是要参军的，个个眼里都流露出兴奋的神色。我个子小，三挤两挤就从人缝中挤了进去。有人嫌我朝前挤，伸手向后拨拉我，我也顾不得了，恨不能削尖了脑袋朝里塞。终于挤到一张桌子前，两个穿军装的人正在忙着登记。那军装看着多亲切呀！洗得发白了，干干净净。那军帽戴得端端正正。嗬！咱穷人的部队，看着就神气！

我正在愣神，人家招呼我：

“哎，小同志，你来干什么，快让开地方！哎，后面的朝前走！”

“我来当兵！我叫朱彦夫，你快写上我的名字吧！我是张家泉的！”后面有人挤我，我用手使劲扒拉着，一口气说了一大串。

“你当兵，十几了？”那人很怀疑地打量了我一眼。

“十五了，十五了。”我唯恐人家再嫌我小，还虚报了一岁。

“不行，不行，你没看门口那告示吗，我们只要十八岁以上的，你太小，快回家吧。哎，你叫什么名字？”

他不再理我，招手叫我后面的人上前。

那人人高马大，一步就挤到我前面来，很快地登记上了。转过身来拽住我的胳膊往外拉。

“你还当兵？枪你也扛不动！”他一边拉我，还一边嘟哝着。

他的话引来了一阵哄笑。有人跟着起哄：“嘿！快让开吧！俺都等了半天了！”

我脸都涨红了，急得直甩他的手，但甩不掉，连挤带拽，我被拉了出来。

没戏了，人家还是嫌小！当兵干啥非要按这年龄！唉！娘要再早生我两年就好了。

我又恨又急，窝了一肚子委屈和火，想找刚才拉我的那个人出口恶气。四周看看，到处是人，谁知道他早跑哪去了。我气得跺跺脚，拨拉开人群，头也不回地走了。

回家的路上，我见啥烦啥，两脚不停地狠狠踢着路上的石子。娘刚给我做的一双新鞋，鞋尖上不一会就磨起了毛。我这才心疼地蹲下身子，脱下鞋来，用手认真地把起毛的地方抿了一遍。又解下腰里扎的绳子，一头一个，把两只鞋拴好，挂在脖子上，光着脚，慢慢地走着。

不让我当兵，我非去不行！不给我登记，我就偷着去！反正只要跟上部队，离开了这里，你总不能再把我赶回来吧！要是非赶我走，我就说不认识回家的路，看你怎么办！……要是再不行，我就装着有病，躺下不起来，你反正不能把我扔下不管，肯定得带着我，那样就行了！

我就这样边想边走，一个个肯定我的“当兵方案”，又一个个否定。再想出一个，掂量掂量，还是没有把握，那就再想想。

回到家，娘不知我干啥去了，我也尽量装得跟没事一样，娘没生疑。过了两天，我心神不定地开始忙活开了：地瓜干还没垛好，得赶紧去垛好它。高粱秸还都晾在村东的地里，我又一口气不歇地连扛了好几趟，全部扛回家，堆在院墙根。西院墙有一截让雨淋塌了，我和上泥，搬来石头，一丝不苟地砌好了。

还有什么活？院子太脏了，再扫扫院子吧！我找来扫帚，把院里院外统统扫了一遍。

天快黑了，娘在屋里喊我去吃饭。我应了一声，撂下扫帚进屋才发现水缸里的水快没了，提起罐又要去打水。娘拦住我，满脸疑惑，问我是咋的了，明天不过了？

我早就想好了词：“今天浑身难受，多干点活，出出汗！”

娘看上去不大相信，伸手要试试我的额头，我伸手挡住了娘的手，“没事，早好了，你先吃着，我打回水来再吃！”我边说边出了门。

提上水，我犹犹豫豫地往回走。当兵这事到底跟不跟娘说呢？娘是不是已经感觉到了我的反常？要是和她说，她要是说我小，不让我去咋办？要是不和她说，她准会难过。我从小没骗过娘一次，也从没在娘跟前说过一句假话，要是瞒了她偷着去当兵，那多对不住娘啊，娘肯定要生气的。

唉！别犹豫了！就按原计划办！反正有政府，还有村里老少照顾着娘，娘保准饿不着、冻不着。我去当兵是好事，是正事，娘要是当时不愿意，过一段时间兴许就想开了。到了部队上，我就快点给娘捎个信来，向她道个歉，最好是一块寄回个立功喜报来，那样娘保准就不会生气了。

入冬以来，娘身体不好，天天睡得很早，我提水回来时，娘胡乱吃了几口饭，已经早早上床歇着了。见娘去睡觉了，我松了一口气，赶紧扒拉了几口饭，给娘掩上门，回到了我住的东屋。

人只有离别的时候，才会感到与周围熟悉的一切是多么的难舍难分。家虽穷，娘虽贫，可一旦要离开的时候，一股割舍不断的亲情涌上我的心头，沉重地压迫着我，逼迫着我要迅速地在留恋亲情和离家出走之间作出抉择。14 年来，我从没离开过娘，是娘用温暖的胸怀一天天呵护着我长大，为我担惊，为我受怕，唯恐我在这苦难的岁月里再遭什么罪，再受什么苦。爹死后，就我和娘相依为命，能给我的，娘都毫不吝啬地给我了，不能给我的，娘都毫不犹豫地自己吞进肚里，自己去承受痛苦、磨难和无尽的煎熬。慢慢地，娘熬干了眼泪，熬干了血汗，熬白了头，熬驼了背。我慢慢长大了，娘也渐渐衰老了。在娘最需要儿子照顾的时候，儿子却要走了，儿子对不住娘啊！娘！原谅儿子的不孝吧！为了让更多的母子不再分离，为了让更多的母亲都能安享晚年，儿子一定要走了！娘你放心，等儿子凯旋归来时，一定回来好好伺候您老人家，让您把失去的欢乐都补回来，我一定能做一个孝顺的儿子！一定！

这间窄小、昏暗的小屋，曾经记录了我一家人的悲欢离合，它为我和娘遮挡了风雨，遮挡了严寒。虽四壁空空，但在我眼里，它的每一块石头，每一根茅草，都是那么亲切，那么温暖。屋外的院落虽然不大，但那是我成长的摇篮。在它的怀抱里，我咿呀学话，踉跄起步；在那里，我堆过雪人，数过星星，等过暮归的爹娘；在那里，我饱尝过悲苦辛酸，目睹了生死别离，看清了这个吃人的社会。

今天，我终于要离开这一切了，像一只羽毛渐丰的鸟儿，要飞越山川河流，去寻觅一方新的天地。故乡和亲人啊，我舍不得走，可我必须得走！给我力量和勇气吧！待我归来时，定当衔环相报您的养育之恩！

半夜的时候，我终于走了。

我没有回头。

从此，我一去七年。娘没生我的气，天天站在屋东边的土崖上，用昏花的双眼远远地眺望着儿子远去的小路。终于有一天，她等来了——等来了一张烈士阵亡通知单！

我曾经发誓要衔环相报娘和乡亲，归来时却成了一个手脚全无的废人！

从走的那一刻起，就注定了我一生抗争不止的命运。在家乡，是为了生存而抗争；在战场，是为了胜利而抗争；归来时，仍然为了另一种生存而抗争！

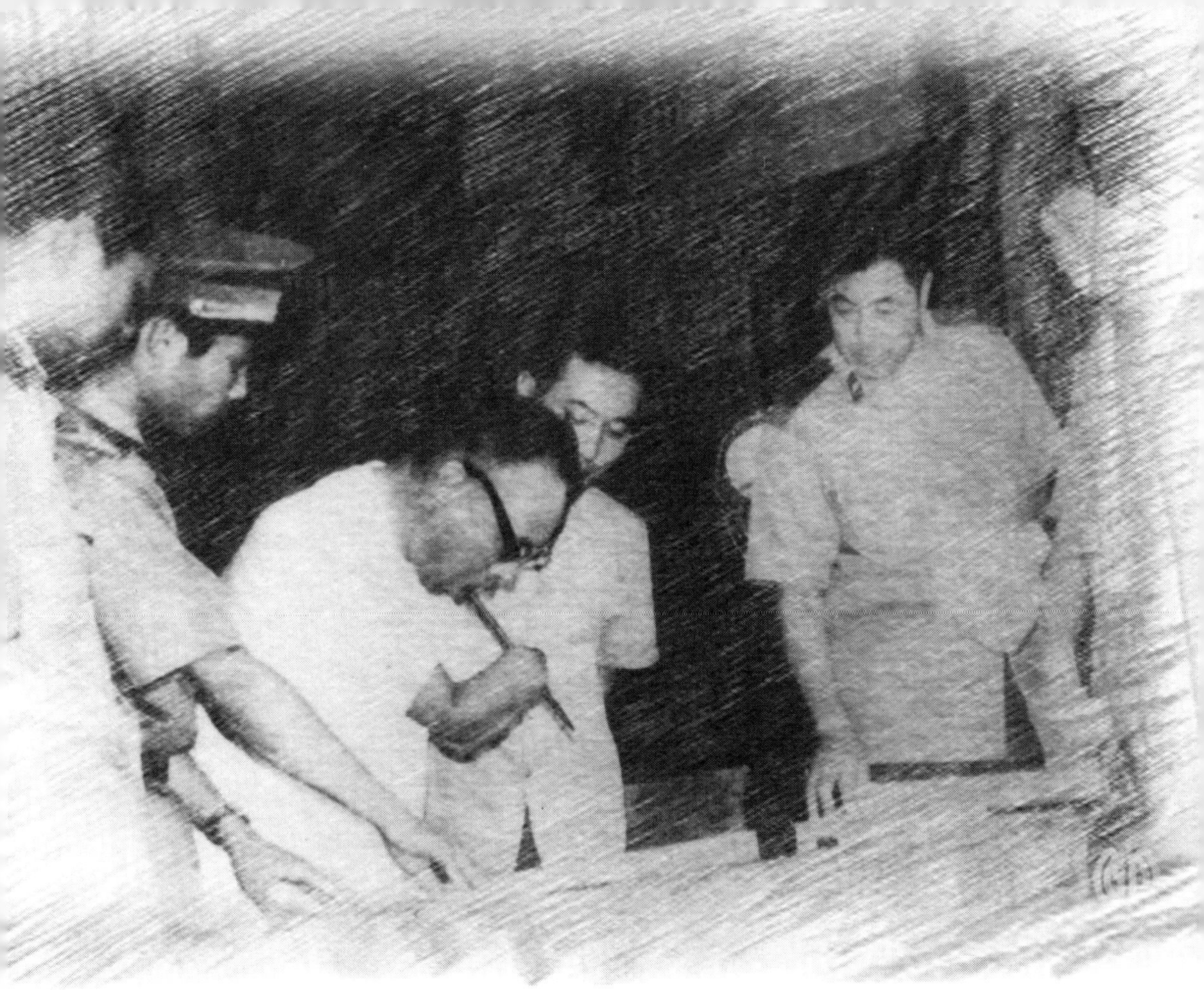

第三章　成长的战士

是党给了我一生的勇气和力量，是党影响并最终改变了我的一生。每逢个人命运的转折关口，总是因党在心中的神圣和伟大而支撑着自己信念不倒，并神奇地战胜了一切艰难困苦。

我天亮赶到区上的时候，前几天还热闹非凡的区政府大院里却变得异常冷清。墙上那标语还在，当时我不识字，头几天来时只觉得它又鲜又亮又耀眼，听人家说是标语，还跟着人家念了几遍，反正都是和参军保家有关的话。

人都去哪了？难道队伍又走了？

我的心一下子沉了下去。急巴巴地找人打听，果然是已经到南边的沂水县集结去了。我来不及多想了，迈开步子就追了下去。一百多里路，天大黑了我才摸到沂水县城。

部队果然在这里。我终于长长地舒了口气。一百多里路跑下来，加上心急火燎，早已经精疲力尽了。但心里甚觉宽慰，不管怎么样，能追上部队，当兵的愿望就实现了一半了。虽然人家还不要我，但自己只要坚决地按想好的方案办，像粘粘胶一样贴上队伍，早晚也能扛上枪！

我不敢去找他们。天虽然黑，但大街上人来人往，我怕让人发现了，就远远地找了个地方窝了下来。肚子早就饿得咕咕叫了，幸好昨晚走时，揣了一怀的地瓜干，我急急地啃了几块。肚子不饿了，但心又悬了起来。虽然早已想好了"贴缠战术"，但心里没底，掂来想去，一会儿焦躁，一会儿兴奋，一会儿又想找个人说说话。娘不知怎么样了，肯定在焦急地四处找我，找不着我，可别再急疯了。想到娘，我眼泪就直在眼眶里打转儿。为了参军，我偷偷摸摸，像个贼似的，那边把娘已害苦了，这边还不知人家要不要我。我一肚子的委屈，真想找个人把这满腹的话倾诉出来。

露水渐重，破衣烂衫早湿透了，风一吹，冻得我瑟瑟发抖。上下眼皮困得打起架来了。我站起来，原地转上几圈，驱赶寒冷和睡意。

好歹熬到后半夜的时候，部队开始整齐有序地出发了。我一下子来了精神。部队一队一队的，中间有很大的间隔，有手电筒的点点光亮，晃来晃去地标明着路线和方位。我瞅准一个间隔，就跟了上去，没人说话，只有脚步的"沙沙"声。我心里"咚咚"地像敲着一面小鼓，兴奋中夹杂着忐忑不安。好歹四下里的人都离我有一段距离，没

人留意我，这才使我略感庆幸和宽心。

部队是向西走的。夜路我走惯了，再黑我也能判断出方向。西边是哪里？兴许快进入阵地了吧？看来快打仗了，我又没枪，这可咋办？

到天亮也没打仗。可终于有人发现了我，和自己想象的一样，我很快就被人赶出了行列。我早想好了，被赶出了这一伙，我就跟到那一伙的后头，实在不行就溜到整个队伍的最后边，远远地跟着，看你们怎么办。

不断有人向我走来，我早学乖了，每当见到有人向我走来，我就赶紧掉头走开。我心里明白，这个时候还不能暴露自己当兵的目的，这个时候去缠磨人家，人家肯定要赶我回家，那就一点希望也没有了，所以我也一直不和他们说话。我心里盘算，走得越远越好，离家越远，他们就越不可能赶我走。

队伍终于停了下来，但不是进入阵地，而是纷纷坐在树下、沟底休息。我远远地躲开，也跟着休息。反正怀里的地瓜干还不少，我一点也不担心，还连连为自己的小聪明而暗自得意。

部队再次集合出发的时候，我又远远地跟了上去，一伙一伙地跟，让他们觉着我是个要饭的孩子，是无意中偶尔混到队伍中的。这样，这伙就不知道我是跟着那伙走了一大段路的，就没有人认出我来，引不起他们的怀疑。

走走停停，停停走走，白天也走，晚上也走。晚上很容易隐蔽我的行踪，白天费点事，但也没有引起太大的麻烦。就这样，我一直跟了三天三夜，一直跟到了泰安的大汶口附近。

津浦路大汶口南边有个小站叫南驿车站。当时我并不知道自己到了哪里，之所以一辈子都不曾忘记这个小站的名字，是因为在这里，改变了我一生的命运。

就是在这里，部队终于容纳了我！一个 14 岁的少年终于如愿以偿地跨入了人民解放军的行列，成为一名光荣的战士！我从这里起步，转战南北，历经枪林弹雨，投入了革命的怀抱。从此而开始的战斗，延续了我的一生。在此后五十多年的风风雨雨、坎坎坷坷中，五十多年的世事沧桑、悲欢离合中，我始终没有终止过战斗，一直用战斗的姿态、战斗的精神、战斗的意念和意志支撑着自己一步步走到今天。

我应当感谢这个车站。更应当感谢那位我早已忘记了他姓名的连长。我的哭诉、我的诚心、我的毅力最终感动了他，他终于发现了这个孩子的胸中燃烧着的是熊熊的怒火，蕴藏着的是无穷的力量和胆识。他接纳了我，让我穿上了军装，扛起了钢枪，在把我的外表装扮得像个战士之后，又给我的思想和大脑注入了革命的道理，引导着我全身心地走上革命的道路。

可惜的是，他早早地就牺牲了，把自己的鲜血洒在了鲁西南广袤的原野上。我最终也没能再记起他的名字，这是我一生的遗憾。

参军后不久，我就投入了自己一生中的第一次战斗。

那是攻打兖州，一场残酷、激烈而又悲壮的攻坚战。

当时，敌人苦心经营了好几个月的城防，不但工事坚固，而且武器装备精良，火力网纵横交叉，不留任何一个死角。国民党兵狂傲地传话给我们：这固若金汤的城池，就是共军的葬身之地。

战士们眼睛都气红了，牙齿都咬得格蹦蹦地响。紧紧攥在手里的钢枪仿佛已经喷射出了愤怒的烈焰，杀向了城墙，杀向了敌群。

连里一遍遍地作战前动员，特别对我们新兵，更是耐心地传授着战斗常识和攻防经验。我当时好像并没有认真地去领会这些自己当时觉着啰啰唆唆的会议和没完没了的话。由于第一次打仗，浑身都被一种兴奋和紧张充溢得满满胀胀。只盼着快一点打响战斗，快一点冲上城墙，杀他个人仰马翻。我学着老战士的样，把枪一遍遍地擦得干干净净，卸下刺刀试试锋芒，还总觉着它不够锋利。

在我的激动和紧张不安中，战斗终于打响了。

班长对我不放心，一直让我紧紧地跟在他的身后，没有他的命令，不准我朝前走。

我跟在班长身后，随大部队朝前推进。震耳的炮声和呼啸的子弹

仿佛就炸响在耳边，紧握着枪的双手好像出汗了，有些湿漉漉的。手榴弹和炮弹炸响后激起的尘土和浓烟直往眼睛里、鼻子里和嗓子里钻。我脸憋得通红，几乎要喘不过气来了，脚步有些踉跄，差点就跟不上班长飞快的脚步了。

忽然，班长迅疾地停了下来，并大喊一声。战士们迅速地卧倒在弹坑里。班长一把扯住我，拉我到了一小块土层后面，我想抬头看着前面，可是浓烟弥漫，班长高高大大、威威壮壮的后背也挡着我的视线。我有点着急，又向班长的右侧爬进了一步。班长忽然转过头来，瞪着血红的双眼大声喊着让我后退。班长的那眼神很吓人，至今我闭上眼就能显现在眼前。我知道，班长这是爱惜我，他情愿用自己的身躯挡住可能会击中我的子弹。听战士们说，班长打仗勇猛无比，有一回战斗中，他一人生擒了 13 名敌人，荣立了战功。

想到班长的英勇，我豪气顿生，暗骂自己的无能，自己一门心思要当兵打仗，不就是为了杀敌报仇吗？躲在人家身后算什么英雄好汉！于是，我没再听班长的话，勇敢地又朝前爬进了一步，和班长并肩卧在了掩体后面。这回我看清了，正前方一百多米远的一堵城墙上，不停地喷射出一串串的火舌，有四五处火力点，那机枪火力凶猛，四五处交叉起来成扇形，就跟狂风刮起一般，好像连盆水都泼不进去。冲上去的一批批战士，猛然间就像秫秸捆一样倒了下去，整个进攻一下子被阻住了。

机枪扫起的阵阵尘土把班长的脸染得变了颜色，只剩下两只眼睛像冒着火焰的枪口一样。这时就听见班长大吼了一声，忽地立起身来，拼劲扔出了缠在一起的两颗手榴弹，身子旋即跳出了掩体，向前冲去。

那罪恶的火舌像长了眼睛一般迅速地刮了过来，班长中弹躺在了前边不远的地方，头上汩汩流出的血，我看得清清楚楚！

刚刚还在和我说说笑笑的战友，刚刚还在用身躯呵护着我的班长，突然间就这样死在我的眼前。从没上过战场的我，向着身心压过来的是一种本能的刺激和惊颤，自己的血也好像一下子全涌向了脑门，骤然间愣在那里。不知是谁大喊了声：

“共产党员，跟我上！”

这一声大喊，竟像是压住了那机枪的狂吼，一下子在阵地前炸响开来，“呼隆隆”地，趴在地上、掩在树后、卧在坎下的战士们，像是一支支同时被弹射出的利箭一样，“刷”的一声全部冲了上去。在一阵手榴弹炸响声中，我真真切切地听见了这一声威力巨大的声音，一下子从呆愣中清醒过来，还来不及去分辨这一句话为啥有这么大的力量，只觉着它给我的震颤已超过了阵地上任何的爆炸，“嗡”的一声塞满了我的脑子，浑身的血像是猛然放进了一根烧红的烙铁，“哗”地一下全部沸腾起来，一下子冲开了堵在嗓子里的尘土，横流在眼前。猛然间，班长的血流过来了，好像爹的血不知从哪里也流过来了，并和这声音搅成了团。我再也按捺不住，扯开喉咙，冲口而出：

“共产党员，跟我上！”

我大喊着自己并不明白的话，像一只被激怒的老虎，挺着刺刀就弹射了出去。

越过只剩下半截的城墙，我和战友们迅速冲进了一条街巷，一大群敌人也挺着刺刀号叫着迎了过来。我已经杀红了眼，完全忘记了自己只是一个14岁的孩子，眼前只剩下寒森森的刺刀上下翻飞幻化成的一片光芒。这光芒迅速罩住了眼前的敌人，在他呆愣的一瞬间，这光芒就锋利地插进了他的胸膛，一下子就把他的胸膛撕开了……

战斗胜利结束了。我似乎并没有马上从这种几近狂癫的状态中解脱出来，眼前依旧是硝烟滚滚，耳边依旧是枪炮轰鸣。一会儿，眼前重又流淌着血，开始是殷红的，这肯定是班长的，是爹的，还有战友的。不一会儿那血开始变黑了，越来越黑，居然还有些狰狞的东西在里面不住地挣扎翻动，这肯定是被我扎死的敌人的血。耳边的枪炮声隐去了，可那个声音一下子又涌了进来，并咚咚地在使劲撞击着耳膜。

这句话为什么有这么大的力量？竟把敌人震得肝胆俱裂！共产党员哪来的这么大的神勇？共产党员到底是些什么样的人？

虽然以前在家乡的时候，也常常听到有关八路军和共产党的传说，但那种记忆仅仅局限于记住了一种符号，自己辨不出滋味，也弄不明白。特别是对共产党员这四个字，更觉着摸不着头、找不着边，并充满了神秘：八路军就是些活生生的战士，是咱穷人的队伍，这不难理解。那共产党员又是什么？特别是我发觉，那些是共产党员的人，也是和战士们一模一样，并不像乡亲们说的那样有什么金盔金甲。可他们怎么就一点也不怕死，打起仗来为什么就敢冲在最前头？

当时，我就这样以自己仅有的一点判断力，去辨别和领会着共产党员的含义，渐渐地才由神秘变成向往，渴望着自己不光当一名八路军战士，也要做一名共产党员！共产党员才是最最神勇的战士！

可是，谁能让我当上一名共产党员呢？

什么时候我才能是一名共产党员呢？

在以后的一次次战斗中，我一次次地领略了共产党员的英勇和顽强。在心灵一次次受到震颤的时候，连长告诉我，中国共产党就是由一个个的共产党员组成的。它专门领着穷人杀敌人、闹翻身、争自由。共产党员都是些最优秀的战士，他们不怕死、不怕苦，一心想着老百姓。为了砸烂旧社会，让所有的穷人都过上好日子，共产党员可以献出一切，包括生命！连长鼓励我要勇敢战斗，一往无前，杀敌立功，鼓励我也能早一天成为一名共产党员！

共产党员这四个字，就这样深深地扎根在了一个少年的心中，一天天地发芽、长大，一天天地在胸中激荡，鼓舞着我勇敢地投入一次次的战斗，不怕流血和牺牲。困难和挫折，再也不是我的敌手！我从此踏上了一条自己认准的道路，并沿着这条道路义无反顾地走了下去。

可以这样说，是党给了我一生的勇气和力量，是党影响并最终改变了我的一生。每逢个人命运的转折关口，总是因党在心中的神圣和伟大而支撑着自己信念不倒，并神奇地战胜了一切艰难困苦。共产党员这四个字从此就成为贯穿我一生的牢不可破而又坚强有力的精神支柱。

正因为胸中始终装着党，如同揣着一团不灭的火焰，这才照亮了我由一个不懂事的穷苦孩子成长为一名无产阶级战士的道路，才有了我战斗的昨天和战斗的今天。

我常在想，假使我还有明天的话，我将一如既往地战斗不止，拿起枪杆子是一种战斗，放下枪杆子拿起锄杆子甚至笔杆子更是一种战斗。心中的信念不倒，满怀的豪情就会倍增，我迎接了这种种的战斗并最终赢得了战斗。特别是在我面临着人生生存极限的绝境时，依旧能笑傲生活，临危不屈。直到今天还有人在不断地对我说，你能活下来真是侥幸，乃至神奇。说侥幸我承认，说神奇我倒不敢苟同。我相信每一位真正的共产党员都应该是特殊材料制成的人，无论在战争岁月还是在和平的环境中，都能创造出任何的人间奇迹。我只不过按党教育我的去做罢了，这种神奇应该归功于党。要是从生命的角度讲，比起战死沙场的战友，我确有许多侥幸，不过这种侥幸又应该归功于战友们，是他们给了我生，没有他们的死，就不会有我的生，我实在没有什么可以炫耀和乐道的。只要还有一口气在，不管躯体完整抑或残缺，都应该活出个人样来，不然的话，我拿什么向党交代？百年之后，我有何颜面去见九泉下的战友？

1948 年 9 月份，济南战役轰轰烈烈地打响了。

这时我虽然只有 15 岁，可历经了一年来大大小小的战斗，我觉着自己早是一名身经百战的老战士了。头几天向济南进军路过一县城时，夹道慰问大军的群众热情地围着我们又跳又唱。看见我个头小，又扛着一支大枪，有点显眼，他们就现编现唱起来：“这小兵，个不高，步子迈得倒不小，扛着一支美国造，打进济南立功劳。”战友们听了哈哈大笑，一遍遍重述给我听，我有点不好意思，可心里美滋滋的。不过就是对前边两句有点不服气，别看我个头小，可打起仗来不比个高的差。打周村时，敌人的密集火力把我们连压在了一条马路对面。那马路有七八米宽，路北就是敌人占据的一座二层小楼，二层楼上到处都是枪眼，向四面八方疯狂地扫射，给大部队进攻造成了极大的障碍，接连上去了几批爆破队员，但刚冲上公路就接连被敌人的机枪扫倒了。连长急红了眼，但手榴弹根本奈何不了厚厚的楼墙，还得想办法冲过去炸毁它。

我和战友们埋伏的路沟里，有几个敌人溃逃时留下的汽油桶。我眼睛一亮，迅速爬近班长，把我的想法告诉了他。班长犹豫了一下，同意了，马上指挥战友们推过来一只汽油桶，并把三四套浸了水的棉衣捂在我头上，我揣上两包炸药，脚朝里，头朝外就钻进了桶里。战友们一排手榴弹在楼前炸响后，趁浓烟四起时，一用劲，就把我推上了路面，“呼呼隆隆”就滚向了对面。我个小，在桶里露不出来，子弹虽然密密地打在桶上，震得我头昏脑涨，但大都擦滑而过，偶有射穿铁皮的，也被那厚厚的棉衣挡住了。三滚两滚就越过了路面，滑向对面的沟里。这边有炸毁的残垣断壁作掩护，我钻出铁桶，辨了辨方向，三跳两跳就冲到了楼下，一声巨响把半边楼送上了空中。而我则皮毛未损，事后把班长喜得直夸。

还有解放潍县的时候，我们已经冲上了城墙，但下不去，那墙太高，梯子还够不着一半。战士们勇敢地跳了下去，却没有一个能够再站起来，原来这墙下有洞，敌人埋伏在里边，跳下去的战士被敌人打个正着。

别看我年龄小，可打仗一点也不莽撞，遇到困难就会冷静地想个办法。我目测了一下高度，让战友们迅速解下绑腿，结成长绳，拴在我两脚脖子上，头朝下就坠了下去。临近洞口时，顺洞口上沿“扑通”扔进一个手榴弹。上面的人再一使劲又把我荡到另一个洞口，如法炮制，两个洞里的敌人全报销了……

没想到埋伏敌人的这墙洞也让我埋伏了一次，那就是在这次济南战役中。

9 月 24 日天还不亮，我们连按照战前早已准备好的方案，顺利炸毁了一段城墙。战士们从炸开的缺口处潮水般的涌进了城里，并顺着城墙向北猛攻。敌人很快反扑上来，仗着有地堡内的机枪作掩护，他们死命抵抗。子弹、手榴弹雨点般的泼向我们，部队伤亡很大，战友们一排排地倒在血泊中。我右腿被弹片击中，撕开了一道口子，血顺着裤腿汩汩地流了下来。我顾不上包扎，一瘸一拐拼命往前猛冲，但很快部队又被敌人的火力压回到了城墙缺口附近。我只顾朝前跑，和连队拉开了一段距离。这时候想回去已经来不及了，敌人已冲到了我的身后，把我和部队分隔开了；前面的敌人已经压了过来，朝前也走不动了。

手榴弹在我前后不断炸响，借着团团亮光，我一眼就瞥见了城墙下的墙洞。当时也来不及多想了，扭头就跑到了洞口。洞口很大，但由于天还没亮，里面什么也看不清。接受那次在潍县的教训，我怕洞里有埋伏，不及多想就把一颗手榴弹扔了进去。

洞里好像没人，但洞口有些柴草被点燃了，火苗子“呼呼”地挡住了半个洞口。我把帽檐子向下拽了拽，遮住脸，“嗖”！的一声就跳了进去。

洞不深。由于柴草只堆在洞口，火烧不到里边来。靠左侧有一拐角，我边扑打身上的火，边拖着伤腿冲到了拐角后面。拐角是砖垒成的，直抵洞顶。我暗暗庆幸，即使敌人发现了我，有这个死角作掩护，敌人一时也伤不到我。外面仍旧枪炮声轰鸣，震耳欲聋，想是部队正和敌人激烈交锋。班里的同志不知怎么样了。部队伤亡严重，刚刚熟悉的战士，这次恐怕又要换上一些陌生的面孔。我一边难过，一边为自己的处境担忧：我会不会就这样死在洞里？死，我根本不怕，一年来血与火的洗礼，亲眼目睹了一幕幕战友们的悲壮惨烈，我早已经把死置之度外。虽然我知道自己早晚也会战死在沙场，但看着那么多的战友先我而死，我早已经没有了恐惧的感觉。当兵打仗就得流血牺牲，没有死，哪能换来和平？没有死，哪能有天下穷人的安生？人家共产党员个个都是不怕死的英雄好汉，我虽然还不是共产党员，但从小就立志当兵打仗当英雄好汉，英雄好汉哪里有怕死的！怕死就不来当兵了！

可我不愿就这样死去：我才当了一年兵，打死的敌人太少了，我还得多杀几个，捞够了本再死也不迟。再说，让敌人打死在这墙洞

里，那也太窝囊了！我不甘心，即使非死不行，那也得轰轰烈烈地和敌人拼一场，和先去的战友们一样悲壮地牺牲，那才是光荣的死，有价值的死！

想到这里，我右手掏出个手榴弹，左手提着枪，转身就想往外冲。可是，还没等挪步，就听到外面“呼呼隆隆”地有人直奔洞口而来。从嗷嗷喊叫的声音，不难判断，是敌人围了过来。我一下子警觉起来：是敌人发现我了？还是他们想进洞隐蔽？我下意识地把手榴弹后盖拧开，把弹弦麻利地套在了小手指上。

狗日的敢进洞，我就和他们同归于尽！

洞口的柴草早烧完了，只有几簇火苗还时断时续地闪烁着。天还不亮，敌人也看不清洞里的情况，大约只是猜测刚才冲上来的共军很有可能躲进了洞里。洞口左右都有喊叫着的敌人，估计附近的洞也围上了敌人。想到很可能有战友隐蔽在左右的洞中和自己并肩作战，自己再不是孤军奋战，我的勇气和豪气大增。

敌人不敢贸然进洞，只是盲目地围在洞口大喊大叫：

“出来吧，国军也优待俘虏！”

“我早看见你了，快出来吧八路！”

“再不出来，老子要开枪了！”

我用力压制着紧张的呼吸，尽量不发出一点声响，我知道敌人这是诈话。

见里面静悄悄的不像有人的样子，洞口的敌人胆子大了起来。有人跨进洞口，摸摸索索地向我走近。我握着手榴弹的右手轻轻地举了起来，借着洞口照过来的一点微弱的光线，看到一个黑乎乎的脑袋果然就伸到了拐角这边。我也来不及多想了，右手呼地砸了下来。那家伙的戴着钢盔，手榴弹砸在钢盔上，发出“嘭”的一声闷响。兴许是连惊带砸，敌人虽有一层钢盔护着，但还是“嗷”的一声瘫在了我跟前。

这下子后面的敌人像炸了营。

“洞里有人！”敌人惊叫着，连滚带爬窜出了洞口。

刚才由于用力过猛，那手榴弹的弦原先是套在我手指上的，一下子也把弦拽响了，我一伸胳膊，反手就把它扔出了洞口。“轰”的一声，敌人还没等缓过刚才吓走的神，手榴弹就在洞口炸开了，一片惨叫声传进洞里。

我赶紧又掏出个手榴弹，这时才发觉身上只有三颗了，肯定不够用的。我侧着身子弯下腰，从刚才砸昏的那个敌人身上摸索出了四颗手榴弹；那家伙的枪也在脚底下，我用脚把它朝自己身后拨拉了一下，准备等会手榴弹打没了，两支枪也能抵挡一会。

敌人的手榴弹很快飞了进来，轰轰地炸响在洞内。有拐角挡着，一时半会儿还炸不着我，但洞内狭小，烟雾一下弥漫开来，砖、土震得哗哗直落，洞内光线原本就很弱，这下什么也看不见了。

敌人胆怯，更怕死，没一个敢进洞的，只是一个劲地朝洞里扔着手榴弹。轰轰的爆炸，就近在眼前，我耳朵像是震聋了，眼睛被强光刺激得好像什么也看不见了。有砖块砸在身上，疼得我差点晕了过去，头上有血顺耳朵后边淌了下来，很快流到了前胸。

一阵手榴弹爆炸过后，敌人估计里面的人不死也得重伤了。一阵平静之后，就听见有几个敌人跨过洞口走了进来。我手一翻，一颗手榴弹又送向了洞口，一声巨响，好像又炸倒了几个。

“他还没死！他还没死！”敌人鬼哭狼嚎。

敌人的“汤姆”冲锋枪开始吼叫，泼水般泻进洞里，墙上的土被打得扑扑直落。枪对我威胁并不大，但洞里烟太大，呛得我透不过气来。裤腿和袖子被烧着了，我不敢挪动，腿上那伤口被火一烤，钻心地痛。我放下枪和手榴弹，双手上下连扑带捂，好不容易灭了火，但双手也被烧伤了，疼得我浑身打战，冷汗和着头上的血水，一同流个不停。右腿早站不住了，我一腚跌坐在地上。

直到这时，我才感觉到问题的严重。我浑身有伤，战斗力大打折扣，要是战友们攻不上来，我就这么和敌人耗下去，早晚也得被烧死、呛死在这洞里。怎么办？束手待毙？让敌人活捉？绝对不行！我不能就这么窝窝囊囊地死，要死，我朱彦夫也得死出个样来！

洞外边枪炮声一直没有终止，说明大部队还在反攻。我不能就这么干耗着，干耗着就只有等死！我要冲出洞去，想办法和战友们会合！

我曲起左腿，左手向后扶着墙，咬着牙慢慢站了起来。两手疼得要命，但还能坚持。头上不知伤得怎么样，血流了不少。右腿的伤口也没来得及包扎，也在不停地流着血，摸一把，整个右腿都浸透了。我已经开始眩晕。

坚持一下！再坚持一下！不是早说过要顽强战斗到底吗?！真遇到困难了，难道就坚持不了了吗？一定要坚持住，只要冲出去就好了，冲出去就能和战友们会合！

敌人这时停止了进攻，洞口出现了短暂的平静。我赶紧抹了一把流过脸颊的血。褂子早就被撕得一缕缕了，干脆“哧”的一声扯下左袖，胡乱地扎在了右腿的伤口上。手榴弹全部拧开盖，插在腰里两颗，两手一手握着两个；枪得背上，战士死也不能丢了枪！

收拾停当，我悄悄探探头瞅瞅洞口，浓烟弥漫，看不大清，天开始放亮了。我把上身探出拐角。不管洞口还有没有敌人，为了保险起见，手榴弹还得扬出去。右手一场，两颗飞了出去，左手紧接着也扬了出去。一阵轰响，砖石尘土夹杂着燎人的气浪凶猛地涌了进来，几乎将我掀倒在地。趁浓烟作掩护，我连滚带爬冲到了洞口。洞口的敌人还在，都躲到距洞口正前方十几米远的一片土堆后面。听见手榴弹又扔出洞外，他们的冲锋枪也几乎同时扫向了洞口。洞口有五六具敌人的尸体，正好做我的掩体。我卧倒在尸体后面，迅速抽出了腰间仅剩的两颗手榴弹。

敌人的冲锋枪一阵急射，打得我面前的敌人尸体“扑扑”作响。就在这万分危急的时刻，那枪声却突然掉转了方向。我这才听见一片惊天动地的喊杀声，以排山倒海之势猛然间向敌阵压了过去。我一阵狂喜，心“腾”地一下像是蹿到了嗓子眼里了。

是大部队！大部队终于攻上来了，我终于得救了！狂喜万分的我早忘记了掩护自己了，踉踉跄跄站了起来，拼尽全力把手中的两颗手榴弹扔了出去。之后，就摇晃了一下，重重地摔倒在敌人的尸体上了……

济南当时是山东境内国民党的最后一个中心巢穴。此次战役以歼灭十万敌军，活捉国民党第二绥靖区司令官、伪山东省政府主席王耀武而闻名于世。

能亲身参加这样的战斗，我是十分幸运的。但内心深处时时有一阵阵惶恐不安袭上心头。当初从城墙缺口攻入城内的先头部队，被敌人的疯狂反扑阻截在城内，英勇的我军官兵表现出了大无畏的英雄主义气概，与敌人浴血奋战，在前后无援的情况下，宁死不屈，把鲜血洒在了这片古老的土地上。我侥幸活了下来，不久后伤愈归队，但内心深处有一种不安和悲壮搅得我寝食难安。亲眼目睹这样一幕悲壮，给我心灵的震撼是一切言语所难以表达的，战友们的鲜血就洒在我的眼前，我踏着这血迹还在向前走着，悲痛的眼泪早就流干了。死者死矣，活着的人该干些什么？该怎样去告慰和报答这些死去的英灵？我从这种刀尖上走过，并时时都有一种如刀侵肌的本能反应，我已经没有任何理由可以为自己的任何怯懦作辩解，已经没有任何理由可以不去放手一搏，已经没有任何理由可以有哪怕一丝一毫的苟且偷安！

这种感觉，是战争给我的，是烈士们给我的，是战友们以死而相托给我的。踏着他们的血迹站起来，心中的使命感沉甸甸的，这种使命，我整整背负了一生，从没敢放下来歇息一会。一次次眼看着战友们刹那间就死在我的眼前，这种使命我也就越背负越多，并时时都促使着我因为没有很好地完成这种使命而惶惶不安。这种不安又时时催促着自己去竭尽全力，只要一息尚存，就要战斗不止。

战斗贯穿了我一生，使命背负了一生。小小少年就是这样拥着悲壮、带着沉重、怀着不安一步步走了下去。

南京解放以后，陈毅将军兴奋难抑，当即赋诗一首：

旌旗南指大江边，
不尽洪流涌上天。

直下金陵澄六合，

万方争颂换人间。

我和战友们大都没进过一天学堂，冲锋陷阵还行，可大字却不识几个。所以当部队首长把这首诗大声念给我们听时，大家你看看我，我瞅瞅你，光觉着就跟唱歌似的很好听，可就是不知道啥意思。

当首长告诉我们，这首诗是陈毅将军坐在南京总统府蒋介石的办公椅上写出来的时，大家一下子来了兴趣，激动地七嘴八舌，对诗的意思争论不休。这个说，蒋介石完蛋了，全国都快解放了，这首诗肯定是说毛主席就要来坐这把椅子了，要领着咱建立新中国了。那个说，百万雄师过大江，肯定是夸咱渡江战役打得好！

1949 年的 4 月 20 日，是一个永远值得记住的日子。

就在这天晚上，我所在的部队担当了渡江的中路大军，率先突破了长江天险。国民党苦心经营的长江防线在我军势如破竹的攻势下，不堪一击，顷刻间就土崩瓦解了。国民党兵只恨爹娘少生了两条腿，甚至来不及放上一枪，就抱头鼠窜，溃不成军了。

渡江后，我军穿插速度很快，战线一度拉得很长，兵力也相对分散。可国民党兵早就被吓破了胆，驻防区域一片混乱。他们根本搞不清冲到眼前的解放军有多少人，也不知道哪里已被包围，哪里还有自己的部队。加上天黑，他们被我军强大的炮火打得晕头转向，蜷缩在驻地不敢动弹，根本不知道该向哪里反击，该从何处防御。这样一来，虽然我们兵力一度分散，但由于敌人的胆怯和混乱，倒为我们分散歼敌、以少胜多提供了便利。

当时天还不亮，只有远处的炮火像一道道闪电把黑漆漆的天空撕开一道道缝隙。整个长江南岸及以南地区枪炮轰鸣，喊杀声不断，整个大地都在脚下颤动。

而此时的我们连却悄悄疾行在一条崎岖的山道上，朝着黑夜插了下去。离战场越来越远，枪炮声、呐喊声渐渐都被甩在了身后。

我们连的任务是趁敌混乱和不备，迅速急行军 30 里，一举端掉敌人的一个团指挥部及其一个营的守军。从背后截断敌人南逃之路。

大家摸着黑一路疾走，谁也没有说话。但心里都有些焦灼，还伴着些不安。一是因为离开轰轰烈烈的正面战场，捞不着痛痛快快地冲杀，心里有点遗憾；二是因为一个连去袭击数倍于我们的敌人，心里有点没底。

我们很快就接近了敌人阵地。大家抖擞精神，正准备拼死投入这场恶仗时，接下来的一幕却发生了戏剧性的变化。

由于天黑，敌人的铁丝网又太密集，不知是谁一不小心撞到铁丝网上，上面挂着的罐头盒子“当啷啷”地响了起来，大家正一愣神的时候，就听敌人的哨兵没命地喊了起来：

“不好了！共军来了!”紧接着鸣枪报警。

这下可把连长急坏了。过早地暴露了目标，让敌人有了准备，这仗可就难打了。

连长没有犹豫，低声向各排下达命令：

“不惜一切代价，共产党员带头冲进敌营，先打烂他的指挥机关再说!”

我们也用不着隐蔽了，一阵手榴弹扔过去后，大家扯开喉咙，高喊着“缴枪不杀”，勇猛地冲了上去。

这股敌人的所在地是一个不大的村落，村北是一片开阔地，敌人的防御工事有好几层。但奇怪的是却没有多少人在防御，我们一路冲来，几乎没遇上多少抵抗。更可笑的是，原来这股敌人早就被我们打怕了，又不知道来了多少解放军，所以当我们顺利冲进营房时，里面早乱成了一锅粥：有的敌人早把枪扔出了房外，有的跪在地上一个劲地求饶，有的就直愣愣地站在那里，茫然不知所措；也有个别企图反抗的，我们毫不客气地一阵冲锋枪和手榴弹把他们送上了西天。团指挥机关早就名存实亡，据俘虏们交代，他们的团长几天前就不知跑哪去了，这倒省得我们费事了。

等天亮时，三百多名俘虏见我们还不到一百人，一个个羞愧地耷拉下了脑袋。

这次战斗干净利落，战友们都觉着特别过瘾。特别是我们班，班长领着我们最早冲进了村北的一所大院，轻松地俘虏了三十多个敌人。当时班长命令我留下来看守着这些俘虏，他和战友们继续向村内包抄。我一手举着一颗手榴弹，虎视眈眈地盯着敌人。可笑这三十多名曾经骄横不可一世的国民党兵，竟在一名 16 岁少年面前吓得面如土色，瑟瑟发抖。昏暗的灯光下，我不仅看清了他们丑恶的嘴脸，更从内心深处看清了他们色厉内荏的本性。这就是蒋介石赖以和共产党顽抗到底的军队！就靠这样的军队，蒋介石的内战还能强撑几天？在人民解放军面前，在共产党员面前，他们是多么渺小，多么不堪一击！党就是这样攻无不克、战无不胜，党就是这样让敌人闻风丧胆！跟着这样的党走，去消灭反动派，建立新中国，这条路我走对了，也坚决走定了！只要反动派一天不消灭，我就一天也不停止战斗！刚才连长还说，“共产党员带头冲!”这话多有力量啊！只要党一声令下，我就敢第一个冲向敌人，有党在，我什么也不怕！

江南的荠菜花在一阵阵细雨里争先恐后地烂漫地开着。开得清新、雅致，像无数粒白色的小星星缀满山川河谷。一茬茬地好像永远也开不完，以自己弱小的身躯为秀丽的大地尽力地涂抹着一道明亮的色彩。

这花伴着我们南下追击逃敌的队伍而一路不尽地开着。我们都有些感动，绵延的炮火居然不能将它们烧尽。树木烧光了，村庄烧光了，甚至土地都烧焦了，可一场细雨飘过，它们就顽强地拱出了废墟，继而沟沟坎坎、村村落落又满是它们的身影了。不屈不挠地又把点点白色的小星星般的花重新铺满大地，给这一片土地带来春的气息，唤回一派生机。

这花多像我们的人民，更像我们的战士啊！不管环境多么险恶，不管战斗多么惨烈，可他们总能把自己的生命力发挥到极限，总能英勇顽强、不屈不挠地战胜一切艰难困苦，为建立一个和平安详而美好的新世界默默贡献出自己的一份力量。

荠菜花开不败，可江南绵绵的春雨好像也跟着憋足了劲，不紧不慢、淅淅沥沥、舒舒悠悠地下个没完没了，那雨帘好像是一个永远也扯不完的大幕。江南的路面晴天硬得能扎破脚，可要遭雨这么一浸，就软得如面却黏得像胶。这样的天气，给我们追歼逃敌带来了极大的不便。

当时，从长江南岸溃败下来的敌人，没命地向南逃窜。按照三野首长的命令，我军昼夜兼程、围追堵截。几天几夜，战士们吃不上饭，睡不上觉，加上阴雨连绵，困难不言而喻。可战友们依然斗志昂扬，大家互相鼓励着："这泥巴黏掉了咱的鞋，可也照样黏住了国民党的汽车轮子！咱吃不上饭睡不上觉，可只要能多消灭几个敌人，早几天迎来胜利，那就够本！"

当时我的两只鞋也永远地留在了那拔不出脚的泥泞里。饿得头晕眼花，见老百姓的墙上贴着一块块干饼子，我以为是喂牛喂马的糠麸饼，抓过一个来就啃，谁知那不是吃的东西，是用来烧火的干牛粪饼。

即使这样，我们最终还是堵住了敌人，在杭州以北的群山间，十万多名狼奔豕突的逃敌被一举歼灭。

部队来不及休息，挥师直逼上海——这个中国最大的城市。

古老的大上海，真的要在这绵绵细雨中迎来一个崭新的春天了。

又一场残酷的大战迫在眉睫！

我不惧怕战争，只要国民党反动派一天不投降，我就一天也不停止战斗。是战争锻炼了我，是正义的战斗让我变得百折不回，是战斗赐予了我钢铁般的坚强意志和对革命所充满的必胜信心。

胜利的喜悦在鼓舞着我和我的战友们。虽然我们还不知道黔驴技穷的蒋介石又会在上海布下什么天罗地网，也不知道攻克大上海会遇上什么样的艰难困苦，也不知道蒋介石为什么要不惜血本而死守上海。但有一点我们却明明白白且深信不疑：不管付出什么样的代价，不管蒋介石设下什么样的阎罗阵，我们都会一往无前，胜利必将属于我们！

上海是蒋介石的发迹之地，他就是从这里一步步羽翼渐丰，一步步走上了与人民为敌的道路。1916年，在军队中混得极不顺心的蒋介石负气离开部队，来到上海。一方面主持东南党务军事，一方面经营证券交易。混迹于证券交易所的蒋介石倒比他在军队中得心应手的多，不到半年，竟连发巨财。不仅如此，蒋介石还顺利地结交了戴季陶、杜月笙等人。在这些人的帮助下，蒋介石不久就爬上了黄埔军校校长的宝座。也正是在这些人的支持下，1927年4月12日，蒋介石公开背叛革命，一手炮制了震惊中外的“四一二”反革命政变。不久便在南京建立了自己的反革命政权并进而窃取了全国的政权。上海便成了他反革命政权的支柱。江浙财团尤其是上海财团成了他最初反革命的本钱。也正是在上海，他如愿以偿地终于娶得追求了七年之久的宋美龄为妻。尽管当时的宋美龄已经三十多岁，但这对于新郎来说实在无关紧要，重要的是新娘的二姐是孙中山的夫人。与其说这是蒋介石的婚姻，倒不如说是蒋介石的一笔政治资本。蒋宋成婚等于宣布蒋介石已成为孙中山先生的合法继承人。同时，蒋宋结合也宣布了四大家族的形成，四大家族也成为蒋氏政权的又一重大支柱。

所以说，当时的上海在蒋介石心目中是有着特殊的分量的，他决不会轻易地放弃这块宝地。

丢掉南京总统府的蒋介石，之所以要死守上海，还有两层原因。

一层是经济上的。当时四大家族掠夺的全国人民的财富大多集中在上海，蒋介石决不甘心把这一大批财物留给共产党。其实早在1948年底，早就预感到自己末日即将来临的蒋介石，就已经暗中派人开始向台湾运送上海的物资，但运送这些物资，蒋介石最需要的就是时间。蒋介石心里也很明白，上海早晚要回到人民的手中，能死守一天，他就能多运送走一些物资。以后历史也说明了这一点，蒋介石正是靠了这一批人民血汗积聚起来的财富，才使得他日后能够蜷居台湾孤岛，得以苟延残喘下去。

另一层的原因是战略上的幻想。因为当时的上海是英美等帝国主义争相吞食的一块肥肉，为了自身的利益，他们是不会轻易放弃上海的。蒋介石的如意算盘是：上海之战打得越久、越烈越好，最好是由内战转化为国际战争，把英美尤其是美国拉下水，指望美帝国主义出面绞杀中国革命，但前提就是国民党军队必须在上海死守一阵方有这种可能。

为了这种死守，蒋介石绞尽了脑汁，构筑了坚固的碉堡和现代化的防御工事。敌人甚至专门派人飞赴太原，实地考察阎锡山的阵地。事后连阎锡山都信心满怀："上海至少可以守一年。"

敌人的狂妄气焰嚣张直上。为了给自己打气和壮胆，他们竟大言不惭地宣称：上海是东方的斯大林格勒，是中国的马其诺防线。

当时我既不知道斯大林格勒是何物，更不知道马其诺防线究竟厉害到什么程度。我和战友们心中充满着对胜利的渴望，不管敌人多么强大凶顽，我们都要勇往直前，坚决干净地消灭它。

我所在的部队所担负的任务，正是要撕开这所谓的马其诺防线，正是要一个个地扫除所谓固若金汤的碉堡和工事，为后续部队杀开一条血路。

但战斗是惨烈的。为了打烂这一防线，我们付出了惨痛的代价。

当我和战友们以锐不可当的气势攻向敌人的前沿阵地时，隐蔽在树林、草堆和坟包中的敌堡一齐开火，轻重机枪和冲锋枪疯狂地吼叫着。战友们还不等看清枪口在哪里，就一批批倒了下去。

原来敌人防御工事的杀伤力之强，确实有些出乎我们的意料。他们采取主堡和小堡相结合、暴露与隐蔽相结合的方式，构成子母堡式的交叉火力网。主堡都是钢筋混凝土结构，四面有枪眼，胸、背墙厚达一米多，外面再铺盖枕木、积土和草皮，因此抗力极强。主堡周围是小堡，用土草堆顶，或利用土堆、田埂筑成，比较低矮，远看像坟包，很不容易察觉。此外还有一些单独的散堡，不规则地分布在阵地各处，以补充主堡火力的不足。敌人还把阵地前 2000 米以内所有民房一律拆光，然后又星罗棋布地安置了鹿砦、竹签、陷阱、铁丝网和地雷阵。

战斗刚打响不久，我们左翼的攻击部队由于过分轻敌，一个团打得只剩一百多人。其他的团伤亡也大都在 500 人以上。

天蒙蒙亮了，但攻击并没有停止，浓烈的硝烟呛得我几乎透不过气来。前沿阵地上，到处是燃烧的烈火，战友们的尸体横七竖八地躺在敌人的工事前，到处是汩汩流淌的鲜血，不一会儿就浸透了土地。

我们连冒死推进了还不到500米，就已经死伤80多人。正前方不到一百米处的一个碉堡内还在不停地喷射着罪恶的火舌，刚刚冲上去的三个战友也没能躲过敌人的子弹，又壮烈牺牲了。

一直被安排为战友提供火力掩护的我，早已被悲痛和愤怒燃烧得两眼冒火。我再也按捺不住了，匍匐着冲到连长身边：

“让我去吧！连长！我行！”

连长的头部让弹片擦伤了，缠着绷带仍没能止住血，血顺着鼻梁一直流了下来。他抹了一把，焦灼地看了我一眼，没有说话。连长叫刘步荣，陕北人。很早就参加了红军，南征北战，立下了赫赫战功。头几天在行军路上，我饿急了眼，啃了人家的干牛粪饼时，就是他一个劲地安慰我：“等打进上海就好了，我保准让你吃一口饭，来三口菜！”

也正是这位连长，后来率领我们连杀向了朝鲜战场，并把一身忠骨埋在了异国他乡的冰天雪地中……

此时的连长早已被这巨大的伤亡深深刺痛了，自己的战士如同自己的手足，可眨眼间就都不存在了。战士们都是好样的，一声令下，人人都是慷慨就义、视死如归。可这一声命令又下得多么艰难、多么不情愿呀！他们一个个也都是血肉之躯，也是爹娘所生，他们谁会不珍惜自己的生命？毕竟这生命对人只有一次，可为了胜利，他们个个都毫不吝啬、毫不犹豫地选择了死，奉献出了生！连长不放心我去，是因为他心里明白，也许眨眼之后，一个仅仅16岁的生命也同样会在自己眼前消失。这种生死的界线，这种生死的离别，他见得太多、经历得太多了！他实在不愿意再因为自己的一声命令而又送一条年轻的生命。

我没有犹豫，迅速抓过来两个炸药包，往两个腋下一夹，根本不顾连长的阻拦，一跃身滚出了战壕。

我也是凡人，我也珍惜自己的生命，我也明白这生命对我来说也只有一次。可每当置身那样的环境，每当亲眼目睹着战友们一个个倒在我的面前，我的心中就不会再有半点怕死的怯懦，有的只是愤怒、只是燃烧、只是复仇、只是冲天的豪气！战友们个个都不怕死，都是英雄好汉，我朱彦夫更不怕死，我也是一个响当当的英雄好汉！

刚才在掩护战友的时候，我已经暗暗地观察了这个碉堡好几遍，怎么冲过去才能尽量避开子弹我心中早有数了。这个碉堡是个主堡，离它二十几米的东北角上的是个子堡，西北角五十多米外也有一个子堡。要炸当然得先炸掉这个主堡，但这三个堡的火力交叉起来相当猛烈，特别是这个主堡内，好像是有两挺重机枪，子弹打得跟刮风一般，水泼不进。

我按事先考虑好的路线沿左侧跳跃前进，避开主堡的正面火力，而且左侧这个子堡离我距离最远，这样敌人的杀伤力和命中率都低。

身后的连长高吼了几声“掩护”，旋即战友们的机枪便炒豆子似的炸响了起来，敌人的火力瞬间小了许多。我瞅准时机，猛冲了几步，卧在了主堡右前方十几米远的一道土坎后面。敌人的机枪手也许早就感觉到了这个离他们越来越近的小个子战士的威胁，两挺重机枪交叉着打得我面前的土块直飞。我不能再盲目地向前冲了，那样是根本躲不过这雨泼般的子弹的。我仰过身来，放下腋下的炸药包，一手抽出一颗手榴弹，拧开后盖，抽出弹弦，迅速地两手向后一扬。两声轰响后，我急速抓起炸药包，趁着浓烟和敌人机枪的短暂“哑巴”，几步就冲到了主堡右侧，迅速拉响了炸药包；随着一道耀眼的火光，一声震天的轰响，这个该死的碉堡终于飞上了天。

我心里有数，主堡和子堡是相互依赖的，若主堡被炸，子堡内的敌人便相当惊慌，这种惊慌就能给我接近它提供机会。所以当那道耀眼的火光闪过后，我挟起另一个炸药包就冲向了右前方的这个子堡。

敌人的惊慌是短暂的。主堡被炸，濒死的恐惧使他们孤注一掷，虽然火力比主堡弱些，但是它建在一个坟包里，露出地面不高，要炸它也不容易。

当时的上海近郊，到处是一座座的坟包，纵横无序，密密麻麻。敌人的子堡大多建在这些坟包中，建成后，为了防备我军会利用其他坟包作掩体，就将多余的坟包一律铲平了。这种坟包我早见识过一回了，还差点被埋在里边。那是前天傍晚，在西郊与敌人鏖战时，敌人动用了加重榴弹炮，这种炮弹穿透力极强，能钻入地下几米处爆炸，对我军掩体破坏性极大。当时我挖的防弹掩体恰巧就挖到了一座坟包下面，可当时并不知道头顶上还顶着一座坟墓，还暗自为自己的掩体又深又安全而感到庆幸。后来就真有一颗炮弹钻到土里来了，那弹头穿过棺材射入了掩体后的一条小河中爆炸了，棺材就“哗”的一声塌了下来，泥土夹着白骨全砸在了我身上。幸亏连长就在我身边不远，连扒带刨，把我拖出墓穴。

有了这样一次奇遇之后，我对这类坟包的了解自然比战友们多了几分。这种墓穴并不深，也不大。敌人肯定要进一步掘深、扩宽。四周砌起来，上面再铺盖树枝、草皮。远看像坟，其实早改装成了威力不小的火力点。要炸毁它，只需要靠近到一定距离，然后把炸药包扔到坟包上面，就一定能成功。不像钢筋混凝土的主堡，必须把炸药包竖到它的外墙上才行。

有了这种了解，要炸毁敌人的这个子堡，自然就快捷了许多。敌人的机枪压得我抬不起头来，但估摸着离它已经不远了，十几斤重的炸药包，我完全有力量能把它扔到敌人头顶上去。

我卧在地上，迅速拉响了导火索，然后猛地站了起来，两手奋力将嗤嗤作响的炸药包掷向了坟包。

我还没来得及卧倒，一颗子弹已射中了我，子弹洞穿了刚伤愈不久的右大腿，一阵钻心的剧痛，右腿一软，我摔倒在地上。

接连炸掉两个拦路虎，连长早率领着战友们呐喊着冲了上来，可左前方的那个子堡还在“挞挞啮”地扫射着，部队仍然冲不过去，全被压在刚被炸毁的这个子堡附近。

见我伤得不轻，连长夸了我一句就吩咐卫生员赶紧包扎，然后背我下去。

我痛得龇牙咧嘴，可这会要我下战场，我可不干！

“我还行，连长，等我把这个也炸了……”

“你的腿不行了，先下去……”

“这点伤不碍事，炸这种碉堡我有经验了，换别的同志会牺牲的……”怕连长不让我去，我强忍疼痛，想做出点轻松的样子，并强调了我非炸不可的理由。

显然是我的理由说服了连长，他拨开卫生员，亲自给我包扎了右腿。这时我看见连长的眼神里有一种父亲般的关爱和怜惜，像是有泪水快流了出来。我知道，连长对我一直非常疼爱，一直像一位父亲般爱护着我这个小兵。我受伤，却疼在他心里。眼看着我又要去舍命再炸碉堡，又拖着一条伤腿，这一去还能不能活着回来谁也说不上，这怎能不让他又担心又难过呢？

战场上我来不及多说什么，也没时间去多想什么，夹起炸药包我又冲了出去。

这次可没刚才那么轻松了，右腿钻心地疼，由于流血过多，眩晕已经袭上心头。我干脆把炸药包抱在怀里，就地滚向碉堡。三个互成椅角的碉堡已炸掉两个，敌人交叉火力已发挥不了威力，只有两挺机枪还在垂死挣扎着狂射。但身后连长指挥的掩护有效而且有力，我连滚带爬了五六十米没受到大的威胁，心宽而胆壮，勇气倍增：狗日的国民党，我又来送你们坐“飞机”了！

估摸距离好像又差不多了，吸取上次中弹的教训，我放下炸药包，把褂子脱了下来，用根树枝撑进了两只袖子中，然后把两只袖口打个结系住，又往两只袖筒里塞进了几块石头。我这才从土埂后抬了抬头，辨别了一下方位，然后左手抓起炸药包，右手用劲把褂子扔了出去。愚蠢的敌人做梦也没想到我还有这一招，火力一下子就被吸引到褂子那里去了，我猛地跃了起来，就在一刹那之间，“嗤嗤”作响的炸药包飞向了坟包……

上海解放了。

虽然战斗是惨烈的，但我们最终还是赢得了胜利，一个美丽的城市终于回到了人民的怀抱。尽管我们付出了巨大的代价，有那么多的战友把鲜血和生命留在了这座城市的每一个角落。但我们在擦干眼泪之后，深感欣慰和自豪的是，在这片浸透着烈士鲜血的土地上，我们的党和党领导下的革命军队又一次显示出了无比强大的力量。可悲而又可怜的倒应该是国民党和蒋介石，他们所极力宣称的钢铁防线，他们所咬牙切齿要埋葬我们的森严壁垒，他们所津津乐道的“至少也能守上半年”的痴心梦想，都在这种强大的力量面前顷刻间烟消云散、无影无踪了！烈士们的英勇和悲壮在庄严地向世人表明：我们才是真正打不垮、炸不烂、攻无不克、战无不胜的钢铁之师！

雨后的上海多么美丽而又妖娆啊！虽然她饱经列强的蹂躏和欺辱，饱经炮火的摧残和洗礼，但只要回到人民的手中，她就会重新焕发出生机和活力！

就在这个美丽的城市，就在这片重新焕发着生机和活力的土地上，我，一个饱经磨难的穷人的孩子，一个在党的教育下一步步从战火中成长起来的战士，以自己的勇敢和顽强，以自己对党无比的热爱和忠诚，终于被党赋予了也像这座城市一样崭新的生命——我终于成为一名光荣的中国共产党党员！

当我在火红的党旗下庄严地向党宣誓的时候，眼泪模糊了我的双眼，热血在胸中激荡。一个16岁的少年，终于投入了党的怀抱！就是这个怀抱，为我遮挡了爹娘所遮挡不住的风雨；就是这个怀抱，把我从一个不懂事的孩子培养成一名坚强的共产主义战士，拥着我走上了一条光明的大道；就是这个怀抱，时时刻刻给了我无穷无尽的力量和勇气，给了我刚强的品格、超人的毅力和顽强的斗志；就是这个怀抱，让我一生都魂牵梦绕，至死也不愿相离！

那一瞬间，我想起了爹娘，想起了那个生我养我又给了我痛苦和欢乐的故乡，想起了爹的惨死，想起了我的家破人亡。爹娘多难，故乡多难，可只要有了党，娘的苦日子就终于熬到头了，家乡的山山水水就不会再有苦难和荒凉了！从偷偷离开娘的那一刻起，我就一刻也未曾忘记过娘和那片熟悉的土地，要是娘能看到今天的我，她该多么欣慰、多么高兴啊！要是能昂首挺胸地回到家乡的土地上，那该有多么神气和骄傲啊！

明亮的灯光下，我举着右手，拳头攥得紧紧的。那党旗简直红得耀眼，好像是一抹红霞，又像是家乡的那片枫叶。突然间它又变成了一簇熊熊燃烧着的烈焰，跳跃着、升腾着，成片成片地向着双眼压了过来，越来越近了，那种红艳和跳跃真的要逼上我的眼睛了！而且离眼睛越近，红得就越是鲜艳夺目，原本成片成片的，突然间又流动起来了！真像是血！已经逼近睫毛！已经流进嘴里来了，又腥又粘，真的是血！这血是从哪里来的？是爹的吗？是老班长的吗？要不就是战友们的？是的，没错，是他们的！我认得这血，他们的血怎么流到这里来了？是来看望我的吗？我一阵惊喜，忍不住想大喊大叫，爹！老班长！战友们！我想念你们！我向你们发誓，这党员我决不白当一回，要当就要当出个样来，给你们看看！我保证像党要求的那样，勇敢战斗，不怕牺牲，多杀几个敌人给你们报仇！不管以后会怎么样，也许很快我也会牺牲，但只要还有一口气在，我就不会停止战斗。战斗是我的目标，战斗是我的理想，我渴望着战斗。在战斗中，我才觉着自己是充实的；只有不停地战斗并赢得胜利，我觉着才算对得起你们这些先死的人。爹！老班长还有战友们！你们放心吧，我不会当孬种的！我要用敌人的血来祭奠你们的亡灵，我要用更多、更大的胜利去告慰你们的亡灵……

第四章　雪地英雄

战友们是以雪作为自己的归宿的。在异国他乡寒冷无情的冰天雪地里，他们埋葬了自己的生命，也把自己对正义事业的无比忠诚永远地留在了那里。

第四章 雪地英雄

每年的冬天，我都盼着漫天的雪花早早飘来。当阵阵寒风终于裹挟着这白色的精灵从遥远的北方滚滚而来的时候，我竟有一种出奇的轻松和欣慰。从童年时就一直飘荡在心头的雪啊，竟给了我这么多的回忆，这么多的遐思，这么多的沉重……

朝鲜战争的硝烟已经逝去了近半个世纪了。

这半个世纪中每一次飞雪飘舞的时候，我总要全神贯注地凝视着那冰清玉洁的雪花。那雪花仿佛不是落在地上，而是团团簇簇都融化进了我的心里。在自己的心头上，竟慢慢地铺起了一层厚重的雪地。那是一片苍茫的天地呀！娘就在上面走着，牵着姐姐纤弱的小手。娘怀中那个幼小的生命，一刻也不停地瞪大着双眼，是在数着那雪花吗？还是想把那雪花飘落处的点点刺目的血迹牢牢地印进心里？

一阵急风刮过那片雪地，雪花满地打滚的时候，一个赤脚少年顶着一头雪花孤独地走在无边无际的旷野上。少年单薄而弱小的身躯像是再也抵挡不住团团雪花的扑打，踉踉跄跄，一脸的无助和茫然：偌大的天底下，去哪儿才能讨来一顿饱饭？

那雪地有多厚呀！压得心都沉甸甸的。这厚重的雪，仿佛从家乡荒凉的小路开始铺起，一直延伸到无边无际的天涯。天涯的那边，吹进来的风寒冷而苍凉。我的心好像再也托不住这片雪地，一点点地沉下去，竟是撕心裂肺般的疼痛。我知道，这准是战友们走过来了，走得迅疾而又飘忽，可留在雪地上的脚印竟深得像一个个黑洞洞的墓穴。像是走累了，脚再也没法从那墓穴中拨出来，他们就抖一抖身上的雪花，一个跟着一个“嗵通”地跳进了自己踩出的墓穴，墓穴边的雪地上竟是他们抖落下来的大片大片的血迹，印进雪里，赫然而又醒目！

我没法让这片雪地融化，近半个世纪的场场风雪反而一寸寸加大了它的厚重。我急切地盼望着每一年的雪花早早飘来，是不是也是有意要守住这片心灵上的沉重？岁月沧桑，我也试图去收拢一下自己纷飞的思绪，也曾试图让自己的心能有片刻的放松和宁静，而恰恰在这个时候，也只有在这个雪花充塞心灵的时候，沉重的背负下面，竟是

一种轻松和安慰。我不知道为什么会这样，但我却宁愿这样。我也宁愿让这片雪地成为我一生的最后归宿。

战友们是以雪作为自己的归宿的。在那场伟大的反抗侵略的正义之战中，在异国他乡寒冷无情的冰天雪地里，他们埋葬了自己的生命，也把自己对正义事业的无比忠诚永远地留在了那里。

是战友们的死，换来了我的生。当我从那场冰雪中走出来后，我才发现，其实从那里走出来的只是我已经残缺不全的躯体，心早已经冻结在了那里，永远地留在了战友们的身边。

我也想过阳光灿烂的日子。我也知道，那场冰天雪地中的残酷与激烈，战友们的英勇与悲壮，其实也正是为了给年轻的共和国换来一片阳光明媚的天空。可每当此时，总有重重的失落与惶惶的不安袭上心头。我甚至想，也许再过个十年八年，也许在某一个飞雪飘舞的日子，我也会最终拖着这一副残缺不全的身躯融化在团团雪花里，最终全身心地回到战友们的身边。也许只有到了那个时候，我才有机会去告慰战友们：共和国每一个阳光灿烂的日子是多么的美好。

1950年的冬天，飘飘的雪花早早地就来到了人间。

年轻的人民共和国不允许再有任何的阴霾袭上自己刚刚露出曙光的晴空。然而，一场抵抗侵略、保家卫国的战争还是在异国飘雪的日子里打响了名垂青史的第一枪。

12月初的朝鲜东北部山区，千里冰封、万里雪飘。皑皑白雪厚厚地铺满了一座座崇山峻岭。在赴战岭山脉与狼林山脉之间，有一片巨大的湖面，这就是长津湖。每天清晨，团团白雾揉进飘飘的雪花中，从湖面升腾而起，狼林山脉的座座峻岭蜿蜒在它的东西两侧，像一条巨大的通道，把来自西伯利亚的强冷寒流一股脑儿地迎了进来，并重重地泻在了这一片苍茫的天地间。

飞禽隐踪，走兽绝迹。只有片片雪花还在不分昼夜地飘落着。

就在这样一片宁静而寒冷的冰天雪地上，一场残酷的大战即将打响。

1950年的10月底，中国人民志愿军打响了抗美援朝的第一次战役之后，我所在的部队奉命于11月中旬开进了朝鲜，并直奔东线作战地区，担负起了第二次战役的东线作战任务。

此时的美国侵朝“联合国军”总司令麦克阿瑟，狂傲地叫嚣要在“圣诞节结束朝鲜战争”。他命令美军第十军团迂回到我东线志愿军部队的侧后，企图切断我军的后路。

为了粉碎敌人的阴谋，我们东线作战部队迅速集结到长津湖地区，对敌人实施了反突击作战。

到11月底，我军就已经逐步打退了东线敌人的分割包围，一个一个的歼灭战，打得敌人仓皇失措，像惊弓之鸟，纷纷寻路南逃。

就在长津湖以南的绵绵群山中，有一座普普通通的小山丘——二五〇高地。在层层叠叠的大山环抱下，它显得那么渺小和不起眼。厚厚的积雪覆盖着它还不到200米高的山体。山虽然不高，但战略位置却十分重要。高地以北，两山夹峙着一条简易公路，从山谷中蜿蜒南来，像一条弯弯曲曲的巨大蚯蚓，从西北方向爬上高地后，在西侧山头折一个弯，顺山坡调头向东南方向延伸下去，重又陷进了茫茫苍苍的高山雪原中。

这条公路是敌人北上南下的一条重要通道，由于二五〇高地像一道陡起的闸门一样，就卡在这条通道的咽喉位置上，所以这里也就成了敌人重点守卫的地区。

为了切断敌人南逃的通道，将敌人彻底围歼在长津湖地区，上级给我们连的任务就是抢在敌人南逃的先头部队之前攻占这座高地，并不惜一切代价坚守阵地，直至大部队到来，完成关门打狗的战略部署。

此时，我们连还远在百里之外。由于几天来的连续作战，大家疲惫不堪。特别是自入朝以来的十几天里，大家只吃上几顿饭，战士们的炒面袋也早就空空如也，全连断粮已经两天了。如果说饥饿还能坚持的话，最难挨的就是寒冷了，气温已降至零下35度。由于我们入朝仓促，大部分作战部队都未能领上棉衣，部队冻伤减员严重，很多连队都因冻伤失去了作战能力。我和全连的战友们也是单衣单衫地来到了这冰天雪地中。

饥饿、寒冷、疲惫，我和战友们就是在这种情况下，连夜向150里外的这座高地急行军。

阵阵刺骨的寒风裹挟起密密的雪花扑打到战友们的身上，天黑得伸手不见五指，陡峭的山路早已被漫天大雪封得严严实实的。山高路险，加上时间紧迫，又没有向导引路，有十多名战友不慎跌下山谷，再也没能爬上来……

拂晓前，我们终于赶到了离二五〇高地不远的一个山谷里。

一夜急进，战友们浑身都冒着汗，单薄的军装从里到外全湿透了，雪花扑来，寒风袭来，一会儿工夫浑身上下竟结成了冻渣。

可寒冷和饥饿在英勇的志愿军战士面前，实在是算不了什么，一连串的胜利鼓舞着每一位战友。艰难的岁月和历次的战斗，早就铸就了每个人钢铁般的意志和必胜的信念。

这些可爱又可敬的战友，虽然每个人的经历不尽相同，但从他们义无反顾地投身革命的那一刻起，就已经把生死置之度外。这样一群连死都不怕的热血男儿，还有什么困难能吓倒他们？

直到今天，我还一遍遍地想起我的战友们，想起他们的英勇和悲壮。在那样的冰天雪地中，在那样的艰难困苦中，他们究竟是靠什么支撑着自己？他们高昂的斗志、他们必胜的信念、他们大无畏的英雄气概、他们面对死亡含笑赴义的壮举，这一切，都是靠了一种什么样的力量？

面对这样的战士，你不能不肃然起敬！

党领导下的革命军队，就应该是这样的钢铁之师！对党的忠诚、对人民的热爱、对和平的渴望，正是战友们力量的源泉。有了这种力量，再强大的敌人，我们也能够歼灭；有了这种力量，千难万险，我们也照样能够克服！

我们顾不上休整，按预先部署，从坡度较缓的南面山坡向山头的敌人发起了进攻。

第四章 雪地英雄

战斗打响了。

守卫这座山峰的是部分美军和韩国李承晚伪军的一个营。敌人凭借经营了几个月的工事和先进的武器装备，拼死抵抗。

当时的李承晚部队，虽然战斗力不强，但他们全是美式装备，又凭借工事，居高临下。我们连除了几挺轻重机枪外，就是战士手中的冲锋枪和步枪了。因孤军深入，缺乏炮火的支援，对敌人的工事构不成威胁。这一切，给攻占高地带来了极大的困难。

第一次冲锋，敌人强大的火力很快就把我们压在了半山坡上。

雪花密密地飘着，可敌人的机枪弹、手榴弹竟比这雪花还密集，泼水般的泻了下来。眼前厚厚的积雪被一片片地掀起来，又夹杂着树木、碎石“嗵嗵”地砸了下来，灼热的气浪融化了飘舞的雪花，阵地前硝烟、水汽弥漫。虽然我们依凭着山坡上的石块、沟坎做掩体，敌人一时还造不成我们大的伤亡，但敌人一旦发起反冲锋，我们就要吃大亏！

我卧倒在一块岩石后面，敌人的重机枪打得石头上的积雪四处飞溅。

就在这时，我听见不远处的连长高喊了一声：

“朱彦夫！”

“到！”听到连长的呼喊，我完全是一种本能的反应，把冲锋枪往怀里一揽，快速地向左侧连打了几个滚，然后以最快的速度爬到了连长身边。

连长正大口大口地喘着粗气，眉毛、胡子上汗气、雪花结成的冰渣子正不断地往下滴答着水珠。

见我爬到跟前，他一把扯下头上的单军帽，快速地抹了一把脸，命令：

“你去通知三排长，绕到西侧，两面夹攻这些狗日的！速度要快！”

这座高地的西侧山势最高，一道二三十米高的悬崖从北坡绕着西侧一直延伸到南坡的公路附近。敌人借此有利的地形，火力更加猛烈。三排的两次冲锋全被敌人压了下来。

为了防止敌人的反冲锋，我们不得不撤了下来。

第一次冲锋失败了。

从山脚这条山谷中向高地望去，整个山峰竟像一个巨大的馒头。第一次战斗的痕迹很快就被漫漫的大雪遮盖得无影无踪了，天地间重又是白茫茫的一片。

团首长的命令就在这时传到了连里：敌人依仗现代化的坦克和装甲车辆，南逃速度相当快，我追击部队一时赶不上敌人，命令我们连要不惜一切代价，务必在三个小时内攻占高地，把这一路逃敌堵住。

连长和指导员表情都非常严肃。像这样的攻坚战，我们连也不是第一次碰上，可像今天这样一次冲锋除了白白付出牺牲之外战斗竟毫无进展，却还没有遇到过。时间又是如此紧迫，俩人蹲在雪地上焦灼地画着进攻路线。

敌人轻松地就打退了我们连的第一次冲锋，显然是有点出乎他们的意料。得意扬扬的敌人见我们并无炮火的支援，竟毫无顾忌地在战壕里来回窜动，喧叫声不时地传到我们的耳朵里。

这时，我正在一块大石头后面跺着脚、呵着手取暖。虽然缺食少穿，但大家伙都被第一次冲锋的失败和敌人的狂妄气红了眼，把寒冷和饥饿抛到了脑后，不停地争执着第二次进攻的方案。

也就在这个时候，那个命里注定要死在我枪口下的敌人——阵地的最高指挥官出现了。他耀武扬威地在工事前晃来晃去，像是根本就没把山谷里的志愿军战士放在眼里。

这敌人也太狂傲了！

三排长杜玉民气得两眼冒火一般，他从战士手中要过一支步枪，推弹上膛，架在一块石头上瞄起准来。瞄了一会儿，他又放下枪，回头吆喝我：

“朱彦夫，你枪法好，你来揍掉这个当官的，给咱出口恶气！”

距离虽远，但从敌人的装束和比比画画的手势中，我们都断定这是个军官，但当时谁也没想到这竟会是敌人的最高指挥官。

我正被一腔愤怒激得无处发泄，就当仁不让地接过枪，从石头后探出枪口，悄悄地瞄准了敌人。

“啪!”一声清脆的枪响，在慢慢寂静下来的旷野里格外震耳，那个军官应声一个跟头栽进了战壕，工事前后一片慌乱。

连长刘步荣是个细心的人，听见枪响，他抬眼就瞥见了敌人阵地上的慌乱。他断定敌人可能是失去了一个重要指挥官。趁敌慌乱，正是发动第二次冲锋的难得机会。他回头和指导员高新坡略一商量后，迅速命令全连：

“扔掉除武器弹药和急救包外的所有东西，誓死拿下高地!”

这一次进攻我们吸取了教训，从东南方向沿公路西侧向西北方向进攻。失去了最高指挥官的守敌，面对我们的第二次冲锋，显然有些慌乱无措，我们连很快又推进到半山腰。第一、二道工事里的敌人胡乱放了几枪后连滚带爬地龟缩上了山头，但山头上敌人的火力依然相当猛烈，特别是阵地东西两头的数挺重机枪，各护着一面山坡，子弹密得水泼难进。部队的进攻又被阻挡住了。

连队的伤亡在不断增加，又有二十多名战士倒在了山坡上，殷红的血汩汩地流着，把身边的雪地都化出了一个一个的大洞。

再也不能这么耗下去！不打掉这重机枪，就永远冲不上阵地！我早已按捺不住满腔的怒火，随着连长一声令下，我和三名战友就地一连串地打滚，很快钻到了一道雪梁下面。这道雪梁正好在敌人东西阵地的正中附近，梁前方有几簇矮小的树丛，也许敌人以为那树丛后是根本藏不住人的，又处在两个火力点的交叉位置边缘，所以反而有了一道狭窄的火力死角。

这道雪梁离山顶还远，敌人的火力又压得太紧，我们四个人的手榴弹根本扔不上山顶，但扔到树丛那儿却绰绰有余。我把自己的想法焦急地告诉三位战友，随即四个人一齐朝着树丛方向扔出了一排手榴弹，霎时间，积雪、树枝被炸得飞舞弥漫，我们四个人一猫腰向着那树丛猛冲。

敌人也不蠢，很快就发现了我们中路突破的意图，号叫着把一排

排手榴弹扔了下来，弹片呼呼乱飞，炸起的雪团打在我们脸上，竟像刀割般的疼。

一阵跳跃、匍匐，匍匐再跳跃，我们终于向前冲了七八十米，可两位战友先后中弹倒了下去，只剩下我和二班长杨仁富了。从敌人守卫人数的多少上判断，估计西边山头是敌人指挥部所在地。我俩决定先攻东边的阵地，占住一角，再图发展。

我俩不再犹豫，朝着敌人阵地下方二十多米处的一道雪梁快速爬进。敌人的手榴弹就跟下饺子似的接二连三落下来，一阵阵震耳欲聋的轰响，身体下面的雪地仿佛都被震得蹦跳不止。离那雪梁只有五六米了，杨仁富猛地一下弹了起来，一个前扑滚到了梁下。我刚一猫起腰，后背上就挨了重重地一击，筋脉好像一下子被根根震断，一股巨大的前冲力一下子把我推出去了四五米……

杨仁富伤得不轻，弹片将左脸颊撕开了一条大口子，一大块皮肉耷拉了下来，左耳朵也被撕掉了半块，鲜红的血，已经把他半个身子染透了。

来不及包扎了，敌人的机枪多响一枪，战友们的生命就多了一分威胁。当我俩挣扎着从雪梁下猛地跃到敌人面前时，两个浑身血糊糊的志愿军战士竟把敌人惊得一阵愣神，我俩趁机把密集的子弹毫不留情地扫了过去。

我们终于夺得了东头这块阵地。

整个山头，东西长一百多米，南北宽二三十米，窄的地方只有十几米。失去东山头的火力，敌人正前、侧面都受到了我们的攻击，胆小怕死的敌人再也不敢恋战，仓皇地丢下二三十具尸体，像受了惊的羊群一样屁滚尿流地顺北坡逃下山去。

十几个没跑掉的敌人蜷缩在掩体里做了我们的俘虏。由于孤军作战，接下来还要坚守阵地，清缴了俘虏们的枪械后，我们只好把他们赶下山去。

两次冲锋，全连伤亡了近 40 人，包括能作战的伤员在内，我们还剩下 52 名官兵。

而这仅仅才是个开头，一场更加惨烈的大战正在等待着我们。

由于西山头山势较高，加上那道陡峭的悬崖作遮护，易守难攻，所以连长命令重点在这里设防。我们一边抓紧修复掩体工事，一边静静地等待敌人的到来。

中午时分，还没等我们把工事修复完毕，果然，溃逃下去的敌人大批的车辆及其他辎重，顺公路滚滚而来。隆隆的声音在几里外的地方都能听得清清楚楚。

这是美军海军陆战队一师的两个主力营。就是这个陆战一师，几个月前在仁川登陆时，还是那样地凶残暴戾、不可一世，而今天，在我志愿军的连续围歼下，却损兵折将，狼狈不堪。当初狂傲的气焰都化成了今天丧家之犬般的仓皇。

困兽犹斗。敌人没想到眼看就能溜之大吉了，却突然冒出一支志愿军的部队，神兵天降般的挡住了他们的去路。为了顺利逃命，这伙困兽不惜拼上了全部家当，气势汹汹地朝着高地攻了上来。

严峻的时刻来到了。

敌人的十多辆坦克和几十门重炮开始向高地轰击。成批的炮弹低啸尖叫着倾落到阵地前沿，爆炸声震耳欲聋。一时间，浓烟烈火腾空而起，积雪、树枝、碎石土块，被掀起到空中，随即又四下里砸落下来。灼热的弹片尖叫着飞过来，钻入雪层中，吱吱作响。有战士牺牲了，被炸碎的枪支、皮肉也飞上了天。

十几分钟的炮击后，敌人并没有马上组织冲锋。他们一时还摸不清高地上的情况，不敢贸然冲击。刚才的这一顿炮火，是试探性的。

就是这样试探性的炮火，就已经给我们连的防御阵地造成了不小的破坏。虽然敌人原先构筑的防御工事还算坚固，但还是有几段交通壕被炮火夷平了。部分防炮掩体也已经坍塌，有的战士被埋在了里边，死活尚且不知。前沿工事被摧毁得比较严重，在工事里负责监视敌人的十几个战士有四人已经壮烈牺牲，其余的全部受伤。

连长从塌了半边的掩体里钻出来，左臂膀上的军装被烧着了。他抓起一把雪，边扑打着“呼呼”的火苗，边焦急地指挥卫生员王

纯青：

“赶快抢救伤员！一排全部撤回到掩体内！”

“二排长！带几个人赶快把掩体里的人挖出来！”他大声喊着。自己也早连蹦带跳地窜到了一个被炸塌的掩体前，急匆匆地挖了起来。

我的掩体是一块巨石下的缝隙，敌人炮击前，连长硬把我塞在了这里面，他自己却钻到旁边的一个浅而薄的掩体内。连长疼爱我，一直像一位慈父般呵护着我年轻的生命。我本来是在二排一班，第二次冲锋后，他见我受伤，就又把我要回了他身边。

连长挖出来的正是我的班长王进山。连震带压，班长早牺牲了！

班长好像是江苏人，现在也记不大清了。但他很有文化，给我和战友们留下了很深的印象。记得过了鸭绿江后，我们沿途所看到的是无家可归的朝鲜穷苦老百姓和被美军炸毁的村庄，到处是一片片焦土，一片片大火。有一天晚上我们班宿营时，我的身边就是几个被杀死的朝鲜老百姓的尸体。这种血泪和仇恨，点燃了我们每一个人心中复仇的烈火。班长就经常利用行军和战斗间隙给我和战友们宣讲革命的道理。有一回，他教我们一段快板，记不全了，但有几句还记忆犹新：

美帝好比一把火，
烧了朝鲜烧中国，
中国邻居快救火，
救朝鲜就是救中国……

可惜这位文武双全的战斗英雄竟这样惨死在敌人的炮火之下。

其他被挖出的战友也是不死即伤，全连眨眼间又伤亡了十几人，大家悲愤的火焰在胸中又熊熊燃烧了起来！为烈士们报仇、为战友们报仇的强烈渴望在每一个人心中都汹涌激荡起来了！

凶残的敌人并没有给我们喘息的时间，他们炮击后见我军并没有回击的炮火，便断定前面高地上只是小股深入包抄的部队，胆子一下子大了起来，手段也凶狠了起来。

果然不出连长所料，敌人并没有立即组织人员攻击，就在我们全部躲进掩体后不久，更大规模地炮击开始了。

炮弹密集地倾泻下来，呛人的硝烟和团团烈火重又弥漫在山顶上，积雪和碎石又被一次次抛向空中，再重重地落下来，又被抛起来，再重重地落下来……

紧接着，凄厉吼叫着的敌机飞过来了，盘旋一圈后，恣意地扎下机头，几乎贴着峰顶掠过，抛下来的是成吨的重磅炸弹和雨点般的汽油弹。霎时间，天摇地动，大地震颤，一股股浓烟伴着一阵阵巨响冲天而起，地好像一下子全翻了过来，烈火借着北风在熊熊地蔓延，雪早融化了，阵地被烧成一片片的焦土！这种重磅炸弹，威力极大，每个炸弹炸开的弹坑直径足有两米，深达一米多，巨大的石头被炸飞、炸碎了，斗大的石块都被高高地掀向空中，又暴风骤雨般的砸下来。

攻上高地时，虽然我们对防炮掩体也作了修复，但由于高地上巨石遍布，积雪下的土层又被冻得硬如磐石，加上时间紧迫，只能在原先敌人构筑工事的基础上简单地整理一下，根本达不到防炮的厚度和深度。而敌人为了急于逃命，已经不惜血本，好像非要用成吨的钢铁把这座挡住去路的山峰夷为平地不可。

掩体正一个一个被摧毁，整个高地已成了一片火海。

部队的伤亡也在不断增加。

持续了一个多小时的狂轰滥炸终于渐渐平息了下来。

可高地上，硝烟和烈火在北风的劲吹下，依旧翻翻滚滚。硝烟尽处，阵地上的情景惨不忍睹：山头早没了原先的模样，厚厚的冰雪早被炙烤得无影无踪，焦黑的土地上，到处是未燃尽的火、硕大的坑，到处是被炸碎的冻土、石块、枪支、衣物、肢体，特别是战友们被炸碎的肉躯，一块块散落在四面八方，有的已被熏烧成黑色，有的还在汩汩地渗着鲜红的血……

可就是在这样的一片土地上，在一处处好像根本不可能再有任何生命存在的焦土中、碎石下、弹坑里，居然还是有一群金刚般的铁血男儿，昂然站立了起来！

这是怎样的一群男儿啊！他们的肢体已经不全，他们的鲜血还在淋漓，他们的战服已被撕扯得褴褛不堪，他们的脸庞已被战火熏烤得漆黑难辨。可他们的眼神——那一双双依旧明亮的眼睛里放射出的却是凛然不可侵犯的威严、刚毅的光芒，显示着宁死不屈的坚定信念！

这眼神，惊颤了天地，驱散了鬼神！这眼神就是在向一切的淫威和暴戾宣言：革命的斗士生命不死，革命的斗士永远都是打不垮，炸不烂的钢铁战神！

这就是我们抵抗侵略的正义之师！这就是我们保家卫国的志愿军战士！他们互相搀扶着，艰难地站立了起来，他们互相鼓舞着，又勇敢地重新投入了战斗……

天地像是不忍心再眼睁睁地看着这样一片惨烈的山峰，团团洁白的雪花重新飘洒着铺了下来。

敌人的第一次冲锋就在这个时候开始了。

连长指挥着所有尚存战斗能力的战士们迅速进入了前沿阵地。

前沿工事已被摧毁殆尽。我们只好依凭巨石、土堆及弹坑和敌人血战一场了！

敌人显然对自己超强的轰炸充满了信心。他们自信地认为，这片高地上已经没有多少抵抗能力了，占领山头已经轻而易举，南逃的大门已经重新洞开！

自负的敌人队形散乱地向着高地接近。从他们昂首挺胸、神定气闲、东瞅西望的神态上看，他们仿佛不是要投入战斗，而简直是在悠然自得地观光游览。

这样的敌人，注定了要有一个可悲的下场！

敌人推进的速度并不太快，埋伏在一块岩石后面的我甚至等得有点焦急了。我不明白，既然急于逃命，为啥这会儿竟这样磨磨蹭蹭？难道他们真的会认为他们的汽车轮子已经远远地甩开了志愿军战士的两条腿？哼！别做梦了，我们战士的两条腿可都是南征北战磨炼出来的飞毛腿，等着瞧吧！等我们的大部队一到，就一个不剩地全送你们回老家！

连长也早发觉了敌人的这种自负，很快，命令就低声传递给每一个战士：

“隐蔽好，没有命令，不准开枪！”

阵地上一片寂静，只有越来越密的雪花在静静地飘落，敌人爬爬停停，杂乱的脚步声渐渐传了过来，越来越近了。

只有100多米了。

只有80米了！

只有50米了！

猛然间，就听见连长一声大喊：

“打！”几乎和这声音一起，连长手中的两颗手榴弹已经飞向了敌阵。

我和战友们早有点等得不耐烦了，连长话音未落，一排早就积聚了无数愤怒和仇恨的手榴弹，紧跟着就铺天盖地地砸进了敌群。

一阵阵轰天的巨响过后，阵地上的轻重机枪怒吼了，像一阵风暴刮向敌人，我的冲锋枪今天也像是格外的急促和清脆，雨点般密集的子弹向着敌人迎头泼了过去。

这帮美国兵也太迷信他们的炮火了。他们几乎快要冲上高地了，可整个高地依旧是一片死寂，如果说进攻之初还略有点惊惧的话，此时他们则完全放心了。他们确信高地上的一切生命已经在强大的炮火下丧生，所以当连长的一声大喝，阵地前晴天霹雳般炸响的时候，他们刹那间竟像是被吓飞了魂魄一般，一下子都呆愣在那里。还没等他们弄明白是怎么一回事，我们的这一排手榴弹已经在他们身边炸响。一阵鬼哭狼嚎般的惨叫后，他们倒是反应过来了。可我们的轻重机枪竟像是长了眼睛一般，专拣他们的胸膛钻，又打得这伙侵略者逃也没处逃，躲也没处躲，只剩下白白挨揍的份了。

这一场突然袭击，打得敌人措手不及，一下子被撂倒了二三十个，没被撂倒的鬼子吓得像一群受了惊的兔子，没命地狼奔豕突起来，恨不得脚下生风，连滚带爬地逃下了山坡。

敌人的冲锋就这样被击退了。

可我们心里都明白，这次能轻松地就将敌人击溃，不能不说是一种侥幸，是敌人的麻痹大意让他们吃了大亏，待他们喘息后，肯定要组织更加疯狂的报复。趁着敌人第二次进攻前的间隙，我们必须抓紧抢修工事，准备迎接更残酷的战斗。

可整个高地都被敌人炸得面目全非，要在短时间内挖出像样的防御工事，绝非易事。而且由于在强占高地时我们扔掉了除武器弹药外的所有装备，没有工具，构筑工事更增加了难度。

而困难还不止这些，最大的难题是饥饿、寒冷和劳累。战士们已经三天粒米未进了，本来就很单薄的军装也因连炸带烧，早就衣不蔽体了。寒冷正一阵阵袭上身来，战友们一个个被冻得牙齿都“咯咯”作响。连续几天的行军作战，大家的身体也早就疲惫不堪了。肚里没食更觉寒冷，越是瑟瑟发抖，越是没了一点活力，没了活力也就越使不出一点力气，这一连串的恶性循环，此时成了大家必须面对的最大的敌人。

这些困难，当时就这么一件一件摆在我们面前。我们的战士确实个个都是好样的，即便是在那样的情况下，他们竟没有一个人喊过一声苦，叫过一声累，大家都在靠着一种坚定的信念和超人的毅力在支撑着自己。今天想来，用“大无畏的革命英雄主义”这句话来形容当时战友们的这种信念和毅力，是最恰当不过的了。而我本人，之所以能在后来四肢全无的情况下，顽强地经历了以后几十年的风风雨雨，不能不说是战友们的这种信念和毅力极大地感染了我，使我浑身都有使不完的力气。我感激战友们给我的这些极其珍贵的恩赐。

人不能没有一点精神。可这精神应该是怎样的一种东西？又从哪里来？我的这些可爱可敬的战友们，他们都是喝着旧社会的苦水长大的，为了让自己和天下所有穷人都能过上幸福安详的好日子，为了让子孙后代永远都不再有黑暗和苦难，他们毅然决然地加入了革命的队伍，勇敢地扛起了革命的大旗。对旧社会的无比憎恨和对新社会的无比热爱，在他们的心中是那样的泾渭分明。有了这种恨和爱，才有了他们对党、对祖国、对人民的无比忠诚，才有了他们英勇顽强的斗志、视死如归的胆量和克服一切艰难困苦的勇气。

这就是他们的精神！

那么在和平的岁月里呢？应该说，在和平的岁月中，在烈士们以鲜血和生命换来的这个新社会里，照样需要一种精神，而且这种精神要有更多更深的内涵。应该有不怕苦、不怕死的精神，应该有顽强拼搏、勇于奉献的精神，应该有兢兢业业、认认真真的精神，应该有无私无畏、任劳任怨的精神，应该有鞠躬尽瘁、死而后已的精神。还应该有很多很多的精神，而所有这些宝贵的精神，最终都要归结到对党、对祖国、对人民的无比忠诚和热爱上来，这是这些精神的源泉，也应该是这些精神的归宿！

我的这些战友们，最终大都战死在那片高地上了，可是他们的精神却永远也不会死！祖国记住了他们，记住了他们的英勇和悲壮；人民记住了他们，记住了他们的鲜血和忠诚！作为一名战士，战死沙场那是他的荣耀，作为一个人，精神不死那是他们的最高境界！

正是这种不死的精神支撑和鼓舞着战友们迎来了一场又一场更加严峻的考验……

敌人的进攻还没有开始。

我们构筑工事的工作也还在艰难地进行着。

雪还在下着，一层一层铺盖着刚刚被炮火耕翻过的大地。

没有挖掘工具，战友们就用双手去扒、去抠，山头上石多土少，雪厚土硬，战友们的手指渐渐都磨破了，鲜血顺着指尖淋漓而下，渗进了雪中，渗进了土里……

重伤员们不顾劝阻，也赶来助阵了。炸断了腿的，就用双手去扒，没有了手的，就用两脚去蹬、去踹……

虽然缓慢，但工事还是被一点一点地构筑着。

我伤得还不算太重，虽然背部、头部都嵌进了弹片，两腿也都挂了彩，但两只胳膊还算灵活有力。我卧在地上，两只手不停地扒拉着坚硬的冻土，一点一点把它们抠起来，实在抠不动的地方，就用石头去砸。

连长离我不远，见我的手指也是血淋淋的，他赶紧打了一个滚，爬到我跟前，伸手从裤腿上撕下了一块布，然后命令我伸出手来，边给我包扎受伤的手指，边低声对我说："轻点扒，实在不行就想法多找些石头垒一垒，手指头不能拿枪打仗了怎么办？"

我看出连长的一脸关切之情。这种时候，他能为战士们做的，也只能是这些了。连长的左腿腿肚子被弹片击中，血顺着小腿淌下来，流到脚上，把鞋都染红了，膝盖以下的裤子被撕去了大半边，不知是弹片撕的还是撕下来给战士们包扎伤口了。给我包扎的这块布上血渍斑斑，缠到我的手上，我突然就觉得连长的血霎时间就和我自己的血融在了一起，那我真的就和连长成了一对血脉相通的父子了！

连长始终像一位父亲一样地疼爱着我。不管战斗多么险恶，环境多么艰难，他总是尽其所能地关心着我、爱护着我。唯恐我多受一点伤、多流一滴血。望着连长那黝黑而亲切的面孔，感受着他的怜惜和疼爱，我就觉着他真像我记忆中的父亲一样可敬可亲，我也真想从心底里喊他一声"父亲"。自从九岁那年父亲被日本鬼子杀害后，爹慈爱的身影就永远地留在了我记忆的最深处。而今天，这位连长真的就像爹回到了自己的身边一样，我忍不住眼泪要流下来，心里感到一股滚烫的热流刹那间传遍全身，浑身都热乎乎地膨胀了起来，肚子不饿了，身体不冷了，甚至连伤口也不疼了！多好的父亲呀！连长是我的父亲，而那些朝夕相处的战友们不也个个都是我的亲人吗？他们都在关心我、疼爱我，教给我革命的道理，告诉我做人的要求，是他们培养我成长，把我从一个十几岁的孩子培养成一名英勇无畏的战士，培养成一名光荣的共产党员，这该是多么厚重的养育之恩呀！在硝烟烈火中，在纷飞的弹雨里，我们并肩作战，生死与共，用鲜血凝成了友谊，用生命换来了亲情，这友谊和亲情已经超越了任何的父子情、手足情！

入朝半个多月的时间里，由于连续不断地征战，我已经很少能有机会和连长面对面地说上几句心里话了，没想到能在这紧张的战斗间隙里，让我又一次享受父爱般的亲情，我心里竟有一种极大的满足和欣慰。我多想和连长说上几句话呀！哪怕是一句也行，好让我多补偿补偿这些日子以来的“损失”。

可我的愿望竟没有实现，而且是永远也不可能再实现了。连长给我的父亲般的亲情，这竟是最后的一次！

战斗很快又打响了。

敌人吸取了上次的教训，虽然他们很难相信在那样的轰炸下居然还有炸不死的军人，甚至对他们引以为自豪和骄傲的现代化杀人武器也第一次产生了怀疑和动摇，但不管怎样，吃了一次亏后的这次冲锋，显然是小心翼翼和凶猛得多了。

他们散开队形，分散攻击，漫山遍野地围了上来。

他们再也不敢昂首挺胸了，个个都猫着腰，专拣沟坎、石头作着掩护，一步一步向阵地逼近。

见敌人战战兢兢、缩头缩脑的熊包样，连长并不十分着急。他沉着地把我和几个枪法好的战友安排至最前沿阵地，并分成了三个小组，每组三个人，各组之间前后拉开十几米的距离，成为三道狙击线，战斗打响后根据敌人进攻情况，由后面一组轮流掩护前组后撤。

我和一排长郑福挺，还有一排战士万中祥被分在第二组。由于敌人的狂轰滥炸，全连班排干部死伤严重，二排长鲁配根已壮烈牺牲，连长只好打破班排建制，统一指挥所有活着的人员。

在我前面的一组是二排二班班长杨仁富领着两个战士。杨仁富的伤势本来已经很严重，可班长们几乎已经打光了，由他临时代理二排排长。这一仗之后，杨仁富也牺牲了，最后由我代理了二排排长。

最后面一组是三排长杜玉民，他留给我的印象极其深刻，他也是山东人，跟我算是老乡。他个子挺高，但瘦瘦弱弱的，像个白面书生，平日里诙谐幽默，打起仗来却凶猛顽强。由于名、姓与美国总统杜鲁门谐音相似，所以大伙都一直称他是杜鲁门。他也不恼，还说要真是杜鲁门就好了，他一声令下，这场战争就甭打了。

连长给我们三个小组的命令是专打冲在最前面的敌人。由于敌人个个怕死，加上队形散乱，只要打掉前面一个，就能惊吓一片，打掉一片，就能震慑全部敌人。

敌人渐渐围了上来。个别冒进的已进入了有效射程。杨仁富和两个战士已经扣动了扳机，随着一阵枪响，西北方向走在最前面的几个鬼子应声滚下山坡。这一来，鬼子还真有点炸了营，吓得仓皇卧倒，大半天没有敢站起来往前冲。

狡猾而凶残的敌人见我军依据有利地形严阵以待，知道硬冲，一时也解决不了问题。逃跑的时间紧迫，我们的大部队随时都可能围追上来，他们不愿再耽搁时间，很快终止了地面进攻，转而继续依仗强大的炮火想快速结束战斗。

敌人的飞机率先轰鸣着扑了上来。

连长见事不好，急令三个狙击小组迅速后撤。我们九个人刚撤到后排阵地，敌人飞机上的机关炮已经“咚咚”地吼叫开了，子弹挟着凄厉的尖啸，雨点般打在前沿阵地上，激起一片片雪花和土石。连长一面指挥轻重机枪对空射击，一面组织战士们快速向掩体撤退。

一阵俯冲扫射，七八架敌机“轰隆隆”地掠过山头，很快又从南面折了回来，一批批炸弹劈空砸了下来。霎时间，不大的山头上巨响不断，浓烟和烈火重又冲天而起。刚刚被雪花遮盖了薄薄一层的高地，又被无情地推入了一场铁血火海之中。

敌人的火炮和坦克也紧跟着轰鸣起来，成排的炮弹划破灰蒙蒙的天空，劈头盖脸地飞进阵地。孤注一掷的敌人，这次好像再也不允许这片高地上再有活人存在，那咬牙切齿的阵势，仿佛硬要把山头翻个过，然后一层层铲平，直到再也不会挡住他们的去路。

这一番惊心动魄的陆空合击，持续了半个多小时，阵地上已经落下了近千发炮弹。原本就灰蒙蒙的天空，已经被滚滚浓烟遮蔽得黑沉沉的，刚刚被修复的工事和掩体眨眼间又荡然无存。全连仅剩的三十几个战士全部被埋进了冻土碎石之中，又有好几个战士因伤势严重再也没能爬出来。这片被炮弹一遍遍耕翻过的土地就这样永远地埋葬了他们的一腔热血，竟成了他们永远安息的坟墓！

火四下蔓延着燃烧起来，很快烧着了战友们的衣服，并呼呼地舐上了脸和头发。伤势轻的尚能扑打挣扎，而伤势重的，已经没有能力自救了，竟无声无息地任凭火苗无情地吞噬着生命。

汽油弹的油溅到了我左脸颊上，一阵灼烫，我觉着半边脸的皮肉好像一下子被烧熟了。情急之下，我奋力地从土中挣扎出半边身子，两手抓起一把连雪带石的冻土往脸上、头上连扬带摁，可那是钻心的灼痛啊！土打上去，竟像是一把把利刃连划带戳地要把已烧焦的皮肉撕开，那火沾那烧那，两只手很快沾上了火苗，强忍剧痛几次把双手深深地插进土里，一拔出来，火又蹿起来，皮肉被烧得“吱吱”作响……

敌人随后又接连发动了两次冲锋。

阵地上早已经面目全非：交通壕被坍塌的碎石填平了，工事和掩体再也看不出一点点人为构筑的痕迹。轻重机枪却把一股股仇恨的怒火射进敌群，顽强地把敌人压了回去。

天渐渐暗了下来。

敌人的冲锋已不得不终止了。但他们仍不甘心白白放弃天黑前这昏暗的一点光线，地面仍有炮火打来，但稀疏得多了，而且早没了目标，乱轰一气，大多数炮弹都远远地落到南面的山脚处，沉闷地炸响。那轰隆声刚顺着南坡滚上山来，就被骤然而急至的朔风迎头截了回去，并挟起这闷雷般的声音，向着远处疾疾地奔去……

飞雪，不知什么时候早停了下来，浓重的暮霭已慢慢围上了山头，渐渐将整个高地都罩进了一片昏暗和肃杀之中。

一个下午的激战，全连损失惨重。连长清点过人数之后才发觉，整个高地上活着的人仅剩下了 19 个！而且全都伤痕累累，有几个战士因伤势较重，加上寒冷、饥饿，早已经失去了作战能力，仅剩一点残存的意志，在勉强支撑着尚在跳动的心脏……

全连还有五名党员。除了我之外，还有连长刘步荣、指导员高新坡、三排长杜玉民和一排战士刘方佃。连长和指导员在安顿好重伤员之后，把我们三人召集到了一起。

这是入朝半个多月来的第二次支委扩大会。可惜能参加这个会的只剩下我们五个人了。

连长左腿伤得比较重，他一瘸一拐地走到阵地西侧，在一块巨石南面的弹坑沿上艰难地坐了下来，并低声招呼大家坐下：

“就在这儿开个小会吧，这地方还能避点风，这狗日的天真是冷得邪乎！”

连长的左腿上，单军裤也只剩下了膝盖以上的半截，伤口的血似乎已被严寒冻结，不再流了。他一边招呼着我们几个人围着弹坑坐下，两手一边轻轻抚摸着伤口，既像是减轻一下伤口的疼痛，又像是为半截光腿遮寒取暖。

“同志们！”他抬起头，缓缓地扫视了大家一眼，昏暗的暮霭中，他脸上的表情十分凝重，语气也有些缓慢。

“大家现在都看到了，我们还剩下十几个人，而且全都伤得不轻，有几个甚至连作战能力也没有了。枪支损失得也很严重，但按人数算，目前还够用的，不过要提醒战士们尽量保护好枪支弹药，它是我们的第二生命！”他略一停顿，像是思忖了一下，很快又以更加庄重的口气说道：

“目前，我们的形势非常严峻，一方面是数十倍于我们的敌人和他们的飞机、坦克、大炮，一方面是寒冷、饥饿和伤亡，我们没有食物，没有棉衣，没有药品。另外，我们还急需健全指挥。战前补齐的班排干部几乎全打光了，在这危急的时刻，我们共产党员要勇敢地承担起指挥重任，在同上级失掉联系的情况下，带领战士们坚持到底，我们要作最坏的打算，即使最后只剩下一个人，也要血战到底，为大部队包抄歼敌提供宝贵的时间！”

天太冷了，阵阵北风飕飕地掠过岩石，又打着旋卷下来，扑打到每个人的身上。五个人单薄的军衣大多都被血水浸透，在零下三十五六度的严寒下，那血衣早被冻结成冰甲，肌肤上残存的一点热量也早被冰甲统统地吸收了去，人人都有一种被冻透了的切骨之寒。连长说着话的功夫，还是忍不住把伤腿艰难地蜷伸了几下，抄起双手，在嘴上呵几口气，来回搓动着。

“现在，我宣布，”刘步荣停止了搓动的双手，撑着地，直了直身子，以一种更加严厉的口吻说道：

“刘方佃、朱彦夫分别为一排和二排排长。连级指挥，除我和指导员外，你们三个排长作连干部替补，按伤亡的前后顺序，死一补一，生死为令，自行接替。谁活到最后，谁指挥到底。这是最坏的安排。大家可能都活着，也可能都死，但只要有一口气在，就得打下去，直至大部队赶来！”

连长的任命，确实出乎我的意料，他的话一出口，我竟呆愣在那里。我不怕死，我知道作为干部就要牺牲在前，我非常清楚在这种情况下的这种任命意味着什么，但我惶恐不安的是怕自己没有这种指挥能力，指挥不好部队。这毕竟是一场生与死的残酷较量。此时的我也不过 17 岁多一点，在连长身边耳濡目染，我知道作为一名指挥官，必须沉着冷静，机智勇敢，大胆果断，可这些素质我具备的不多。当一名战士一声令下冲锋陷阵，我眉头也不会皱一下，可真要自己去下达命令，指挥战斗，我确实底气不足。

惶惶不安的我刚想张口推辞，连长冷冰冰的两道目光已扫到我的脸上。平日里连长对我总是一脸的关切和疼爱，用这样的目光射向我，这绝对是第一次。我忍不住浑身一阵战栗。连长眼里容不得半点沙子，在这种生死关头，我的犹犹豫豫，欲言又止，一下子激怒了他。没等我喘息，连长的一顿呵斥，已经凶巴巴地摔到我的脸上。

“朱彦夫你想说什么！你是说你当不了这官么？能力是天王老子赏给的？是天生就有的？现在是你讨价还价的时候吗？这是什么官你明不明白？这是死前的临时指挥，是当‘死官’！你难道怕死吗！”

连长声色俱厉的一顿呵斥，像一阵冰雹，打得我激灵灵从一阵透骨的寒意中一下子清醒过来。我明白了，即将到来的严峻形势已经容不得我有半点犹豫和申辩，生死的时刻马上就要来临。我浑身的血竟一下子热了起来，“腾”地一下冲向脑门，冲向胸口，我勇敢地抬起头来，用坚定刚毅的目光紧紧地盯着连长的双眼。

连长没再理我，移开目光，扫视着其他人，低声但是极其坚定地继续说着：

“同志们，上级交给我们的任务，是超乎想象的艰难。敌人尚有五六百人的兵力，加上飞机、坦克、大炮，而我们只有没吃没穿、破头烂腚的19个伤兵，力量对比已经悬殊到极点。我们怕不怕？我们不怕！因为我们是党领导下的钢铁之师，是英勇无畏的志愿军战士，越困难艰巨，我们觉着越光荣，祖国在看着我们，人民在看着我们，我们决不能给伟大的祖国丢脸，决不能给热爱我们的人民丢脸！党考验我们的时候到了！”

指导员高新坡就坐在连长身边，他的左胳膊无力地耷拉了下来，是下午被炮弹打折的。他用右手拽过伤臂，抱在胸前，眼神里看不出有一丝的痛苦。他向连长坐的地方靠近了一点，抬头看了看渐渐黑下来的天，迅速接过了连长的话：

“对！连长说得对！同志们，打仗就得有牺牲。但我们是为正义而战，是为反侵略而战！即使战死，我们也是光荣的！虽然我们的武器装备顶多只有敌人的十分之一，但我们的坚强意志和思想觉悟，敌人连我们的十分之一也没有，这就是我们战胜敌人的法宝！我们的大部队很快就会来到，敌人猖狂不了多少时间了，胜利最终是属于我们的！”

高新坡是苏北人，当年粟裕将军指挥苏中战役七战七捷时，他还是一名中学教员。他看透了国民党的腐败和无能，毅然投笔从戎，加入了粟裕将军的队伍。从时间上算，他参军仅比我早一年，可他的智慧，他的觉悟，他的英勇顽强都是我和全连战友们的榜样。

指导员没有多说什么，他静静地看了我们几个一眼之后，转脸对连长说：

“老刘啊！我不多啰唆了，现在最要紧的是弄口吃的，再把牺牲的同志掩埋一下。”

指导员这句话一出口，我们几个才觉着这肚子确实是饿得撑不住劲了。三天多的时间里，光靠吃口雪止渴充饥，肠胃里总觉着有把火在烧着，燎心燎肝的疼。三排长杜玉民没等连长开口，抢先说道：

“今天下午敌人最后冲锋时，有三个战士卧在工事里没出来，也没动弹。我以为是牺牲了，可后来才发觉是饿晕了。这么样下去也不是个法，战士们打不死，最后也得饿死、冻死！”

杜玉民的脸和我们一模一样，蜡黄黄的，本就瘦弱的身体已被饥饿和严寒折磨得有点摇摇晃晃。连长爱惜地看了他一眼，又转脸对我和刘方佃说：

“你们两个也摆摆困难，有什么好建议也可以提出来，大家商量商量！”

“困难明摆着，要说建议我倒有一个！”被连长一顿呵斥，我心里有点委屈。由于太冷，两只鞋又早都磨得露着脚趾头，我忍不住把两脚塞进刘方佃的腚底下。这会儿见连长问我，我忙把脚抽出来，两手抱着露在外面的脚趾，大胆地看着连长依然凝重的脸说道：

“我看不如趁天黑以后，派几个人悄悄溜下山去，一来可以找些吃的，二来可以顺便从敌人的尸体上扒些衣服回来，说不定还能弄两个罐头回来！”

我的这一建议立即得到刘方佃的热烈响应。他的脚也在我腚底下垫着取暖，为了急于发言，猛地往外一抽，抽了他一个趔趄。

“这个办法我看行，头几天，缴获了敌人几个罐头，我用刺刀挑开一看，稀糊糊的，又红乎乎的，也不知是什么玩意。尝了一口，又酸又甜还不孬，就是不小心把嘴唇划了块肉去！”刘方佃急燎燎地说着，还忍不住用手去摸了摸嘴唇。刘方佃平日里说话的形象就滑稽，这一串炒豆子似的表态和动作，惹得几个人忍不住想发笑。

可他不管这些，把脖子向着连长和指导员使劲地伸一伸，很认真地继续说个不停：

“这个熊杜鲁门还有什么麦‘个子’阿瑟，发动战争也不选个好日子，偏在这个季节显什么能。要是能填饱肚子，老子光着腚也能和他拼个高低！”

刘方佃接下来的一番话，彻底打破了原本沉闷的气氛，连长和我们几个人都难得地笑了起来。

刘方佃不仅幽默，而且是天生的乐天派，从来不知愁不知忧。头几天在战斗间隙，他还一本正经地给我说他编了一首诗，要念给我听。我记得那诗大概是这样说的：

打败鬼子兵，
消灭反动派。
建立新中国，
回家抱小孩！

念完了，他就问我编得怎么样，我听着这些话都有点耳熟，就说怎么跟指导员讲的话差不多呢？他就一边把几颗手榴弹的后盖快速地拧了下来，还一边翻着白眼珠子看我：“指导员说过不假，可这就是诗，你不懂！”

就是这位想打完仗回家抱小孩的刘方佃，最终也没能活着回到祖国去娶妻生子，不久也和其他战友一样，把年轻而充满活力的生命永远地留在了那片高地上。

连长止住大家的笑，脸上又恢复了严肃和凝重：

“朱彦夫的建议可以试一试，这样吧，今晚上分三个小组，刘方佃领一个组下山找点吃的东西，不过一定要小心。杜玉民领一个组修复工事，朱彦夫负责掩埋烈士！”

吩咐完任务，连长仍不放心：

“你们三个再说说，战士们情绪怎么样？”

“我们排问题不大，”杜玉民抢先说道。“虽然没剩下几个人了，但剩下的也多数是有经验的老战士了。只是有两个有点怪话，一个是徐凤明，另一个是张培文。徐凤明说当初真该把俘虏们的棉衣扒下来，现在倒好，破衣烂衫地去见阎王爷，那阎王爷肯定不要他。张培文说他已经负过两次伤了，够个二等甲了，要是再炸掉一条腿或两只眼什么的，失去作战能力时，他就爬出掩体，让敌人的炮火给他送葬……你们说，这算不算有情绪？”

“这种情况我看恐怕难免。”指导员看了一眼连长，接过杜玉民的话：

“我们入朝仓促，棉衣给养不到位，有好多战士不是死伤在炮火中，而是被冻伤、饿昏了。我看凡是能找到御寒衣物的，不管是破的、烂的都要穿在身上，缠在脚上，这是坚持到底的重要条件，至于谈论生死，在这样严峻的情况下，也是大家的心里话，是正常的。”

“我们排也没啥大问题，”刘方佃有点迷迷糊糊，想打盹，我捅了他一下，他一愣怔，急忙汇报。“大家情绪还行，就是新战士万中祥有点小问题。今下午老排长还没牺牲时，他就老缠着排长问，说是回国后能不能放他一个月假，说是他走时妻子给他捎信说怀孕好几个月了，他想回家去看看孩子。”

“嗯，难得这小子这个时候还能挂念着妻儿老小。你回去告诉他，只要能活着回国，我保证准他的假，不光他，到时候我老刘恐怕也得给你们找个嫂子喽！”连长平时最讨厌一边打仗还一边婆婆妈妈的人，可今天他不但没有生气，反而像是又安慰大家，又安慰自己似的说了这么一通话。

从攻上阵地后我就一直待在连长身边，二排的具体情况我还没掌握，也就没再发言。只是连长的这一番话竟说得我心里热乎乎的。是啊，真要像连长说的那样，真要能活着回国，那时候我该干些什么呢？娶妻生子我还没想过，先回家去看看娘才是真的。转眼都四年多了，娘不知怎么样了。自打瞒着娘参军后就一直没给娘捎信回去，娘还不知急成啥样呢？唉，也真对不住娘了！就俺娘俩相依为命，我这一走，她孤零零的一个人该多可怜呀！等打完仗再说吧，打完了仗我保准回家好好地伺候娘一辈子！

其实又何止我一个人呢，连长的话，好像一下子都引发了大家的心事，几个人突然间都陷入了长时间的沉默。

在那种时候，在那样激烈战斗的间隙里，能自由自在地想点心事，该是多大的一种幸福和满足呀！暂且忘却了炮火，忘却了饥饿和寒冷，忘却了伤痛和死亡，让自己无尽的遐思无拘无束地畅游一番，想过去，想未来，想家乡，想亲人，想一切该想的，想一切能想到的。

战友们毕竟都是一副血肉之躯啊！他们不可能没有感情，不可能没有七情六欲。他们都无比地热爱着自己的家乡，自己的亲人。每个人的心里都怀着一份美好、纯真的愿望。他们渴望着胜利，渴望着回家，渴望着与亲人团聚；他们渴望和平、渴望安闲、渴望着每一个幸福的日子。

可是战争，这个破坏了他们所有渴望的战争，使他们不得不把这一切美好的愿望都深深地埋进心底。他们心中明白，他们之所以要用鲜血和生命去捍卫这份来之不易的和平，之所以要远在异国他乡卧雪爬冰，为的正是自己心中的愿望。自己流血牺牲，正是为了给祖国和亲人换来一个和平安详而幸福的环境；自己挨冻挨饿，正是为了祖国千千万万人不再有饥饿和寒冷；自己不能与亲人团聚，正是为了千千万万个家庭不再有生死别离！

我们五个人还在沉默着。还在各自的心事中憧憬着、幸福着、满足着。

忽然，一阵隆隆的炮声将我们五个人同时震醒。

“报告！”连长正在迟疑和猜测，卫生员王纯青急火火地跑了过来，“三排掩体遭到轰炸，又有两个伤员牺牲了！”

连长抬起左手腕，凑近到眼前看了一眼手表，然后迅速地抬起头吩咐道：“现在是晚上 7 点 20 分，敌人是不会在晚上进攻的，这只是敌人的零星炮火，不必去管它。各人立即返回，告诉大家注意点，按分配任务立即行动，天亮以前全部完成！”

刘方佃领着两个战士悄悄下山了。

临走前，连长与他们每一个人都重重地握了握手。连长心里明白，敌人在山下重点布防，要想到他们中间找吃找穿，确实是凶多吉少。连长的这一告别握手，竟让人感到了一种生死别离般的悲壮和凄凉。

果然，在他们下山后不久，从敌人阵地方向就传来了一阵阵激烈的枪声，我的心里一阵阵抽紧。两个多小时后，刘方佃终于回来了，却只有他一个人。手里除了几件敌人的破烂军装外，吃的东西却一点也没有。原来，敌人为了防止我们下山偷袭，在山下扔了许多罐头盒子用以报警，果然被他们三个不小心踢响了，“当啷啷”的响声为敌人提供了目标方位，一阵阵扫射后，两个战士先后牺牲，刘方佃见行动已经暴露，只好从敌人尸体上扒了几件衣服后，垂头丧气地回来了。

抢修工事和掩埋遗体的工作进展得也不顺利。山上已被炸得面目全非，战士们又实在没有多少力气了，仅靠双手扒扒填填，进展十分缓慢。没有办法，我们只好把战友们的遗体放进一个个弹坑里，堆上积雪碎土，就算是“革命烈士陵墓”了。

一堆黄土掩忠魂。就这样亲手埋葬掉自己的战友，我的内心是一种梗塞到几乎要窒息的沉重和悲哀。那一个个黑洞洞的弹坑，在阴沉沉的夜色里，竟像是一张张贪婪无度的大口，张牙舞爪地一口口吞没着烈士们的身躯。我多么盼着雪花能再厚厚地铺下来啊！那时，他们人人就都能盖上一床暖暖的棉被，寒冷再也不会侵袭他们的残躯，炮火再也不会惊醒他们的睡梦，有这么多白色的精灵织起漫天的挽幛，英灵甚慰！也许他们就再也不会感到委屈了。

到天快亮的时候，工事和掩体总算也稍稍有了点模样。

黎明时刻的风，迅疾而又刺骨。一夜未睡的战士们，已经拼掉了几乎所有的力气，困顿、饥饿和严寒一同袭上身来，战士们也许真的要垮了……

黎明的到来，给了敌人逞威的机会。疯狂的炮击又开始了。成批的炮弹重又呼啸着扑上山头，地动山摇的震颤似乎还没有稍许的消歇，敌人的飞机一下子又冒了出来。恼羞成怒的敌人懂得时间对他们活命的含义，轰炸已近狂癫的程度。沉寂了一夜的高地，转眼间又变成了铁血的海洋，像一口巨大而沸腾的大锅，山石四射，弹片横飞……

不过十几分钟的时间，大多数修复的掩体和工事便被重新摧毁、炸坍、夷平。不少人又被埋进冻土碎石中挣扎不出来，两名战士又被

炮火夺去了生命，炸飞的躯体被气浪高高地掀到空中，又被血淋淋地摔落地面……

我被土埋得几近窒息。呛人的硝烟仿佛浸透了高地，从地底下一股股窜出来，直冲口鼻。我艰难地挣扎着钻出来，提起枪就往前沿工事跑，连长早在这儿了，但他已经站不起来了，左腿被弹片切断，动脉的鲜血喷涌而出。我扯开喉咙，声嘶力竭地狂叫着卫生员王纯青。王纯青从阵地东头跳跃着直奔而来，刚到连长趴着的地方，只见连长"忽"地一下单腿跪了起来，猛地挥起右拳，一拳打在了王纯青的身上，我一下子扑了过去，竟将剽悍的连长扑倒在地，王纯青眼疾手快，把自己的褂袖"噌"的一声扯了下来，趁我压住连长身体的时候，熟练而迅速地给连长扎住了左腿的动脉。

"你们给我滚开，老子死不了，完不成任务，我决不离开半步！"连长狂躁地喊叫着，扭过头来，一双血红的眼珠子瞪着我。我了解连长的脾气，更知道这吓人的眼神意味着什么，每当情势危急，连长早就把个人生死置之度外，不论伤得多重，只要有一口气在，谁也别想把他拖下阵地。这种眼神也在告诉每一个战士，拼死的时候已近在眼前。

三排阵地的轻重机枪猛然间吼叫了起来，手榴弹裹挟着战友们的呐喊，"呼呼"地扔下了山头。敌人的冲锋显然已经开始了。

我不敢离开连长半步。爬过工事前沿，我和连长已经到了悬崖边上。透过硝烟，我看得清清楚楚，羊群般的鬼子原来已经涌到了悬崖跟前，隔着三十多米高的悬崖，敌人一张张狰狞而丑恶的嘴脸好像都近在眼前。敌人也看清了我们，密集的子弹打得我和连长眼前碎石横飞。连长伸出左手，不容分说地将我摁在了地下，右手快疾地抓到一个炸药包，狠劲地拉响了导火索，往怀里一揽，屈起右腿狠命地一蹬，借势就要滚下悬崖。

连长要拼命了！我的血一下子涌向脑门，一股冲天的胆气让我想都没想，伸出双手一把拖住了连长的右腿，借劲往上一蹿，从连长怀中抢过了炸药包，"要死先由我死！"我不知哪来那么大的气力，吼叫了一声，一个滚身，已到了悬崖边上，两腿一蹬，正想翻下悬崖，可猛然间两腿又被连长死死地拖了回来。

导火索还在“呲呲”地燃着，一颗炮弹尖叫着向着我和连长砸了下来，“先救连长”！这个念头在我脑子中电光石火般一闪，怀中的炸药包已被我拼尽全身的力气，向着崖下扔了出去，转身扑向连长，俩人借着这股冲劲已滚到了一边。就在这转瞬之间，炮弹已砸到我和连长刚才趴的地方，轰的炸响，几乎已震破了我的耳膜……

疯狂的敌人把各种火器刮风般地横扫上来，可是因为隔着隆起的石崖，杀伤力并不大。但敌我的距离却在一步步缩短，一部分敌人已经开始攀登悬崖，喊叫声已听得清清楚楚。我这时才发现，这一段阵地上除了我和连长，已经没有其他人了。我和连长交替着把手榴弹扔下悬崖，两支冲锋枪像一道扇面，护住了左右，随时横扫胆敢冲上悬崖的敌人。

危急时刻，有人从东边跳跃着赶来增援了！是指导员高新坡和两名战友，指导员爬到跟前，见连长伤势极重，转脸大声命令：

“朱彦夫，把连长背下去！”

“连长不让！”

高新坡像一头暴怒的狮子，早没了平日里的温和及稳重，涨红着脸，圆睁了双眼，右臂“呼”地一挥，不容分辩：

“执行命令，拖不下去我撤你的职！”

我从没见指导员这么凶狠的模样。我没再迟疑，上前就去拖连长，可连长哪里肯轻易撤下火线，一边挥舞着双臂挣脱，一边暴跳地喊叫。我顾不得那么多了，双臂猛地从背后插进他的两腋下，一用劲，翻转过连长的上身，倒退着拖着连长就向南退。连长的右腿还很有力量，挣扎着几乎要站了起来，我干脆一侧身子，腾出左手，抄起连长的两腿，一把把他抱了起来，不由分说，向东南方向奔了下去。

越走越陡，我干脆沿着山石嗖嗖地滑了下去，地势稍见平坦，估摸着离阵地也有一段距离了，我停下来，把连长放在地上，半靠到一块石头上。连长的伤口还在不停地流血，我忙脱下单军衣，用力撕成

布条，把断肢重又捆扎了一遍。

连长因失血过多和数天断食，脸色极度苍白，双目已深深地陷进眼窝里，时睁时闭。一阵颠跑加重了他的痛楚，脸上肌肉抽搐。他的气力已经耗干了，瘫软的身体几乎已经支撑不住极力想抬起来的头。

连长的手上满是鲜血，艰难地伸出来，我忙伸手攥住。

“朱彦夫，快……快回阵地！我……我恐怕不……不行了……”

连长断断续续地说着，脸色竟渐渐缓和了下来。眼睛里重又满是疼爱和慈祥：

“咱爷俩……也算……也算有缘……”

连长话没说完，浑身一阵抽搐，我赶紧挣脱开他的手。

“连长，您等一下，前边不远的地方可能有咱扔下的背包，我去找点来，再给您包包伤口。”

我站起身，看了连长一眼，连长伸着手不停地摆着，像是阻止我的样子。我没再顾及，转身跑开，去找昨天扔在这附近的背包。

刚跑出不到 20 米，一颗重磅炸弹尖啸着凌空而下。我浑身一个激灵，还没等转过身来，轰然一声巨响，在背后炸开，一股气浪“腾”地一下将我撞翻在地，弹片碎石铺天盖地紧接着砸了下来。我挣扎着跳起来，冲向连长，浓烟正在升腾，哪里还有连长的影子？一个硕大的弹坑，四周还在冒着股股青烟，破碎的衣物散落在坑里坑外……

我像是猛地被推进冰窟，一股寒意迅速浸透四肢，焦灼地快速扫视了四周，可一片死寂。

连长呢？连长死了？我脑袋嗡嗡地炸响，刚才还在这里，怎么一眨眼时间就踪影皆无了？

连长肯定是被炸飞了！

我无法接受这猝然而至的现实，像是猛地挨了一闷棍，一时间竟惊愣在那里。随即一口鲜血骤然冲到嗓子口，带着撕心裂肺的疼痛，一下子冲开了喉咙，喷射而出：

“连长——连长——”

一位慈父般的连长转瞬即去，那一眼竟成诀别……

悲痛、恐惧、绝望、凄凉一下子涌上心来，战栗、嘶哑的喉咙，却好像再也喊不出任何声音了。我仓皇地转过身子，向着山头发疯般地狂奔……

等我带着一腔激愤，奔回阵地上时，枪炮声已渐渐稀落了下来。

在阵地东头，我一眼就看见了两腿已被埋进土里的刘方佃。这位平日里幽默滑稽的一排长，此刻侧卧在工事前沿下，半个身子已经成了血糊糊的一片。我急忙跳过去，喊了几声没动静，伸手想扳过他的肩头，一扳竟没扳动，这才发现他的腹部已被弹片撕开，肠子已流了出来，有几截已摊到地上。但这位坚强的战士并没死，我连喊带晃，他终于慢慢地睁开了眼睛，眼珠已经不能转动了，头艰难地想转过来看着我，但也没转动。随即脖子瘫软，头猛地向下一耷，又昏迷了过去。

这种惨烈的景象，我并不是头一次见，但我似乎仍然难以把这般惨烈与这位活泼可爱的战友联系在一起。我带着浑身的惊颤和痛惜，疾速趴下身子，双手飞快地扒掉埋住他双腿的泥土。卫生员王纯青跌跌撞撞地奔了过来，他的两个肩膀都挨了子弹，肩头的军衣已被撕掉了一大片，血还在向着前胸后背不停地渗透着，但他的眼神依旧是坚定刚毅的。这个和我差不多大的战友，一次次从火线上奋不顾身地抢救着战友们的生命，现在虽然自己也已经身负重伤，但仍坚持着为战友们包扎，全然不顾自己危在旦夕的生命，见到我和刘方佃，他一脸欣喜。

“快过来帮忙！”我边翻转刘方佃的身体，边喊他过来帮忙包扎。

伤痛、饥饿加上寒冷，王纯青的双手也已经疲软无力，几番折腾，我俩总算给刘方佃包扎好肚皮，刘方佃也慢慢又醒了过来。我嘱咐了王纯青几句，就赶紧向西奔过去。

在阵地中段，徐凤明还活着，但看样子伤得也不轻，斜躺在一段掩体后，正昏昏欲睡，我摇醒了他：

“看见指导员没有？”我问他。

“没有，一直没看见。”

我嘱咐他打起精神，监视敌人的突袭，自己火急火燎地继续向西侧摸进。

硝烟还没有散尽，阵地上到处是炸碎的枪支、衣服，到处是殷红的血迹。

阵地西侧有几段交通壕还可以走人，我跳进去，沿壕沟朝前小跑，终于见着了躺在一块的三位战友，但他们都已经牺牲了，机枪还挺立在沟沿上。我心里一阵难过，这么多的人战死，这样惨烈的战斗，已经深深刺病了我的心。难言的悲愤和沉痛一阵阵涌上心头。

在一段壕沟的拐角处，有人正在痛苦地呻吟。啊，还有活着的！我一阵惊喜，急忙奔过去一看，正是指导员高新坡！

指导员面朝西，侧卧在沟底，左腿蜷缩在身下，右腿直愣愣地平伸着，从大腿根部涌出的鲜血已将整条腿染红。胸部的军衣已被撕烂，看来胸口这儿伤得更重，血像是快流干了，外翻着的伤口上是一块块几近凝固的血块。

见我蹲下身来，指导员已经散乱的眼神里重又聚起了光亮，嘴角在颤动着，但一直没能发出声音。

“指导员，你觉着怎么样？”我一边焦灼地问着他，一边扶住他的肩头，用力把他抱了起来，慢慢斜靠到壕沿上。指导员的呼吸显然流畅了一些，开始大口大口地喘出粗气，呵出的阵阵热气很快又在他胡子眉毛上结成霜花。我转身抓起一块石头，伸手从壕顶的石崖上砸下一块冰，放在手心里捣碎，然后一点点喂给指导员。

指导员缓慢地嚼着，艰难地下咽着。吃过几块碎冰后，他好像有了一点精神，缓缓地睁开紧闭着的双眼，那光亮重新又聚拢了起来：

“连长，怎……样了？”他终于发出了声音，但这一阵用力，像是又重新撕裂了伤口，一阵疼痛差点又使他昏厥了过去。

胸膛上的伤口果然又渗出了血水，从已凝固的血块下快速流淌下来。我来不及回答，赶忙弯腰将半条裤腿用劲撕了下来，折叠几下后，轻轻地摁在他的伤口上。

“不用了，别……别再……让它淌吧。”

听他提到连长，一阵凄楚、悲伤又漫上心来，我忍不住哭出声来：

“连长……连长牺牲了！”

指导员身子一阵痉挛，上身前倾着几乎要弓了起来。显然这个不幸的消息重重地击中了他，使他本已奄奄一息的生命猛然间又失掉了一根支柱。几口急促的粗气喘过，他瘫软地靠回身子，眼睛重又痛苦地闭上，一行清泪涌了出来。

我明知道指导员已经不行了，真不该把这个消息告诉他，让一个垂死的人临终前还要替我分担这样一种痛苦。指导员和连长一直亲如兄弟，战火中结下的友谊已经牢不可破，我强忍着涌到眼眶里的泪水，伸手握住指导员伸出来的手。

指导员的手，已经像冰一样冷硬了。

指导员胸口急剧起伏，他的右手狠劲地压在上面，像是一边按压住难忍的疼痛，一边用力挤出一肚子要嘱咐我的话。

他竭力地让自己平缓了下来，眼神显得很凝重，目不转睛地看着我。极度的虚脱，已经使他的声音极其微弱：

“你一定……要记住，一个连的消……消亡，可能不算……什么，可你要想法，把这悲壮……记录下来，告诉后人，我们死也……瞑目了！”

我想不到指导员会嘱咐我这样一件事，有点意外。

“可是，指导员，我……”

我想说，这场战斗最后有没有活着的已经很难说，即使有人活下来，可我们会武不会文，再说，这种生死关头，谁还顾及这些事情呢？可眼见指导员已经快不行了，我又不忍心违了他的命令。

“你一定……想办法，这是命令！”

指导员说完，欣慰地舒了一口气，像是终于完成了一件牵肠挂肚的重要使命，眼睛微微闭上，好像要放心地睡去了。

我不再申辩，默领了这项使命。我当时不会想到，我会成为那场

战争唯一活下来的见证人；更不会想到，指导员的这一临终嘱托，我会最终完成，虽然它几乎耗尽了我一生的心血！

指导员很快又睁开双眼，一阵剧烈咳嗽将他的脸憋得由苍白变成了黑紫，随即从口中喷出了大块大块的血块。

“好了，朱彦夫，现在……由你担任指挥，要……坚持住！”喘息稍定，指导员又低低地说着。

我不知此时该走还是该留下来陪伴指导员。骤然间从东边阵地响起的一阵枪声，使我的心一下子重又缩紧：“敌人又上来了？”“那边还有没有活着的人？”“可指导员……”

我刚想站起来，枪声也同时惊醒了指导员。他猛地瞪大了眼睛，那种兴奋的神情，竟像是一个整装待命的战士终于听见了冲锋的号令。

他突然间松开捂在胸口上的右手，白眼珠也开始翻转过来，右手蜷曲了几次想伸向后胯。我知道他肯定还有事情要交代，忙把他的挎包从身后移到他的前胸。他艰难地伸进手去，半天才摸出了一枚鲜红的印章，慢慢递到我的眼前，我忙伸手接过，眼睛紧紧盯着指导员惨白的脸，急切地等待着他弥留之际的遗言。

指导员的嘴角开始抽动，眼睛瞪得出奇地大，但声音已经低得几乎听不清了。我忙俯下身去，把耳朵贴近他的嘴边：

“给……党……”

这含混不清的字音，是我听见的指导员最后的声音！随即他长长地吐出一口气，白眼珠再次翻转出来，却没能再转回去，睁着不瞑的双目，长辞了这个世界！

我已经来不及悲伤了，东边阵地上的枪声一阵紧过一阵，我匆忙伸手为指导员合上双眼，迅速站起身来，像弹射一般，沿交通壕向东山头奔了过去……

敌人的冲锋又被压了回去。

阵地上到处弥漫着一股股烧焦皮肉的焦煳味。

朔风从北面山谷中鼓鼓荡荡地席卷而来，一遍遍掠过山头，像是竭尽全力地要把这个世界吹出一份清新。

天，看不出是什么时候，远远近近、高高低低都是黄蒙蒙、阴沉沉的一片。太阳不知在哪里，我突然想起，大概有七八天都没见着太阳的面了，怪不得浑身上下都有种阴沉沉的感觉。阳光像是惧怕这一方天地的惨烈，远远躲起来，似乎想遗忘掉这个角落。

阵地最东侧的刘方佃最终还是战死了。敌人的枪弹炸开了他的头颅，浑身上下都被撕裂开来。掩埋他的时候，我依然不相信他真的已经死了，我甚至幻想着他会突然坐起身来，嘻嘻哈哈地告诉我——只不过在和我开个玩笑。可是，眼前的弹坑将是他的墓地，他没有坐起来。我用冰雪冻土覆盖他的身体时，他还是没有坐起来。我不愿接受这样的现实，但最终还是悲怆地确信：他真的死了！我真真切切地看到，那颗血淋淋的头颅上，只有嘴角还保留着肌肤的颜色，有一丝微笑挂在那里。看见这丝微笑，我才有了一点欣慰的感觉，依他的品性，到死，他也不会把痛苦写在脸上。面对这样的战友，我该有一份自豪才对。

王纯青也死了！

他是在来回奔跑着救护伤员时被敌人的子弹击中的。

三排的徐凤明还活着，只是敌人的进攻只要一停下来，他就不由自主地昏昏欲睡。我实在不忍心叫醒他，可像他这般没遮没拦地睡去，敌人的炮火一旦打来，恐怕他就永远也别想醒过来了。我叫醒他，并让他跟我一块去找三排长杜玉民。天亮以后，我好像就没再见过他。

为了不暴露目标，我和徐凤明隐蔽着匍匐前进。来到二排掩体时，我简直有点不相信自己的眼睛：只见有几位战友或跪或坐在掩体和交通壕边沿，枪紧紧地顶在肩窝，手扣扳机，虎视前方，严阵以待！

原来还有这么多战友仍然活着！欣喜若狂的我，此时真想大声喊上几句，只要有战友们在，我这个临时指挥就胆壮气足！我手脚一阵

急促扒拉，快速爬到他们跟前，可这帮伙计居然连头也不回一下。怎么了？都睡着了？我迟疑地回头瞥了徐凤明一眼，呵欠连天的他，此刻竟来了精神：

“嗬，还有比我能睡的!”

我忙爬坐起来，伸手拍打他们的肩膀。

这一拍打，传进耳朵里的竟是“当当”的响声！一股寒意和惊诧从头直灌到我的脚下：原来他们早就牺牲了，身体竟被冻在地上。也许是在最后一次扣动扳机的刹那间，生命便被凝固住了，被凝固成一尊尊冰铸的雕像！

满怀的欣喜，转眼间就被巨大的悲伤所取代，这份几乎让我绝望的悲伤，简直就要将我一下子击倒在地！我不知道自己的血是否还在流动，好像在伸手搭上他们肩膀的一瞬间，浑身的血就和他们冻结在一起。我的心早已经被伤痛塞得满满当当，没有一点搁放悲伤的余地了。我甚至已经没有勇气再朝前爬动一步，甚至不敢再见到一具战友的尸体。

死，我不怕，我甚至盼望着能和战友们并肩战死，生死相守，壮哉快哉！唯独生死两界，孤独无助的现实，让我无法接受。

我几乎是被徐凤明拖着一步步艰难地爬进。

在往西南拐的掩体旁边，我终于见着了活人！见着了还活着的杜玉民，见着了另外两个战友！

三个人都已经伤痕累累，冻僵的双腿已经不能承载他们的身体，一个个瘫坐在那里。

令人振奋的是，他们不但没死，而且还每人手里捏着块东西，一点点撕下来放进嘴里，缓慢地咀嚼着。

还有东西吃！这简直是喜从天降，我和徐凤明忘乎所以地“嗬嗬”叫着，游蛇般迅疾地冲进掩体。

是被套！他们吃的是一床被套！

原来，这是攻占高地时全连唯一没有扔掉的背包，李春义偷偷背上了山来。可头一场炮火就夺去了李春义的生命。杜玉民三人也不知从哪里翻弄了出来，原本打算撕开来取暖，但已经被饿得几近愤怒的肚子敞开胃口欢迎任何可以进来充填的东西，这被套便当仁不让地进来了！

杜玉民被被套噎得脖子一梗一梗地，像是个打不出鸣的公鸡，可那话还是硬从缝隙中往外钻个不停：

"二排长，尝……尝尝这超级点心！这东西比牛……肉干还撑消化，弄上点，三天甭……吃饭了！"

"杜鲁门"的滑稽模样和被棉套噎得磕磕巴巴七零八落的话，还是让几个人笑出了声。笑一声，心里的负重竟一下子卸去了许多，一种少有的轻松很快打消了我刚涌上心头的一丝不安，接过杜玉民递过来的一块被套，迫不及待地扯下一块，塞进嘴里。四天来，只知雪滋味的味觉系统似乎早失灵了，已辨不出被套是苦是甜，只是下咽起来难度极大，那棉花絮絮粘粘，撩得喉头痛痒难止，一阵恶心泛了上来。见我痛苦不堪的样子，杜玉民急得抓起把雪，不由分说就塞进了我嘴里。有这把雪连压带冲，第一口被套总算顺利"到位"了，胃里的灼痛感顿觉减轻了一些。我信心大增，接连又是几口，棉雪齐下，不一会儿工夫，肚子里竟有了点饱胀的感觉。

吃完这顿"饭"，大家好像都有了点精神。我告诉杜玉民，整个阵地上只剩下我们五个人了，大家一阵黯然神伤……

过了好一会儿，杜玉民悠悠地道："两三个小时没动静了，你说敌人是打算困死咱们，还是想活捉咱们？……"

"我看敌人耗不起这个时间，他们没准是在鼓捣什么阴谋吧！"我既是回答杜玉民，又像是说给大家听。"但不管怎么样，他们不会长困不攻的，咱们要作好拼的准备！"

按照指导员的嘱托，我担当起了指挥的重任。为防不测，我把人员分成两组，前后间隔，我和徐凤明及三排的重伤员郭杰守在第一线。他们三个人的双腿已经挪不动半步，我和徐凤明只好连拖带拉，总算把他们安排进了各自的位置，并给每个人配备好了枪、弹。虽然折损严重，但武器弹药还足够抵挡一阵子的：每人一挺机枪、一支冲锋枪，还有六个手榴弹。在第二线的杜玉民把五颗手榴弹揭盖抽弦，放在伸手够得着的地方，把另一颗揣进了怀里。我知道，那是他留给自己用的，我们宁死也不能当俘虏。

见敌人还没有动静，我倚坐在壕沿上想喘息一会。可两天两夜没合的眼皮，此刻却硬生生地非要粘在一起，一股强烈的睡意袭上身来。我奋力地硬睁开双眼，告诫自己千万不能懈怠，更不能睡去。可这眼皮我竟控制不了了，粘粘连连、离离分分，我一阵昏昏沉沉、蒙蒙眬眬。

其他几个人也都跟我差不多，敌人不进攻，大家的神就四散开来，竟像是再也聚拢不起……

蒙眬中，恶魔与死神正一步步向着我们几个人逼近，狰狞的面目仿佛就近在眼前……

一阵寒风呼呼地卷过悬崖，在空中打成一个旋，旋转着扑向壕沟，彻骨的奇寒使我禁不住浑身打了一个颤，人也从昏沉中清醒了过来。

雪花不知从什么时候开始飘飘洒洒地落了下来，原本昏黄的天空此刻竟有了一线光亮。

敌人突然出现在半山腰上。

雪花漫舞的空中居然没有飞来呼啸的炮火，阵阵朔风送来的却是敌人干哑的号叫：

“中国将士们，你们已经被完全包围了，你们赶快向‘联合国军’投降吧！我们保证你们的安全……”

事出意外！呆愣过后，我急速爬过壕沿，接近悬崖，还没等我看出个究竟，猛然间“嗒、嗒、嗒”一阵机枪的爆响，尖叫着泼下山去。

敌人的号叫声戛然而止。

我一脸暴怒：

“谁开枪？是谁这么混账！”

“朱指挥……”我的呵斥显然有点出乎战士的意外，郭杰竟一时语塞。

“我……我看准了才打的，声音是从山下东北角的那块石头后面喊……出来的……”

“你这样会过早地暴露目标！”

我朝后退爬了几步，仍然怒气未消：

“过早暴露目标，只会招来敌人更加准确的炮火，我们就这几个人了，不隐蔽好自己，怎么杀伤敌人……”

我这是第一次以指挥官的身份批评自己的战友，我不知该不该，可这毕竟也是最后一次了。

见我火气不小，几个人一阵沉默。

稍停，徐凤明蹿上来扯了扯我的胳膊：

“算了，朱指挥，反正早晚也得暴露，我们早晚也得拼上！”

我没再说话，转头朝崖下望去，二三百个鬼子已经黑压压地朝着崖根涌了过来，早已进入了有效射程之内。我回身抓过机枪，架在悬崖边上，冲着敌群就是狠狠的一梭子，敌人惨叫着倒下去了一大片。还没等我撤回工事，敌人的炮火已呼啸而来，一片片砸上阵地，我的右肩又被弹片击中，一阵剧痛和酸麻，整条右臂一下子没了一点力气。其他几个人手榴弹和机枪、冲锋枪紧跟着刮向了敌群，崖上、崖下的爆炸声连成了一片。

敌机轰鸣着又来逞威。乌沉沉的天空中，一颗颗照明弹像是划开了遮天蔽日的一道道帷幕，敌机瞅得准、看得明，汽油弹兜头倒了下来，阵地再次变成了火海。

郭杰等两位重伤员相继阵亡。

我和徐凤明同时被汽油弹击中，风卷着浓烈的火舌，霎时间就扑上了胸膛，扑上了头、脸。我忍不住这种剧痛，拼命地在壕沿翻滚扑打。头发烧焦了，皮肉也像是烫熟了，碎石、焦土锥子般地硌压了进去，我疼得几乎昏死过去。滚进壕沟时，火总算灭了，我这才看见徐凤明已被火团烧得再也挣扎不动，让烈火无情地吞噬了生命！

我抹了一把脸上的血水，挣扎着蹿上壕沿时，有几个敌人已经攀

上崖顶，距我只有几十米的距离了。我奋力地瞪大已被烧得几乎难以睁开的双眼，大吼一声：“杜玉民，你在左边！”自己抱起冲锋枪冲着右边蜂拥上来的敌人一阵狂射。

杜玉民在左后位置上突然狂喊起来：

“朱指挥，我看不见了，我的眼睛什么也看不见了！……”

趁眼前的敌人已被扫下悬崖的当空，我想退后几步；去给杜玉民包扎一下。我刚一扭头，一颗炮弹像是贴着我的头皮一般嘶叫着飞向杜玉民。我一个“杜”字还没喊出口，炮弹已轰然炸响。由于距离太近，一股巨大的气浪“嘭”的一声就把我推了出去，后腰结结实实地又被弹片击中，疼楚感还没传上身来，头部就紧跟着挨了沉重的一击——竟是一条被弹片削断的胳膊劈空砸了过来，这是杜玉民的胳膊！挣扎着站起来再去找寻杜玉民，他已被炸碎、炸飞，哪里还有踪影！

这就是我的战友！这就是战友留给我的最后的记忆——一截血肉模糊、还留有体温的断臂！

整个二五〇高地，一个连坚守的高地，此刻，竟只剩下了我一个人！

敌人也许真的被打怕了。

一天一夜的强攻，他们除了白白付出一百多具尸体外，硬是没能踏上高地一步。他们甚至疑惑，这狭小的高地上是否藏了千军万马，他们强大的炮火和飞机轰炸明明已把山顶削去了一大截，明明已经是寸草难生的高地上，为什么总有志愿军战士令人难以置信地、源源不断地冒出来，给予他们每一次冲锋以暴风骤雨般的还击。

敌人心惊肉跳，他们实在搞不清楚高地上到底还有多少炸不死、打不烂的志愿军战士在挡着他们的去路。他们连滚带爬地惨叫着退下高地，蜷缩在悬崖下，惊魂刚定，又开始对着高地喊话，喇叭里传来的劝降声胆怯而又嘶哑，像一只快被拧断脖子的恶犬垂死前歇斯底里的哀鸣。

雪不知什么时候停了。乌沉沉、湿漉漉的帷幕像是猛然间被撕开了一道硕大的口子，明亮而刺目的阳光瞬间挤破厚重的云层，齐刷刷地聚成一道道光柱，争先恐后地泻向雪地。

这可是几天来久违的阳光啊！

自打入朝，好像就没碰上一个晴天，天天都像被闷在一个巨大的锅底。要不是有这一片片高高低低、一望无际的洁白的雪地泛散着微弱的光，好像天地早就混沌在一起了，让人觉着陷入了一种挣扎不出的焦躁和烦闷之中。

哈哈！多么温暖、多么可爱的阳光啊！正在被悲痛和狂怒搅得焦头烂额、心绪不宁的我，一阵惊喜，兴奋得竟叫出了声！早已被寒冷、饥饿、疲惫、伤痛折磨得一触即散的躯体，像是猛然间被注入了一支强心剂、兴奋剂，一股暖流，夹带着我即将耗尽的力量和精神，轻快地、舒适地又重新丝丝涌回了我的大脑、躯干和四肢。一直被沉重的伤痛压得阵阵坠下的心，也一下子被这股暖流托住，稳稳地送回了胸膛。

一缕阳光，给一片肃杀凄凉的高地带来了一股盎然的生机！

一缕阳光，给一位很快也将“壮烈”在高地上的志愿军战士带来了莫名的欣喜和快慰！

寒冷忘记了，饥饿忘记了，疲惫忘记了，伤痛忘记了，随之而来的是无尽的力量，饱满的精神，昂扬的斗志，必胜的信心！我忍不住在铺满雪花的阵地上兴奋地打了一个滚，原本冰冷彻骨的雪地竟是这般暖融融的，像是一层吸尽了太阳所有光热的棉被，暖暖和和、严严实实地把我拥了起来。

除了敌人偶尔随风飘荡上阵地的几声含混而急促的喊话外，山头上是一片难得的平静。柔和皎洁的雪地被阳光交织映射出朵朵五颜六色的光斑，陆离而又怪异。远山上，层层叠叠墨绿的松枝上缀满了皑皑白雪，极目望去，顿觉一种空前的、生命勃发的活力充塞天地之间。

世界要是永远这么平静该有多好！这片土地要是永远没有血腥和弹雨该是多么富饶和安泰！可是这帮贪婪凶蛮的侵略者偏偏要来践踏

它、蹂躏它，要来破坏它的平静和美好。战火烧遍了三千里江山，还烧到了祖国的大门，从不向强敌屈服的朝鲜人民和所有富有正义的人们怎会不奋起抗击，彻底地埋葬侵略者！

敌人的喊话还在断断续续地传上山来。

这帮愚蠢、怯懦的家伙要是知道此刻阵地上只有一个人，他们这番口焦舌软的鼓噪仅仅是说给一个人听的时候，自诩为“联合国军”，曾经狂妄不可一世的他们，该是怎样的尴尬和蒙羞！

我独自享受着这份“优待”。对他们的鼓噪，我已经懒得去听。投降？我朱彦夫的大脑里根本就没有这个词儿！我鄙夷地瞥一眼敌人喊话的方向，“骨碌”一个滚身跃进壕沟，找来几片破碎的衣物，从容地缠在脚上。

战友们遗留下的枪支弹药还足够我用一阵子的。我四处搜集了十几颗手榴弹，然后把三挺轻机枪分别架设在不同的三个方位上，每个位置旁都撂下几个压满子弹的弹夹，这样打起来容易迷惑敌人，让他们一时摸不准阵地上的火力和人员情况，可以最大限度地拖延时间，等候大部队的到来！

一想到大部队即将到来，我周身的热血又一下子沸腾起来，想到不久就会有千千万万的战友们蜂拥到我的身边，和我并肩作战，我不再觉着孤单和无援！战友们，快快来到吧！大部队，快快来到吧！来痛歼敌人，来为我们全连死难的烈士们报仇雪恨！

在我焦躁不安的期待中，敌人开始攀爬悬崖了。先是探头探脑，见阵地上一片死寂，并无反击，这才放下心来，互相打气壮胆，躲躲闪闪向着阵地前沿摸进。

我把三挺机枪按西北——东南方向排成了一字形。此时的我就卧在最西北方向的这挺机枪的后面。屏神静气地等着敌人靠近。

敌人胆子渐壮，渐渐朝一块聚拢，离我只有六七十米了。我一声大吼，猛然跃起在壕沿上，端起机枪，狠狠地扣动了扳机，像是一阵飓风掠过，冲在最前面的敌人扑通通倒下了十几个。没等惊惧慌乱的敌人做出反应，我迅速撂下机枪，俯身抓起早就准备好的手榴弹，嗖嗖地扔进敌群，爆响声中夹杂着敌人的鬼哭狼嚎。随即，雨点般的子弹狂射了过来，打得阵地前沿一片弥漫。而此时的我，早已冲到了第二挺机枪的掩体内，调正枪口，又是一阵猛射。随后又是第三挺机枪炒豆般地怒吼。

这时的我，早没了孤军奋战的紧张和不安，反而还为自己的狡黠暗自得意。这样多好，自己又当指挥，又当士兵，自己指挥自己，忽东忽西，忽前忽后，像一个神出鬼没的幽灵，打得敌人晕头转向。

全军皆没而唯我独存的痛楚，给我心灵的打击是极端残酷的。如果说在刚才，我好像是陷进了一种巨大的悲哀而难以自拔的话，那么这会儿我则是全身心的轻松了。我知道自己不久也将死去。死就死呗！我早就盼着和战友们去相会了，只是趁着还有一口气在，再多撂倒几个，等够了本，再死也不迟！

有了这种轻松和无畏，换来的就是超常的斗志！

敌人继续蜂拥而上，他们也已经判断出阵地上实在是已经没有多少抵抗力了，他们分散开来，嗷嗷叫着向我所在的中间阵地压过来。我快速换上弹夹，枪托刚顶到肩窝，眼前忽然“扑通扑通”接连落下三四个手榴弹，正“嗤嗤”冒着青烟，我想也没想，扔下枪，扑起一个就扔给了敌人，提起枪刚要滚到一边，就听见一阵“轰隆隆”的巨响，仿佛一下子炸裂了自己的身躯，眼前一道火光闪耀，自己整个人好像都随着那火光飞向空中，骤然而至的一阵轻轻飘飘的恍惚后，我便没有任何感觉了……

凛冽的北风，卷走了高地上最后一缕硝烟。

这座普通得连名字都没有的山峰，这片翻滚了两天一夜的土地，此刻，也终于安安静静地睡去了。

雪怜人意，厚厚地盖着它。盖着刚刚逝去的那场残酷与激烈；盖着被炮火耕翻了几十遍的碎石冻土；盖着被炸碎飞溅的肉躯、血渍；盖着七零八落的枪械、衣物；盖着被摧毁的工事、掩体……

雪，竟然是默默地在为高地披戴着一身素装白纱……

全连的52名官兵，此刻就静静地躺在异国他乡的冰天雪地中，永远地睡去了。

他们实在是太劳累了——岂止是高地上的这两天一夜，自从告别了家乡，为了祖国和人民的解放事业，他们几年、十几年、几十年的南征北战，浴血拼杀，趴冰卧雪不说苦，流血牺牲不叫屈。他们多少天来没有轻松安静地睡一觉，现在，终于无牵无挂地沉睡了。

群山在呜咽，天地在悲泣！

长津湖畔，就这样悲壮地长眠了无数烈士的英灵。

长津湖畔，也留给了敌人耻辱而不堪回首的记忆。

许多年以后，就是这个美陆战一师一名叫威廉·温德里奇的参谋军士，将他的日记披露于世。他曾这样记载了他在长津湖畔所经历的噩梦般的灾难：

“……在以后的三天里，陆战队与中国人混战不已，为每个高地每条山脊角逐争夺，猛烈的战斗每天都在进行。我们连由于死伤惨重，与另一个连合并了。尽管士兵们在同一条战壕里，但他们彼此并不熟悉。”

“头一天晚上，也许是第二天晚上，我记不清了，什么都搅在一起了。我们五个人分布在侧翼一个高地大约25码的一个陡坡上，我们在三四个小时的时间里，与前后左右的中国人作战。他们冲上来，极力冲进手榴弹投掷距离，接着又退了下去。我的小腿中了一枪，痛得要命，血流了一地，但最后不流了，因为冻住了……”

“在中国人的攻击下，我们边打边退，后面跟着的是能走的伤员。遍体鳞伤的陆战队员互相搀扶着，一些人吊背着M—1步枪，另一些人什么也背不了，只能靠着同伴作依托。”

“再后面跟着的是车辆，很多车上装着昏迷不醒的伤员，他们被固定在铺着篷布的担架上，有些就放在铁箱板上，我们这个团总共有伤员1500多人……”

“12月5日晚，下碣隅里的炮兵向南下撤退的道路两侧实施了猛烈的掩护射击，155毫米的炮弹呼啸着落在中国人的集结地区。但是，中国人并未就此罢休，他们冒着陆战队的炮火源源而来，他们视死如归的精神使陆战队肃然起敬……”

后来有一位随美军采访的记者也曾这样描述过他们的士兵：

“我见到这些遭到一阵痛打的官兵，不由想到他们如再受一次最后打击，究竟还有没有再逃脱的力量。官兵们衣服破烂不堪，手脚都冻坏了，个个面容憔悴，像一个个幽灵……”

只可惜当时已经昏死过去的我，没能亲眼目睹最终如愿以偿攻上二五〇高地的敌人是否也是这般狼狈不堪，没能看见他们以什么样的方式庆祝他们所谓的胜利，他们也许会长长地舒一口气，也许会羞愧地低下头。但有一点我确信无疑：当他们攻上高地时，当他们见到志愿军战士残缺不全的尸体、特别是那一尊尊大理石雕像般的冰尸时，他们是会惊惧不已的。他们也许不相信这样的战士也会死去，他们才会心惊胆战地挥舞着刺刀，胆怯地去捅倒每一尊雕像，并对残存在阵地上的每一具志愿军战士的尸体都恼羞成怒地补上了几刀，直至他们认为这伙炸不死打不烂像战神一般的军人最终已经彻底地死去。

但我没死。

敌人的刺刀在我肚子上捅开了一尺长的口子。

我最终还是没死！

也许我应该感谢敌人凶残的这一刀。兴许就是这一刺刀，给昏死中的我以巨大的疼痛，正是这种疼痛使我躯体内原本已麻木且正在死去的触觉神经猛然间受到强烈触动，然后根根都被这触动慢慢激活了过来，然后也就有了我的苏醒。

要是真是这样，岂不又增加了敌人的一份尴尬和羞辱？

就这样，也不知过了多长的时间，在这片根本已没有了任何生命的高地上，在全连覆没的52具尸体中，居然有一条正在缓慢复苏着的生命。他全身覆盖着厚厚的冰雪。几近僵硬的躯体此刻竟如蚯蚓破土般轻轻地蠕动着，一下一下，一点一点，身上的冰雪正在“嘎嘣嘣”地折裂，逝去的生命之火，正随着这声音在渐渐地点燃……

这条蚯蚓般挣扎蠕动着的生命。正是我——朱彦夫！

黄泉路上我也许已经走了很远，但最终却又悠悠折回。直到今天，人们还在不断地问我，在我的生命面临一次次的极限和绝境时，我何以能够顽强地活下来了这种奇迹是靠什么创造出来的？

每一次有人问我，都使我惶然不安。

这怎么可以叫作奇迹呢？在我看来，只不过是我渴望生存、热爱生命的一种本能反应而已。死去的战友们同样渴望生存，同样热爱生命，我只不过比他们多了几分侥幸而已。如果还要分析原因的话，我想也不外这么几条：一是多灾多难的生活给了我不畏艰难、坚强不屈的品格，另一点就是战争磨砺了我——是党和党领导下的正义战争一次次锻炼和培养了我，给了我视死如归的豪气，给了我百折不挠的胆识，给了我不达胜利决不罢休的韧性。再一点也是最重要的一点，就是战友们的死才换来我生的可能，如果离开了这个前提，一切都无从谈起。

冥冥沉沉中，我的生命仍在慢慢地复苏着，我感觉得到，生命的火光像是已被分崩离析，溅落在一片没边没沿、没高没低、没虚没实的黑暗中的点点微光。我忽跌忽撞、忽飘忽沉、忽远忽近地正在一点一点搜寻着这光亮，一个个抓住，拼成块，拼成了一大片的光亮。然后又一片一片塞回躯壳内，片片光亮在体内又是一番聚拢拼凑归位，生命的火这才慢慢燃起。

到鬼门关走了一遭的我，此刻居然挣扎着翻身坐了起来。

但怎么到处都是一片漆黑？我这是在哪儿？脑子里怎么一片空空荡荡？我怎么什么都记不起来了呢？手脚呢？躯体呢？怎么全没有知觉？这是怎么回事？我惊惧地想挣扎，但好像整个身躯连同意念都浮在半空中，飘飘虚虚。没有了时空的概念，没着没落地使不出半点力气。

难道这就是死，难道我真的死了？

刚刚萌苏过来的生命，给我的就是这般全虚全无、似有似无、既梦又醒的感觉。

但这种感觉的时间并不长，痛楚神经最先归位了。

它用剧痛在告诉我——我的确还活着！虽然四肢、头部仍无知觉，但肚子里却猛然间像是升腾起一把大火，熊熊灼烧起来，五脏被烤焦的剧痛最先传给了大脑。我加快挣扎，甚至想去扑灭大火，但很快全身也被点燃，大脑传来的命令简单而又明了：灭火！

水在哪里？我茫然四顾，仓皇不知所措。

手脚在哪尚不得而知，梦醒不辨的世界里，又哪来的什么水！

奇怪了！还真有水来了！像是从天而降的一股山泉，“咚咚”地劈头浇了下来。甭管哪来的水，先灭火要紧，我迅速张开嘴，那泉水竟“哗哗”地一滴未洒地吞进了肚里，冰凉凉的，一下子激得烤焦的五脏吱吱冒烟，几口咽下去，那火果然小了许多，剧痛大缓。快淌快喝吧！多喝一点就能彻底熄灭大火了。我极力地大敞开喉咙，唯恐再有任何的障碍阻挡住水的流进，正酣畅淋漓间，那泉溪忽然变得纤细起来，居然还稠稠的，咸咸的，黏糊糊的，怎么还有血腥的味道？

我的意识仍然没有恢复，除了腹内的炙烤，此时的我全身仍无知觉，身心还处在一片混沌之中。这时的我还不会想到，我喝下的竟是自己头上流下来的鲜血！

我再也不能忍受黑暗了，这黑暗早已经压迫得我几次想大喊大叫。但努力地张大了嘴，狂吼的声音，自己怎么没听到一点？被陷进这样一片挣扎不出的黑暗中太可怕了！恍若隔世的恐惧与绝望直冲残存的那一点意念，我完全是下意识地扬起毫无知觉的双手去触摸眼睛，应该是摸着眼睛了，但毫无知觉的十指，根本摸不出双眼是睁是合。幸而此时的两臂像是恢复了一些知觉了，我忍不住用两臂拼命地来回搓揉眼睛，搓着搓着，像是有一丝光亮挤进眼帘，如释万斤重负的心狂跳到几乎要冲出胸腔。用劲再搓，突然觉得左眼下方“刷”地荡下一个黏糊糊的肉球，随即越拉越长，竟荡向了自己的嘴边。肚子里火烧火燎的我，想也没想，张口就把肉球舔进了嘴里，滑腻腻竟未及辨出滋味，“哧溜”一声就落进了肚里。

我使劲吧唧着嘴，贪婪地回味着那玩意留在口中的腥味，甚至渴望着再来几个尝尝，这毕竟是我两个多月来吃到的唯一荤食。可当时的我哪能知道，我在喝过自己的鲜血之后，竟又吞进了自己血淋淋的左眼球！

吃过了，喝过了，我的神智方渐渐清醒。一直空荡混沌的大脑先是像有一簇簇揉乱了的线团涌进，交织缠绕到几乎理不出头绪的时候，突然像是有一只手轻轻地抽出了一头，先是慢条斯理，随后有条不紊，按着条纹脉络不一会就理了个清清楚楚。

我终于恢复了意识，恢复了知觉，恢复了记忆……

我这才发现，我此时的处境已经糟到了极点：手脚全部被冻成冰坨，早已丧失了功能，既拿不了枪，也走不了路。头上、肚子上一片血肉模糊，烧伤、弹伤、刀伤使鲜血流个不停，而我根本无法包扎止血。左眼球被弹片崩出，右眼视力极其模糊。最糟的是肚子上的那道一尺长的伤口，不仅血涌不止，一团肠子也几乎快要挤出体外了！

天快要黑下来了。根据日头判断，从负伤昏迷到现在也该有两三个小时了，不知山下还有没有敌人，大部队也不知来了没来。山风打着呼啸卷起冻成沙粒般的雪花，扬向高空，又迷迷茫茫地摔打下来，打在已结成冰碴的衣服上、四肢上，发出石子扑打玻璃般的“啪啪”敲击声，清脆却无知觉。我心里一阵焦躁，在这里待下去，即使不被敌人俘虏，很快也会冻死在雪地中。一分一秒也不能再待下去、必须赶快转移！

手脚不顶用了，但两臂两腿还算听使唤，我低下头，侧倒下身子，试着打了一个滚，但一阵撕裂皮肉的剧痛差点又让我疼昏过去。我极力地用双臂插进雪地中，想挺起上身，稳一稳心神。右臂却明显地触摸到一个冰硬的物体。双臂一齐左右扒拉，果然从雪层下拖出一截半米多长的“树干”，坚硬而挺直，借着微弱光线仔细一看，我差点被惊得叫出声来——那根本不是什么树干，竟是战友们被炸断的一截残腿！不知是烧的还是冻的，通体泛着骇人的黑色，两头截断处的血块已被冻成冰凌。

想到是战友的遗躯，我没有了丝毫的惊恐，只有一股沉重的悲怆迅速传遍全身。这厚厚雪层下到处都是这样的遗骸啊！战友们都在这儿睡着了，而我居然要撇下他们独自离去，这可太对不住战友了。我一阵愧疚，简直无地自容。遍体鳞伤的残躯，留在这个世上也没多大用处了，不如让我也去找战友们相会去吧！

想到等会儿就能和连长他们相会了，想到待会儿就再也不会觉着寒冷、饥饿，再也不会觉着疼痛难忍，我的心里竟生出一丝兴奋和轻松。俯下身子，用两只臂腕猛劲地捣着雪地，果然很快就从雪层下扒拉出一支冲锋枪，我赶紧挺身坐了起来，急促地用两臂抱直枪身，枪口对准胸口，当伸手想去扣动扳机时，不禁呆愣得几乎窒息——冻成冰拳的双手是不可能会扣动扳机的！

失望而又痛心疾首，我无力地松开枪，一份孤独无助的苍凉涌上心头：战友啊，我连去和你们相会的能力都没有了！你们撇下我孤零零一人，我该怎么办？

就在我万念俱灰、颓废待毙之际，一阵急促的枪声从南面山脚下传来。“坏了，难道敌人还在山下？”我像触电般迅疾作出反应，马上警觉起来。这枪声像是一声断喝，让我从奄奄一息、麻木迟钝中迅速回到一名战士应有的状态中：神思机敏，斗志昂扬。

这枪声又像是一声命令：既然还活着，就要同部队取得联系，这是一名战士理应负起的使命！

这种使命感一下子使我庄重起来；我为自己刚才寻死的念头感到羞愧，毅然去掉了一切杂念，不能起，爬也要爬到部队去！

我抱起枪想背在身上，但一想有枪也不能用了，只好又丢下。幸好雪层下还露着半截手榴弹柄，两只臂腕夹住猛地拽了出来，枪不能用了，手榴弹总还能弄响，大不了和敌人同归于尽！我心里顿觉宽慰，低头张嘴把弹盖咬掉，用舌头把导火索朝外舔了舔，然后插进腰中。不再犹豫，开始行军吧！

我辨别了一下方向，开始朝着北方，朝着部队爬行了。

我尽量前倾着上身，然后双膝两腕一起用力，一拱一屈，还真像是一只没爪没足的蚯蚓，艰难地、缓慢地爬行在茫茫雪原上。

总算爬到山头北边的悬崖边上了，我双膝猛地一用力，蹿过了岩石，身体像一块石头“扑通”摔下悬崖，骨碌骨碌顺着山坡滚了下去。

滚出去了大约有五六十米，身体猛然撞到一块巨石上，下滑的惯性被止住，人却被撞昏了过去……

也不知是几时醒来的，肠子流出体外了，我用双臂又胡乱向伤口里塞了塞。幸好天寒地冻，身上的所有伤口几乎都没有什么疼痛的感觉了，血也不知什么时候被止住了——那是被冰雪冻结了！黑红的冰渣子随着身体的运动而“嘎巴巴”地碎裂落下。不一会儿又重新结上，再碎裂，再冻结……

爬到山脚下一片略为平坦的雪地时，我停下来想喘口粗气，可突然间五脏六腑重又烘烧起来，这次没有山泉水喝了，那就啃几口雪浇灭大火吧！我把头用力拱进雪地里，大口大口地啃着雪块，让已渐感迷离、恍惚的大脑清醒一下。

啃足了雪，胸中的烈火被扑灭了，大脑也被冰冷激醒了许多。

黑漆漆的夜色，白茫茫的雪原。

一条顽强不屈的生命，正一点点，一段段向着心中的目标竭力地行进着。累了、昏了，僵卧在雪地上再也一动不动了，像是死去了一般。一阵阵刺骨的寒风又催醒我，这条迷惘、疲惫、虚弱的生命又重新开始挣扎爬动。身后的雪地上，被拖出一道深深的沟痕，弯弯曲曲，歪歪扭扭，渗着点点滴滴的血……

生命的挣扎已近极限，伤痛的肌体已没有了任何的活力，麻木而又僵硬，正一点点地死去。只有大脑，这个顽强而且好像永远不死的世界里，还残存着一丝微弱的亮点：部队……部队……前面就是部队……

天亮了，我似乎并没有感觉到；天又黑了，我依然昏昏不知。

也许是第二天，也许是第三天，反正又是一个漆黑的夜晚。我爬到了一条冰河上，迷迷沉沉中我觉着有条腿掉进冰窟中了，生命就这样慢慢被冻结在河里，我再也没有半点力气挣扎。我分明清清楚楚地听见生命都在随着那冰面的断裂而一块块破碎、融化，并最终逝去。

我终于“死了”……

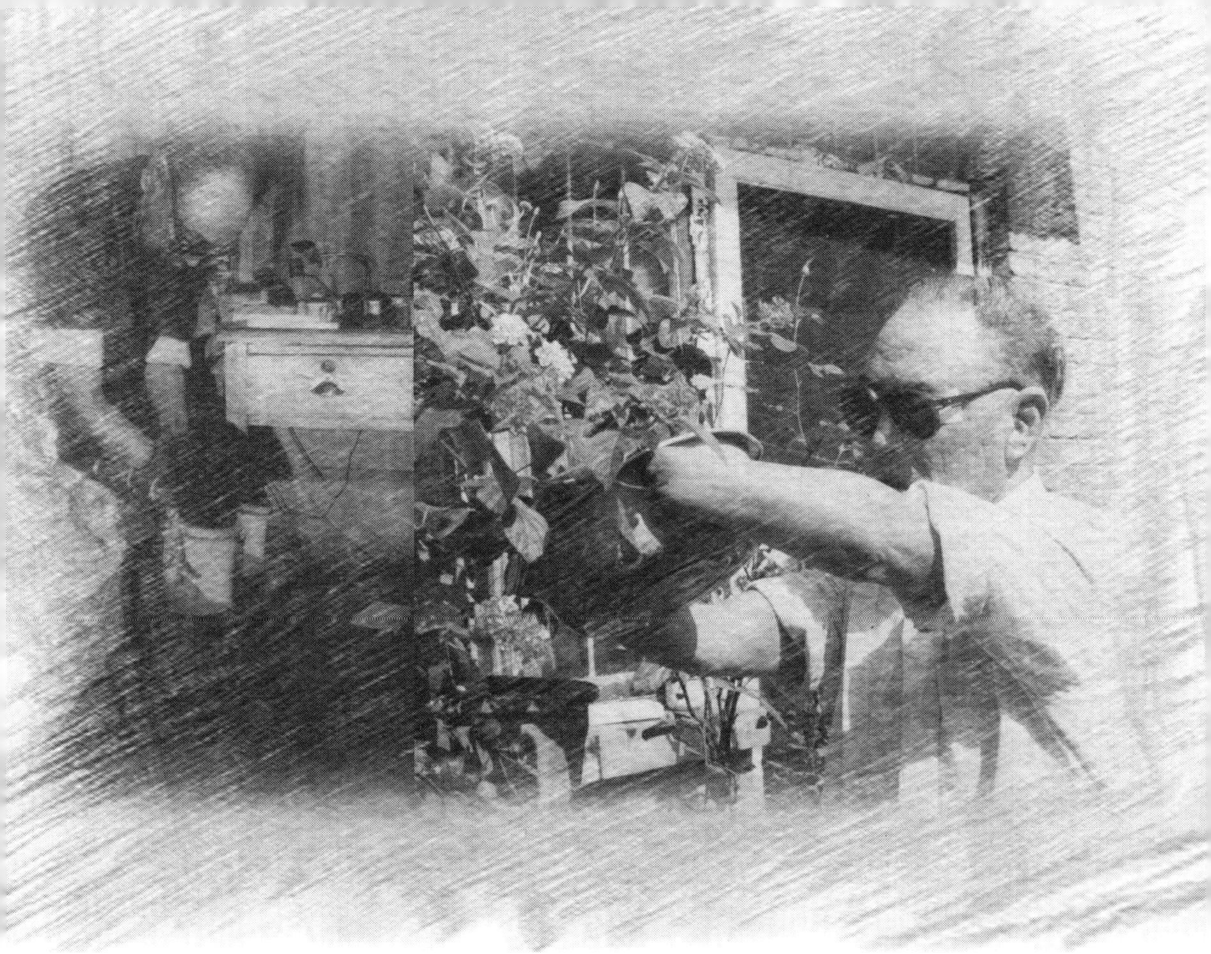

第五章　不屈的斗士

身体的健壮与残疾并不是衡量人生价值的唯一标准，只有最大限度地向社会贡献自己的潜能，才能使人生有价值，才能使自己的人生重新充满光明！

1951年的春节祥和而又美好。

祖国的冬天也许照样飘着柔软的雪花，那雪花也许厚厚地铺满了大地，把祖国的山山水水都罩进一片圣洁之中。

只是我并不知道这个春节，这也是我有生之年唯一一个没有过过的春节。

东北，长春。冰天雪地中，一所野战医院的病床上，静静地躺着我已经僵死的躯体。

我不知道是怎样回到祖国的。

在那个漆黑的夜晚，在那条终生难忘的冰河边，我疲惫而又平静地睡去了。朦朦胧胧中，有两位年轻的军人顺河走了过来，他们最终发现了已经濒于死亡的我，……祖国亲人的热切呼唤，使我悠悠转醒，但随即又沉沉睡去。

这一睡，居然睡了整整93天！

当我醒来时，已是祖国草长莺飞、春暖花开的季节了。

长春的这所野战医院是第三军医大学的附属医院，在当时战争急需的情况下，这所医院聚拢了军内甚至国内几乎所有的最高水平的医生。但对于我这一具从抬进医院一直就处于昏死状态的僵尸，他们也有些无可奈何了。

当时的我，左眼已成空洞，肠子露出腹外，浑身遍布烧伤、弹伤，四肢全部冻死。这些医学权威们看过之后，几乎一致断言：即使不死，从此也不会再醒来！

但医生们怀着对志愿军战士最崇高、最热忱的敬意，仍然竭尽全力地在抢救着我。他们盼望着会有奇迹发生。

我不可能知道，在我命若游丝的这三个多月中，极端负责的医生们为我输血输液，清伤消毒，植皮取弹，剖腹排异，大大小小整整为我做了47次手术。就是在这期间，医生们见我伤情太惨重，终于狠下心来，锯去了我的手脚。而且由于截肢处的大面积溃烂，医生们为了尽力保全我的生命，只得一次次地一截再截。但最终几乎已成椭圆形的肉躯依然无知无觉，大夫们怜悯而又痛惜，终于无奈地安排：抬

他到太平室吧！

太平室是这所野战医院专门为从朝鲜战场上抢救下来的危重病人设立的抢救单间。它接近于太平间，也有别于太平间。

太平室里，有一张小床，一个小床头桌，一位极端负责而又经验丰富的护士 24 小时监控着我。

这位护士的名字叫宫行珍，年龄已经接近我的母亲。就是这位像慈母般呵护着我的医生，在这间闷热的太平室里，以伟大的母爱甚至是超越一切亲情的爱心，整整守护了我 93 天！

让我抱憾终生的是，自从出院后，我就再也没见过这位好心的母亲。现在想来，她也许已经不在人世了。假若当时没有她的伟大和博爱，就根本不可能有我的今天！

截肢后的我，残存的躯体已经不足一米长，像个肉蛋般静静地躺在太平室里。魂魄像是俱已飞散，生命似乎确已走到了尽头。骨肉在一点点枯干，眼窝深陷、两腮塌凹、肚腹扁平，呼吸时断时续，缠着绷带的各处伤口，仍然渗出脓血，浸进被褥。由于各伤口持续发炎，导致不退的高烧。

唯一能证明我尚未完全死去的，就是左腮、嘴角麻痹般微微颤动的神经和若有若无的微弱呼吸。

在这期间，志愿军派人回国在各所医院查寻归国的伤员。由于我从入院就一直处于昏迷状态，破烂的军服上除了斑斑血渍外，没有任何可以证明我部队番号和姓名的证据。加上手术后的我，已经面目全非，我们团的人来到太平室后，只看了一眼，随即肯定地摇头：本团绝没有这个人！

就在所有人都认为我必死无疑的时候，昏睡了 93 天的我，突然在某一天的清晨，慢吞吞地睁开了右眼。

宫行珍护士在一阵惊异之后，欣喜若狂地流下了眼泪。她一时无法接受这样的奇迹，更难以相信会有生命能够顽强到此种程度。她几乎喊来了全部的医生，大家仍然难以置信，惊奇地看着我在一点点苏醒。

第五章　不屈的斗士

飘飘悠悠重回人间的我，眼前的一切都恍若隔世。在生与死的鬼门关口，我不止徘徊了一次。我极力地睁大右眼，模模糊糊地重新审视着这个世界。这个世界曾几度抛我而去，我用刚离母体的婴儿般稚嫩的眼神，兴奋而又不解地环顾着一切。

“这是在哪?”

我不知道我是怎样微弱而又茫然地发出了第一声询问，声音明明发自心际，却又遥远得像是从天边飘来。

宫行珍再也难以自抑，她像呵护着一个刚刚落地的生命，几乎已将我拥进怀中，一边用湿毛巾轻轻地擦拭着我的眼睛，一边把滚烫的泪水滴在我的脸上。

“这是祖国！这是祖国！我们都是你的亲人，你这一觉睡了93天，你可真是好样的！你是战神，志愿军的战神!”

她的絮絮叨叨，一阵阵涌进耳朵，但我尚未完全恢复的意识和神智还不能完全接受这些饱蘸着热泪的话语。“战神？战斗？受伤？我不是死了吗？又活了？这是梦是醒？是真是假?”我懵然而又竭力地想抓住一些飘飘忽忽的念头，想给自己一些真实的感觉，但浮在半空中的生命和意念依然给我的是一片昏昏沉沉的感觉。

当钻心的疼痛感最终回到躯体内的时候，我才知道：我居然没死，居然活着回到了祖国!

但这种刚刚跃上心头的兴奋，很快便被疼痛压了下去。浑身上下空空落落，但剧痛却源源而来。我挣扎着想动一动身子，猛然觉着双手双臂居然空荡荡地使不出一点力气。我艰难地仰起头，去看一眼自己的手，看到的却是厚厚的纱布裹着的一截仅到肘下的肉棍!

“我的手呢?”一阵强烈的惶恐骤然间攫上心头。我惊恐慌乱地挥动双臂，唯剩的右眼几乎要蹦出眼眶，意想翻动身体竟然沉重得像压上了千斤，又突然地轻飘到几乎不属于自己!

逐渐清醒过来的大脑，已经明明白白地感觉到下半身已经出奇地轻巧，这种感觉给我的是绝望般的打击：“腿呢？脚呢？腿脚也没了?”

短暂的惊恐刹那间变成了暴怒："我的手脚呢？我的手脚呢？"我狂乱地想挣扎坐起，想揭开身上厚重的棉被，但任我怎样呼喊、伸屈，已被牢牢捆绑在病床上的身体却难动半分。

我几近癫狂了，两腿没命地踢蹬，两臂狂舞着，竭力地昂起头，像只被囚进笼中而暴怒的狮子，张口死命地撕咬着胳膊上的绷带。

医生们统统吓坏了。他们想不到一个刚刚从死亡状态渐醒过来的尚不足60斤重的躯体，怎么会有这么大的力气。他们扑上来，极力地想摁住我，我更加暴跳不止。医生们怕碰着我的伤口，十几双手死命地摁在我的胸膛上。跪在床前的宫行珍护士，已经几乎将半边身子压在了我的胸膛上，她用双臂紧紧地拢住我的头，嘶哑的喉咙里已经带出了哭腔：

"你醒醒，你冷静点，你冷静点……为了保住你的命，我们只能这样，你冷静一点……"

"这样的命我不要！没手没脚，我怎么打仗行军！这样活着又有什么用……"医生们见我依然狂躁不止，唯恐这种疯狂会很快耗尽我刚刚回缓的一点生命，他们飞快地在我左臂上扎下了针管。一阵刺痛后，我软绵绵地耷拉下了头，暴躁的躯体最终慢慢平静了下来，一阵麻木而又舒服的感觉又让我重新沉沉睡去了……

当时的我并不知道，在我截肢昏死的治疗过程中，一张"革命烈士证明书"几经周折送到了张家泉村，送到了母亲的手中。

由于战时部队调动、补员频繁，加上我所在连队全部阵亡已经无可置疑，几经查访核实后，部队首长终于痛心而又无奈地给全连官兵的家属发出了一封封阵亡烈士证明。

而且，随着一名战士肉体生命的结束，作为一名共产党员的我——政治生命也随之可怕地消失了……

花开花落，春去秋来，日子在一天天过去。

苏醒过来的我重新从太平室搬回了"特号床"。这种床又是专门为没手没脚的特残战士设计的。我就躺在这样的床上，一天天清醒过来，一天天延续着生命。

第五章　不屈的斗士

逐渐恢复理智后，我向医生们报告了自己的姓名。但随着自己逐渐的冷静，一种心灰意冷的感觉又爬上心头，我的精神几乎已经崩溃。作为曾经斗志昂扬、英勇战斗的一名战士，我无论如何也无法接受失去四肢的现实。这种现实，对一个时刻渴望战斗的战士来讲，无疑是残酷无情的！我再也不敢想象自己以后将怎样战斗和生活。我曾经那样地珍爱自己的生命，但无论如何我也不会想到，自己的生命最终竟残存到这种程度！一名战士，失去了起码的战斗条件，活着还有什么用？与其不停地饱尝这种痛苦和折磨，还不如尽早地死去，去和战友们相会，以解脱眼前的这一切！

我不是忘记了指导员的嘱托，我不是不知道是战友们的死换来我的残生，我不是没有愧对死者的深深歉疚，我只是觉着，以我的这点残躯，我已经无法去完成他们的嘱托。我已经和死没有什么本质的区别，我已经不能忍受这种生死边沿上的煎熬，我唯有以死来解脱。到了冥界，我自会去向战友们致歉，我情愿接受他们的责备。

我已经无怨无悔，让我真正地死去吧！

深秋的夜晚，夜幕在病房窗外徐徐降临。

万念俱灰的我再也没有犹豫，趁着护士不在，我咬牙强拖着沉重的病体爬上床头的桌子。桌上的茶杯被我笨拙的躯体碰翻在地，砰然的响声惊得我一阵心悸。我把双臂搭上窗沿，极力地想攀上窗台，纵身跳下楼去，了结残生。可用尽了九牛二虎之力，我不但根本爬不上窗台，反而重重地摔落在床下。天哪！我连自杀的能力都丧失了！

伤口被猛然撕扯开，剧痛几乎使我昏厥过去。已经横下心非死不可的我，此时也顾不上什么疼痛了，艰难地爬起身，试图再攀上床沿。双臂截肢创面处血肉一片模糊，染红了洁白的床单。这片血渍仿佛一下子罩向双眼，我一阵眩晕，身子猛然被这血渍激得一阵颤抖。这片血渍为啥这么眼熟？像是在雪地上一次次见过，又像是记忆中的哪一个地方有着同样的图案，我恍惚了，痴痴呆呆盯着这血渍出神……

我跌落在地的响声，很快惊动了医生和护士。宫行珍一脸焦灼地一个箭步率先冲了进来，随后涌进了一大帮医生和几位拄着双拐的伤员，大家都疑惑不解地看着坐在地上的我。

看到窗台上的血迹，宫行珍很快明白过来。她几步跨过来，蹲下身子，双手死死地抓住了我的双肩，声音惊恐而又气急：

“朱彦夫，你想干什么?！你……想死？……你……你……”

她脸部涨红了，两眼像喷着火，极度的恐慌和气愤使她语气急促而又磕磕巴巴。

主治大夫崔国正扒拉开人群快速挤到我面前。这位几乎是费尽全部心力把我从死神身边夺回的大夫，实在不能容忍我企图自杀的念头，骤然间的愤怒使他的手脚都在颤抖。他抖抖索索伸出手，手指几乎要戳着我的鼻子尖，几乎是咬牙切齿地大声责骂：

“你……你没出息！我们费了这么大的劲才挽救回你的生命，你现在居然想死！早知这样，我们……我们就……就不救你！你说说，你说说，你这样做对得起谁?”

此时的我竟一脸冷漠。声声责问像是根本没听进心里，反而强硬着脖子，焦躁而又心烦地给自己辩解：

“我……我想看看风景。噢！看看风景也不行啊！”

我一副无所谓的姿态和轻描淡写的神情，简直让崔国正暴跳了起来：

“看风景？你看什么风景！凭你的那点视力看不出两米远，你看什么风景？想死还没有勇气承认。我告诉你，你想死是因为你怕遭罪，怕丢人，你简直是个懦夫！你简直是自私！”

崔国正几乎语无伦次。这位对志愿军战士充满疼爱和关切的长者，从内心里对每一位伤员都是满怀的怜惜和深深地同情，他又何尝不知道这些年轻的战士内心是怎样地失落和悲哀。他用一颗爱心一点点去融化一颗颗冰冷的心，他希望看到每一位战士都能重新抖擞起来。即使不能战斗了，但却能笑对现实，笑对生活！他不能容忍战士们任何一点自暴自弃的念头和做法。我自杀的企图，极大地刺激了他，惹怒了他。他依然不依不饶：

“你想一想，你对得起谁？你对得起你的战友吗？你对得起祖国吗？你对得起热爱关心你们的亲人吗？”

这一番激烈的言辞，像根根尖利的芒刺一下子戳痛了我：我是懦夫？我是怕死的胆小鬼？我自私？我这是对祖国、亲人的背叛？是对党的背叛？

这一番话，似重锤“咚咚”地敲醒了我。

见我终于幡然醒悟，崔大夫语气缓了下来：

“我不该对你这么吼，可是我觉着你们为祖国捐躯是光荣的，有价值的，是应当自豪而骄傲的，但现在你们应该活下去，顽强地活下去，这才是对祖国和人民最好的报答……”

我羞愧得无地自容，为自己愚蠢轻率的举动而深深地惭愧。我垂下头，再也不敢去面对崔大夫的眼睛，再也没有勇气去看一眼众人……

日子又一天天缓慢地过去……

虽然打消了轻生的念头，但巨大失落带来的心理压力仍然像巨石般沉重地压在心头。望着窗外飘浮的白云，看着树头上啼鸣的鸟儿，我难以排解心头的抑郁。我毕竟残废了，而且残废到这种程度，整日肉骨碌般躺在床上煎熬岁月，简直就像造粪的机器。这种苟安偷生的日子，何时才是个尽头？我难道就真的这么过一辈子？

窗外不知从何时起飘起了雨滴，“沙沙”地打着已经枯萎的树叶。凄风冷雨下，那树叶终于无助地飘落地面，我的心随着那飘坠的树叶也在一寸寸沉落……

门突然被推开了，宫护士走了进来，满脸慈爱的笑容。双手端着一个洁白的托盘，里面盛着我见了不知多少遍、厌烦甚至恐惧的饭菜和药品。

宫护士是我的专护。尽职尽责的她，在我醒来后，依旧24小时不离我的左右。一遍遍不厌其烦地像母亲养育自己的婴儿般给我喂饭喂水、打针换药，甚至翻身擦洗、端屎端尿。虽然我失掉了四肢，几乎丧失了常人所有的能力，而且由于伤口感染导致时昏时醒，但总算

还有一个完整的大脑，我的神智和思维仍旧是健全而清醒的。我毕竟是一个刚刚20岁的小伙子，既知羞也知耻。天天让人哺乳婴儿般照料着，这种专护下的生活我是无法忍受的。如果说苏醒后的我心头有难以驱散的伤残后的惊恐和压力的话，那么这种专护生活带来的心理重负已远远超过了上述的压力。这种心理重负让我烦躁不安。我一次次恼羞成怒地拒绝吃喝和治疗，拒绝任何一种几乎是严重挫伤自己强烈的自尊心的专护，但毫无作用，宫护士像是根本就看不见、听不着，每天依然一丝不苟地履行她的职责，有时甚至是强制进行。

我彻底地绝望了，心若死灰般地浑浑噩噩，像是猛然间坠入黑暗的深渊之中，任何挣扎呼喊都无济于事。

哀莫大于心死，这种痛苦的折磨，才是真正击垮我的凶手。

此后的日子里，我又重新萌发了轻生的念头。这种念头一旦袭上心来，是那样地不可抗拒。自杀，对于任何一个心中尚存一丝侥幸和希望的人来讲，恐怕都是不会轻易作出的。只有彻底绝望的人才会义无反顾地去寻求这种解脱。心既死，躯留之还有何用?

但接下来连续两次的自杀行为均遭失败。细心的宫护士一次次窥破我的心机，她的脸上却变得像是从来就没有过恼怒这根神经，不愠不火，甚至是一次比一次更加轻柔亲切地宽慰我，开导我。这种春风化雨般地“软处理”，竟给了我枯死的心灵以莫大的慰藉，狂躁的心，最终彻底冷静下来。

是啊，宫护士说得对，我还活着，这是不可更改的事实。我应该做的，也是唯一必须做的，是尽快找出一条能更好地活下去、走下去的路。

我从此再也没有过轻生的念头。

随着身体的逐步康复，不久后我便离开了医院，被安排到山东泰安荣誉军人休养所。

在这所休养所里，我度过了两年多的时光。

1952年的清明节，对我来说是一个永生难忘的日子。

那天清晨，一层薄雾均匀地笼在窗外，几缕刚刚吐出嫩芽的柳丝柔软地在窗口飘摇着，阵阵春风梳过，那柳丝竟俏皮而倔强地要把身子硬挤进窗内，像是迫不及待地要把已经浓重的春的气息一同拥进来，涌入我的心中。

躺在床上正百无聊赖的我，一时竟被这春意闹得心情一下开朗轻快了起来。我有点兴奋和激动，仰起身，笨拙地挪到窗前，两只断臂撑住床头，极力地把头伸向窗外，睁大唯一的右眼，透过薄雾贪婪地感受着春天的气息。

这时，孙所长走了进来，身后还跟着一位陌生的中年人。

“小朱，我来给你介绍，这位是中学的张校长！张校长，这位就是我刚才给你介绍的特等残废军人朱彦夫！”

那位张校长见到我，一阵愣神，显然是我的一副“尊容”让他有点惊异。但随即他就紧走两步，走近床前，满脸关切地看着我。

孙所长走过来，边给我垫了垫背后的棉被，让我倚躺下来，边兴奋地对我说：

“今天是清明节，张校长想邀请咱们休养所里伤残最重的荣军给学生们作传统教育报告。我们几个商量了一下，觉着你最合适，怎么样？能讲吗？”

“我……”

我压根儿就没想过我能作什么报告，这突如其来的消息让我一时不知该如何回答。

张校长伸出双手，搭在我的肩上，一双眼睛热切而真挚地看着我：“辛苦你了，朱彦夫同志，你尽管大胆地讲吧，讲一讲你所经历的苦难，你肯定能行的！”

“孙所长，你……你知道，我……不会讲话，再说……我这嘴有伤，也……也不听使唤……”

我不知该怎么办，慌乱急促地推辞。

由于面部的弹伤、烧伤，植皮后的嘴角经常抽搐，讲话有些磕巴，这都是事实。

我还想争辩些什么，就听院子里一阵整齐的脚步声。张校长回头一望，又迅速转过身来，急切地对我说：

“学生们已经来了，你就给大家讲一点吧！”

“嘴角有伤，你就讲得慢一点，不讲不行，讲讲你自己的亲身经历，你怕啥！”

孙所长半严肃半玩笑地下了最后命令。

这下我可被逼上梁山了。

孙所长伸手给我正了正军帽和墨镜，也没再管我愿不愿意，一把把我抱了起来。张校长提起一把椅子快速走到门外放好，孙所长轻巧巧地几步就跨了出去，然后把我放在了椅子上。

门外一片黑压压的学生，原本静悄悄地没有一点声息，见到我的出场和模样，人群中猛地叽叽喳喳起来。

张校长站在我身边，见状忙挥手止住学生们的骚动：

“同学们，静一静，这位是特等残废军人朱彦夫同志。为了我们的新中国，为了我们今天来之不易的幸福生活，朱彦夫同志英勇战斗，被夺去了四肢和左眼。今天，我们在清明节请最可爱的人为我们作报告，是一件非常有意义的事情，同学们欢迎朱彦夫同志！”

“哗哗”地一阵掌声响起来，一双双敬佩的目光一齐射向我。

我没有经过这种场面，黑压压的这一片人早使我慌得心怦怦乱跳。一时愣在那里，不知如何开口了。

这时，护士小郭急匆匆走到我的跟前，凑到我耳朵边悄声说：“你怕啥？沉住气，炮弹都不怕，还怕讲话？”

这位小郭是专门护理我和同病室的另外两位荣军的，平日里活泼伶俐，但管起我们来却凶巴巴的。经她这一鼓励，我才稍稍稳了稳神，结结巴巴地开了口：

“同学们……我不会讲话，我……我怕自己讲不好，让大家……让大家失望，要不……要不我就讲讲在朝鲜的那次阻击战吧……”

我的一番开场白，竟引起了人群中一阵更加热烈的掌声。

我觉着心跳在加快，一边讲，嘴角也开始一阵阵抽搐和痉挛。但学生们的热情极大地鼓舞了我，我努力地定定神，尽量使自己的话流畅起来，慢慢地给大家叙述了那场全军覆没的英勇而悲壮的战斗……

人群中一阵静默，随即有低泣声传来，渐渐这哭声连成一片，轰然从人群中爆发出来。

学生们竟被我讲的故事感动得失声痛哭起来。

站在我身边的张校长猛然间向前跨了一大步，振臂一呼：

“向最可爱的人学习！”

“向最可爱的人致敬！”

学生们“刷刷”地全都站起来，一个个哽咽着呼喊这口号。

我几乎要被惊呆了。

我绝没想到，我讲的这些竟会引起如此强烈的反应。这哭声，这口号声，让我又惊又喜，给了我极大的安慰。我突然间发现，我居然还有这么大的作用，先前的慌张和拘谨被一扫而光，身体被一种强烈的兴奋一下子激活了，浑身的血急速地涌向脑门，我差点忍不住也要跟着学生们喊起来。

孙所长高兴地奔过来，使劲地扳着我的肩膀，对我一个劲地说：

“好样的，朱彦夫，好样的，朱彦夫……”

我用力点点头，抑制不住地兴奋和激动。我这才明白，一个战士，一个重残人，仍然还有巨大价值！有这么多的人深深地理解了我们的壮举，把深深的爱给予了我们，那么我，还有什么理由不好好活下去，还有什么理由自暴自弃？还有什么理由不把仅存的一点光热回报给热爱我们的社会和人们……

我重残后，一直阴郁黯淡的心灵世界里，第一次出现了阳光！

在此后的生活中，这次经历鼓舞着我一点一点恢复着斗志。我告诫自己：再也不能灰心、彷徨了，再也不能沉沦、浑噩下去了，要从重残后的梦魇中清醒过来，要再一次“站”起来，像一位真正的战士那样，敢于直面现实，要向残酷的命运挑战！

我在心里一遍遍地对自己说：部分躯体虽然留给了战争，留给了国家，留给了人民，但我应该拖着仅存的一点躯体，靠一股不死的精神去搏击人生。不能行动但还有思维，生理残缺但心理依然健全，生灵遭毁但生机没有失去！身体的健壮与残疾并不是衡量人生价值的唯一标准，只有最大限度地向社会贡献自己的潜能，才能使人生有价值，才能使自己的人生重新充满光明！

我面对的将是人生的极限！

我挑战的将是极限的人生！

我终于找回了在战场上冲锋陷阵、英武不屈的冲天豪气。有了这种豪气，原本已黯淡无光的人生，好像一下子又有了目标：

勿求健全，只求生存；

勿求人助，只求自理；

勿求伟绩，只求发光！

我微笑着，重新拥抱了火热的生活。

日子在一天天过去。我一边配合着疗养，以便让身体尽快伤愈；一边尽量寻找机会锻炼自理能力。我心里很清楚，要想终有所为，首先必须恢复自理，要想有新的贡献，首先必须战胜残疾带来的一系列困难。

但这个战胜的过程，其漫长和艰难又是出乎我的想象的！

由于截肢后伤口愈合不好，断面神经剧痛，不能旋转触物，左眼窝一再感染，脓血不断，特别是双腿从膝盖稍下被截，即便装配上假腿，走不多久就会折掉，摔倒在地，这一切都给自理能力的恢复带来了难以想象的困难。

但最要命的却不是这些，而是根本没有任何可以锻炼的机会。

医生和护士以高度负责和甘愿为荣军奉献的精神，完全包办了我吃喝拉撒在内的所有行动。他们情愿用自己的双眼为我们看清前行的道路，情愿用自己的手脚给我们撑起一片天空。在他们的思想中，似乎根本就没有让我们自理的念头。

他们是无可指责的，这原本就是他们神圣的使命。从最朴素的感情讲，他们是再也不愿让我们这些为国家已经付出很多的荣军再有一点点的磕磕碰碰和劳神费力。他们严密监控着我们，像守护一群娇弱的婴儿。

但机会还是在他们的不经意间悄悄来临了。

一天早晨，护士小郭给我和同病室的另外两位荣军打来饭菜，放在床头桌上。没等张罗喂饭，就匆匆地说：“你们先等一会儿，7号房间的老刘掉下床来摔伤了，所长安排我去帮着照顾一下，我去看看马上回来，老规矩，你们几个不准胡来，啊！”

说完，她就急急忙忙地带上门出去了。

这可真是天赐良机啊！我早就在苦苦等待着这样的机会了。从入院起，顿顿饭都是护士一口一口地喂，那饭菜吃在肚里，苦在心里，让人心烦意乱。有时胡乱吃上几口后，我就借故吃饱了，再也不肯张口。这点伎俩根本逃不过小郭的眼睛，每回都要招来一顿数落，但不管她如何絮絮叨叨，我沉下脸来再也不听她说什么。数落一番，她也无可奈何，每回都撂下同样的一句：“下顿多吃点啊！”这时我就会长长地舒一口气，总算又过了一关。虽然饿肚子，但多少也算减少了一份尴尬。最重要的是，此举还可以尽量减少排便。因为一个大男人，让人家解裤擦腚，那份痛苦，比死还难受。

作为战士，在战场上同敌人浴血搏杀，我们或多或少、或清楚或模糊地也曾设想过自己的归宿，或者受伤而不能继续战斗，或者战死沙场。但大都想象不到或者根本就不愿意设想自己会成为什么类型的重残。死，对这样一些热血斗士来讲毫不可怕，唯独非死非生的煎熬使人望而却步。

这些考虑、顾虑甚至怅惘，无疑都是正常的，是不应该受到什么指责的。当这种残酷的现实终于降临时，一阵慌乱、焦虑、悲哀过后，仍有自己深埋心底的想法。瘫痪卧床的一类，确已回天无力，只好在此养老终生；被夺去双眼的，渴望能够适应漫漫“长夜”的生活，有朝一日可以有所作为；像我这种四肢皆无，自理能力全部丧失的，梦想着经过锻炼，争取部分自理。甚至想象着最好能避开众人，特别是离开像呵护周密的休养所这类地方，最好是到悄无人迹的荒野中去锻炼再生功能。

这些念头眨眼即有，可是眨眼又无。毕竟伤残给我们带来了许多难以想象的困难，离开别人的帮助，我们不知自己还能否生存下去，对自己残存的一点躯体，我们心里的确底气不足。

对于国家和民族而言，我们无疑是胜利者，是值得自豪和骄傲的；但对于个人，对于蒙受灾难的本身，我们更多的却是忧心忡忡，唯一能做的，就是凭借时刻不忘追求胜利的雄心，拼命地从身躯缺损部位的活性组织细胞中发掘出有限的制胜因子，再争取一份属于自己的胜利。

小郭的这一走，使我有点欣喜若狂，借此机会实践实践自己的想法如何？我有点迫不及待地挪挪身子，靠近桌子，抬起头用眼睛去征询另外两位病友的意见。

这两位荣军经历和我差不多，都是从朝鲜战场上因伤而来。一位叫侯方仁，同我一样“四爪”被锯掉，但他保留下来的肢体较长，创面愈合好，比我强得多。另一位叫张希德，炸弹炸瞎了他的双眼，十根手指头还剩下五根，左手俩，右手仨。但总算有手有脚，是我们三人中还算健全的一位。

其实他们二人也早有自理锻炼的念头，见我要行动，侯方仁早指挥着张希德来到桌前。

不等他们两人作好准备，我第一个开始“吃饭”。

两截臂不敢动用，干脆就俯下身子，嘴拱进饭碗，活像一头饥不择食的猪。受伤的嘴巴难以掌握轻重，第一口还吃进了一点，第二口用力过猛，饭碗被拱下桌子，“咔嚓”一声，饭菜、碎碗渣撒了一地。

听到砸了碗，张希德急了：“喂，你们急个屁！让我瞎子发挥一下优势吧！我喂你俩！”说罢，不容分说，伸手就在桌上摸索起来。

侯方仁见势打了个滚身，凑近桌沿，用断臂引导着张希德端碗拿筷。张希德有点得意：“这三人会餐，还蛮特殊咧！三人两只半眼睛五个手指头。我声明一条：你俩只许动嘴，听口令，看筷子，夹着饭吃饭，夹起菜吃菜，夹不着也别见怪。”他的筷子在碗里拨拉，仨指头不听使唤，不是夹不着，就是夹得太多一口吞不下。

侯方仁着急：“我指挥，你喂。”于是，他和我坐在床沿，他的右臂搭在张希德夹饭的手背上，双眼目不转睛："米饭在这儿，靠前一点，再往下一点，正好，开夹，使劲！菜在这边，伸过筷子来，再伸，向右点，再往下落，夹住！举起来向前送，慢一点，稳住！朱彦夫快向筷子靠拢，张嘴——吃！"

这个吃法，每一口都必须协调配合好，三人轮着一人一口。但稍微一抖动，米饭、菜汤就撒得地下、床上到处都是……

吃了几口，我顿觉兴趣索然，起初的新鲜感早没了。这种吃法，狼狈不说，吃饱了也不是自己的功劳，罢！罢！一股失望、烦躁顿时塞满了胸膛。我说声吃饱了。随即仰身倒在床上，再也没了动静。他俩也早不耐烦了，扔下碗筷，呆立着，一阵黯然。

护士小郭急匆匆推门走了进来，一眼就看见桌上、地下、床铺上一片狼藉，顿时火了："我就怕你们胡来，还……还真……谁的主意？拿公家东西当儿戏！"

气愤和焦急，使她有点结结巴巴。

侯方仁乖巧机灵，见势不妙，忙打圆场："俺这是拙人学巧，想省你一点麻烦……这你是能理解的。"

"什么理解，糟蹋粮食还要让人理解？不都是喂饭吗？今天发什么神经？这么一小会儿就等不及啦？"

"好好好！我代表他俩向您保证：从今以后，保证老老实实、规规矩矩做个听话的好'孩子'，当一个名副其实的寄生虫，行了吧？"

侯方仁一番玩笑又诙谐的表白，逗得小郭"扑哧"一声笑了。她一边打扫还一边嘟囔个没完："还这勇士、那英雄最可爱哩，光人可爱，粮食就不可爱了吗？没眼没手的，还非要逞能，找麻烦，吃的多还是扔的多？肚子里多还是地上多……"

对小郭善意的批评，我向来是一声不吭，随她说去。但对不理解我们的心思，我却深感委屈和不快。不久前，我们还都是手脚利索、英勇顽强的战士，为同敌人争夺一袋粮食、一个罐头甚至几个土豆，都不惜流血牺牲，此刻竟抱怨我们不珍惜粮食……

我们只是想自立啊！

时光在我的煎熬中流逝着……

两年多来的专护生活，最终使我意识到，只要生活在休养所里，生活在优越条件下，我将永远都是一个全残全废的寄生人！随着肉体上伤口的渐渐愈合，心灵上的伤口正一点点被无情地撕开。想锻炼自理能力，在休养所里根本行不通！我必须离开这里，回家乡去！到家乡生我养我的土地上，重新找回再生的本领！独自磨炼，自受艰难，成则生，不成则死！我已经没有了其他的选择！

在任何险恶处境中，我从未违心地屈服过，即便在炮火连天的战场。但在这尊废躯面前，我被逼得焦头烂额。要想摆脱这种境地，最终做一个自立自强之人，我也只能作出回家的抉择。

回家？多么温馨的字眼啊！七年来魂牵梦绕的家啊！家乡怎么样了？娘还活着吗？

14 岁离家，七年的时光居然弹指而过。可不论在血雨腥风的战火中，还是在寂寞难耐的病床上，我无时无刻不在想着故乡，想着亲娘。多灾多难的家乡也该天翻地覆了吧，悲苦伶仃的娘也许白发苍苍了吧！回家的冲动竟让我热血沸腾，娘啊，儿子要回来了，要回来看您来了，要回家伺候您来了！

可怎么伺候娘？这种念头惊得我顿时如披冰霜！就凭我这一身残躯？就凭我这吃喝拉撒让人帮的能耐？

这种念头让我心灰意冷，从兴奋的高峰一下子跌进绝望的深谷！是啊，回家是美好的，可我能回家吗？我回家是去伺候娘，还是让娘伺候我？娘已经饱经忧患，她还能经得起我这个残废儿子带给她的痛苦折磨吗？

我到底该怎么办？

我把自己的想法和忧虑对孙所长和盘托出。孙所长也陷入了深深的思索当中。孙所长能理解我的心，也理解我在“忠孝”的门槛边上痛苦的彷徨。尽忠，我对祖国、对党、对人民尽力而为了，而尽孝呢？他也知道我很难做到了。而且，要是真的让年迈体弱的娘再为儿子擦屎端尿，喂水喂饭，他也不会容忍的。

在我的彷徨、疑虑中，1954年的春节快要到了。

我再次找到孙所长。一段时间以来，回家的念头一直萦绕在心头。一番深思熟虑之后，我还是决定要回到家乡。不管怎么说，回家后，总能锻炼一下自己，等有了自理能力，我再一并报答娘的养育之恩。回家后，我一定不要娘的照顾。我回家原本就是要避开众人的帮助，试图在一个封闭的环境中寻求重生嘛！

不试一试，我死不甘心。

我的坚定，最终感动了孙所长，他折中地提出：要是过不下去了，抓紧回来！

我点点头，含着对这位好心人的感激，含着对两年多来生活的眷恋，也含着对自己必胜的信心！

我终于要回家了！

第六章 风雪夜归人

世上没有不认娘的儿子，更没有不认儿子的娘。儿子一别15载，母亲长梦盼儿归，端碗思断肠，看山山蒙蒙，望天天空空；春去秋来，雨枯雪消，头发盼白了，人熬老了，泪流干了，儿子总算回家了。

第六章　风雪夜归人

山里的冬夜，寒冷而静谧。

北风呼啸着掠过沟沟岭岭，并从遥远的北方卷过来片片雪花，重重地摔打在光秃秃的山梁上。不一会儿工夫，阴森而荒凉的天地间，就被渐厚的雪地衬出一片柔和和清亮。

陡峭难行的山路上，一辆独轮车忽高忽低、忽隐忽现，厚重的木轮碾过凹凸不平的雪地，"吱吱嘎嘎"的声音忽远忽近。风扑过来，卷起这声音，并卷到了远远的地方……

推车人气喘吁吁，头上、身上甚至胡须上早结成了一片白色。二百里的山路，三个推车人倒换着，已经不停地急走了一天加上半宿，都快有点吃不消了。坐车人难耐一脸的兴奋和急切，不时地扑打着头上的雪花，两截断臂比比画画：快了，快了！往右拐，翻过这座山就是了！

坐车的人就是我，一位真正的风雪夜归人！

子夜时分，车子终于颠颠簸簸地进入了张家泉村。

我的心几乎要跳出了嗓子眼，这就是自己一别七年的家乡啊！七年来，想它想得刻骨铭心，想它想得泪湿衣衫。今天，我终于回来了，七年前那个夜晚悄悄离家的少年，在七年后的雪夜里又悄悄回来了！

车子七折八拐，最后停在了家门口。我深深地吸一口气，转脸平静地对三位推车人说："你们……你们这就回去吧！我想一个人……回家。"

三位推车人沉默一会，没再说什么；麻利地给我装上假肢，随后从车把上摘下一个小包袱，挂在我的肩膀上，盯着我望一会儿，又不放心地嘱咐："你当心点，别想那么多了，快回去吧！我们也该走了……"

三个人慢慢消失在雪夜里。

我转过脸来，艰难地挪了几步。在门口一条石阶上坐了下来。

我得稳稳神，心里一下子被塞得太满了。

这是多么熟悉的一切呀！七年了，居然还和自己记忆中的一模一样，门前的这条石径，静静地卧在雪里，自己就是从这条小路上走出去的。透过雪花，我仿佛还能看得见七年前那个夜晚匆匆远去的身影，仿佛还能听得见儿时的我在石径上蹦蹦跳跳的足音……

回过头来看看自己的家吧！这可是七年来自己最想见到的地方啊！

院门口两侧垒着半人高的石墙，西高东低，东边这墙随即还折而向北，一直顶过去，正好把北边两间草房隔成东西两处。这墙显然早被风雨侵蚀得豁豁垭垭了，雪花铺上去，仍然遮不住它的高高低低。那两间草房也早已老态龙钟，显得低矮而憔悴。西边这院，靠东有盘石磨，这磨是什么时候安上的，我不知道；往南是记忆中的小槐树，如今已经粗大得有些陌生了。

残存的右眼看不清更多的东西了，孤零零的院落显得有点凄凉和颓败，但铺上了一层白雪，倒也柔和了不少，心中的亲切却是丝毫未减。

我尽量让自己平静一点，但心里还是有点乱。原本急切地想踏进院门，想见到娘，此刻竟有点迟迟疑疑。临来时，孙所长一再提醒我，烈属牌肯定已在家中挂了多年了，没音没信的，冷不丁地又冒出个活着的朱彦夫，肯定会吓着娘的。而且一个活脱脱的少年，此刻变成了没手没脚的“肉轱辘”，娘的心里可没有任何思想准备呀！

我真后悔没有及早给娘捎个信，或者让孙所长陪着回来就好了，让他先跟娘说一声。我甚至后悔，不该让送我的三个人先回去。

而且，我并不知道娘是否还活在人世，万一……

我简直不敢再想下去，心绪乱到了极点。

雪花还在不停地飘下来，身上已落满了厚厚的一层。

怎么办？难道坐在这里等到天亮？等到天亮也没什么好办法呀！再说，就在这雪地里冻下去，身体也挨不住。在车上倦了一天一夜，浑身已像散了架般地酸痛，残躯早已不抵严寒，假肢装在腿上，也撑不了多久，断肢神经已经开始阵阵作痛。

算了，先看看娘还在不在再说吧，既然回来了，早晚还得见面！

一切看情况再说，难道娘还能惧怕自己的亲生儿子，是囫囵是残缺，也总归是自己的儿子呀！

打定主意，我不再犹豫，两只断臂扑打一下身上的雪，摸起双拐，咬咬牙挺身站了起来。两只腿一阵剧痛，一个趔趄差点摔倒。我忙乱地挪挪步子，稳住身体，这才一步一拖着向院里挪动。院门早没有了，但院门口往里有一阶石登，有雪厚厚地盖着，我看不清，刚跨进门口的右脚一下子踩空，还没等我反应过来，身体早“扑通”一声重重地摔在院子里，吓得我一阵心悸。稳稳神，想再支撑着站起来，但右脚的假肢被折下来了，被猛烈撞击的断面，疼得我一阵眩晕。假肢不能再装上了，即便能装我也不会，两年疗养，都是别人装上拆下，自己没机会锻炼学会装卸。

干脆爬吧，我把左腿假肢也连撕带咬地拽了下来，然后把两条假肢拢到一起，用绑带胡乱一缠，挽在半截胳膊上，拖着向院里爬去。

我不敢弄出声响，像一截子大蚯蚓一拱一蹿地在雪里爬着。好歹爬到磨盘根了，双臂撑地，我抬起身子，背倚着磨根，喘一口气再说。

我一眼就看见了屋门口东侧挂着的牌子。那牌子不大，字却不小，黄底黑字，雪夜里竟看得清清楚楚：

革命烈属光荣

我的头皮一下子绷紧，一阵子炸响。虽早有心理准备，但猛不丁地看见这玩意，又在深夜，仍然惊吓了我一跳。

我是死着回到娘的身边的！

我悲哀地叹一口气。当初娘见到这东西时，该是怎样地伤痛欲绝呀！就这么一个儿子了，却悄悄地走了，回来时却变成了一块骇人的木牌！

娘变得了这份残酷吗？

屋门关着，没有上锁。我心里一阵激动，没上锁就是有人，娘肯定还活着！

虽然一直心存侥幸，盼望着娘还活着，但心里总没底，沉落落的，说不出的焦躁和不安。有了这种判断，我的心一下子像是卸去了什么重负，一阵轻松，抑制不住心头狂喜。

我简直有点忘乎所以了，竟失声大叫了一声：

“娘！”

黑寂的夜里，这声音扎耳而又突然。我正在为自己的失态和莽撞后悔不迭时，屋里有声音，低弱而又苍凉地传了出来：

“谁呀？”

真的是娘！

我听得出娘的声音，这声音七年未曾听见了。寒冷的冬夜里，这声音却让我一下子心血沸腾起来，一股亲切和温暖刹那间涌遍了全身。我再也控制不了自己的亢奋，忍不住脱口而出：

“娘！娘！是我，是我，是我回来了！我是彦夫，我是彦夫啊！”

我语无伦次，几乎像喊一样地叫个不停。

屋里一阵死寂。

我仿佛听得见娘惊恐不已的喘息。

我还是吓着娘了！我最担心的事还是不可避免地发生了。好大一阵子过后，屋门慢慢地打开了，出现了一个颤巍巍的身影，怯怯地向院子里张望。看见磨道里的我，她终于没能抑制住惊厥，晃了一晃，“扑通”一声竟直挺挺地摔倒在屋门外。

这一下骤变，给了我同样的惊恐，从大喜又一次跌落到大悲，兴奋、懊恼、惊惧一下子全涌进了脑门，我咧开嘴，没命地号叫起来：

“娘！娘！……快来人呀！快救人呀！我娘晕倒了！……”

这嘶哑、刺耳的声音在沉沉的夜里肯定冲出去很远。马上，村子里有狗吠响起，并极快地响成一片。不一会儿，就有人奔走的脚步声传来，由远及近，由零星到杂乱，显然有不少乡亲们已被惊动。

匆匆的脚步声也许到了院外了，我唯恐人家听不出方位，还在大喊大叫：

“在这里，在这里！快救救我娘，她昏过去了！”

这一下可坏了，像一连串魔咒，竟一下子把那脚步声钉住了，院墙外顿时没了动静，一阵沉寂。

我顿时明白过来：乡亲们都知道，我娘已没有了儿子，在她的院子里高喊着救娘，又是这般鬼哭狼嚎的声音，乡亲们全都吓呆了！

果然，有个胆战心惊的声音在问：

“你……你是谁？你是人是……鬼？”

“你在俺四婶家干……干啥？”

大山隔绝了山里人与外界的联系，新中国成立初期的张家泉村一带遍地文盲，迷信盛行，加上当年杀人魔王刘黑七、吴化文曾在这一带制造了惨绝人寰的“无人区”，每到夜幕降临，四野鬼哭狼嚎，一片阴森恐怖。大多数的人对鬼怪已经笃信不疑。

我没轻没重的一顿狂喊，不啻一声炸雷，惊得众人如鬼魂附身，谁也不敢贸然前进了。

情急之下，我还想解释：

“我是朱彦夫……”

话刚出口，就听院墙外轰的一声，刚刚聚拢过来的人群里一下子炸了营，不少人拔腿就跑。

我恍悟我这下可闯下大祸了。朱彦夫已“死”去多年，这是人人都知道的事实，半夜三更的，朱彦夫又冒了出来，不是鬼魂，又能是啥？

我不敢再说话了，再说也白搭，只会再一次惊吓他们。我的心猛地沉了下去，懊恼而绝望，事情已经不可挽回了。

雪还在扑簌簌地下着，院子里静得毫无声息。娘就在我眼前不远处躺着，我却束手无策。

外边的声音终于又响了起来：

“你到底是人是鬼？是人你就吭一声，是鬼，俺求求你快走开，别再来吓唬俺了！”

人怪就怪在一个不怕都不怕，一人拔腿就全炸营。这一声问话，显然是给众人添了些胆气，听声音像是大家又聚拢了回来。乡亲们怕归怕，但好奇心又让他们想探个究竟，人多他们胆气也壮。

我被悲哀搅得心烦意乱，不知自己还该不该回话。不能再莽撞了，看看情况再说吧！

我回头望望院子外边，声音开始变得嘈杂。而且不一会儿就有灯笼、火把聚过来了，墙头外光亮在一片片加大。

“把灯笼给俺用用！”起初问话的那个声音又在响起。

我仔细听听，这声音竟十分耳熟，这人是谁？……难道……难道是王猛子？嗯！差不多，肯定是他的动静！我心里一宽，要真是王猛子就好办了。他是我儿时的挚友，我俩一起长大，从小就亲如兄弟。他胆大心直，为人豪爽，所以大家就都叫他王猛子，其真实姓名王进，倒没几个人能记起来了。

我不知道，此时的王猛子已经是村里的民兵连长了，这类救人捉鬼的事，自然非他莫属。

他要过灯笼，开始向院子里移动，虽然胆大，但毕竟还有些心存余悸，步子试试探探，走走停停。

磨盘以南就是那棵大槐树，猛子费了好大一番劲，才走到树跟前。见前面仍然无声无息，他的心里肯定又顿添几分紧张。他抖抖索索地举起手中的灯，既是照亮，也是想把灯笼挂在槐树丫上。可心里紧张使他的手抖个不止，挂了好几挂才总算挂好，然后双手一把抱住原本提在右手里的步枪，枪口冲着磨盘这边，聚了聚胆子又问了一声：

“哎！你快……说话，俺可不……怕你！”

但他确实怕，要不然声音不会哆嗦。

我仍然不敢说话，再把他给吓跑了，就没人敢进来了，现在最要紧的是需要有人先救醒我娘。

灯笼照出的光亮，摇摇晃晃，蒙蒙眬眬，罩着昏暗的一小片面积。由于一天一夜未曾合眼，加上见娘晕倒，又被人误认为“鬼”，我心里焦躁、窝火、紧张，使原本就视力微弱的右眼更加模模糊糊，所以当来人已经离我很近的时候了，我仍然辨认不出他到底是不是王猛子。从他高大魁梧的身形上，我已经看不出一点儿时我曾经熟悉的影子。我多么希望他就是王猛子，多么希望他能一眼就认出儿时的伙伴，然后一把扶起我来，像扶起当年跌倒在山路上的我一样，接着朝我胸膛上兴奋地擂一拳，大声哈哈着说："嗨，嗨，真是你，你真的还活着……"

然而，他没有。他挪到离我两步远的地方就触电般地惊得呆住了。

他终于看见了黑乎乎一团蜷缩在磨盘根的"鬼"！虽然他一时还看不清我的脸模样，但仅有半截子的身躯也够骇人的了，特别是那两条假肢——爬到磨盘这儿时，我使劲抖露开绑带，把两截子假腿立在了地上。此刻，它俩各"穿"着一只胶鞋，直绷绷地"站"在我身边。这"大卸八块"的景象肯定吓了他一大跳。

猛子到底是猛子。惊愣片刻后，他把手中的枪朝我猛地一伸，"哗啦"一拉枪栓，口气虽仍有怯意，但变得严厉而又硬邦："不管你是人是鬼，你给俺待在这里别动，要不然俺就……开枪！俺先看看俺四婶子……"

他边侧着身子向北挪，枪口还一直不放心地冲着我。看我一眼，又扭过头去连声喊着："四婶子，四婶子！"

谢天谢地！他总算看出了轻重缓急。我不敢说也不敢动，怕脸模样再吓着他，赶紧垂下头，埋起脸来。大气不敢出一声，但心里却如刀绞般地疼痛：娘被我吓晕，我却无力相救。乡亲和伙伴近在咫尺，却像隔着阴阳两界，无法相认。说不清，道不明，心里憋闷得几近窒息。

猛子挪到娘跟前，见娘直挺挺地，两眼紧闭，牙齿咬得紧绷绷的，脸色惨白，口吐白沫，像是停止了呼吸。他又急又慌，把枪往地上一撂，赶紧蹲身伸手扶起了娘的上身。转脸冲着院门口焦急地大喊大叫：

"二婶！二婶！俺二婶还没来到？快打发个人去叫叫……"

门口的人群里一阵骚动，一位老太太拨开众人，颠着小脚，急急地跑了过来，后头还跟着个小青年，唯恐她跌倒似的想伸手扶她。边

跑她还不停地嘟哝着："俺就不信有鬼，自家的孩子咋就把您吓得……就是鬼也是好鬼！彦夫在哪里，她娘呢？……"

听见这熟悉的声音，我忙抬头去看，她已经来到了我跟前，果然是张婶来了！我一阵惊喜，原来她仍健在！这回我可有救了！

这位张婶从小待我如亲生儿子，当年我家连遭不幸，多亏她极力照应。丈夫早年去世，她独自拉扯着几个孩子。相同的命运，把我们两家紧紧地联结在一起。她不但热心肠，而且泼辣豪爽，尤其是天生的不信鬼神。小时候，我家年年祭祖请神，回回她都一个劲地数落我娘，还教育我别信这套。

就在这一夜的晚些时候，我才知道，她的儿子后来也参了军，而且也去了朝鲜战场，并壮烈牺牲。他是真的牺牲了……

见到我骇人的模样，张婶也难免一惊，但很快恢复常态：

"孩子，孩子，你是彦夫吧？你真的没死？唉！你这个孩子，你没死咋也不给你娘捎个信回来？你看你把大家伙吓得！你别急，孩子，你先坐着，俺先看看你娘！"

她急促地说了一大串，也不等我回话，又慌慌地奔到我娘跟前，蹲下身子，急急地伸手又揉又掐，边忙活边数落，像是数落猛子，又像是数落大伙，又像是说给我听，说给我娘听。

"嗨，快醒醒！快醒醒！四嫂！哪儿的鬼哟！你看看把你们吓成这样！人家刘庄的那个，说是死了的，不也回来了吗，就不兴出个错？这公家也是的，弄不准，就乱给人家发烈士牌子，这不是作践人吗？你说这个彦夫，好几年了你也不吭一声，早来个信不就行了。大白天回来也行啊，你单单晚上往家窜，你这不是单想吓唬你娘吗？哎，四嫂，快醒醒！彦夫真的还没死，你真是好命哟！俺那个要是也能回来就好喽！唉……"

一顿数落，说得我心里一阵喜，一阵疚。喜的是只要张婶认定我不是鬼而是大活人，其他人包括娘在内慢慢都会相信的；疚的是我办事莽撞，虑事不周，惹出这么一场惊乱。要是把娘吓出个三长两短，我可就成了个罪人了！

我百感交集地僵在那里，心里乱成一团糟。院门外的人，都听见了张婶的话，心宽了不少；有几个举着灯笼大胆地跨进院里，慢慢地朝院子里靠近。

娘还没醒过来。张婶还在边说边忙活：

“放下你婶子，猛子，慢点，放平，行了。你这个猛子，别人怕，你也怕？他不是你哥哥吗？你也信鬼信神的？你还是党员呢，够丢人的吧你！你别管了，快去看看彦夫，快去呀，你这个孩子……”

王猛子被张婶数落得显然羞愧难当，“啊，啊”地站起身来，伸手想去摸枪，又缩回了手；向我这边望了望，又看看张婶，无奈地硬着头皮一步步挪了过来。

雪早停了，有风嗖嗖地刮起来，冻得我浑身哆嗦，身子快冻僵了，各处伤口开始剧烈疼痛，我快支撑不住了。

猛子仍然有点怕，心头的阴影还没有完全除去，但有张婶在场，他也心宽了不少。离我一米多远了，他犹犹豫豫地停下，眼睛死死地盯着我，然后慢慢地蹲下身子，迟迟疑疑地道：

“喂，你真是彦夫哥？你从哪里来的？你……你的腿……啊！你的脸！你……”

我不能再不说话了，急切地一仰脸，把一脸伤疤一下子呈现在猛子眼前，他惊了一跳：一顶旧军帽下的一张脸十分吓人，左眼失陷，因上下眼皮缺损而形成很深的疤痕；平直的鼻梁周围和两颊、下巴均布满紫红相间的烧伤烙印；在两颊与嘴角相接处，两条传送带状的神经时缓时急地痉挛、抽搐，有时急剧的抽搐把周围的肌肉缩成一块块僵硬的肉蛋蛋。唯有右颧骨处有一块火柴盒大小的肌肤还保持着正常人的肤色，看上去反而显得极不协调。

离他这么近，我也看清了猛子的模样：头发蓬乱，两只眼睛里满是惊异和疑虑，脸膛黝黑，嘴巴大，嘴唇厚，颧骨高。果然是他！记忆中的猛子就这模样！刚才张婶也喊他猛子，他就是我少年时的伙伴王猛子。我一阵激动，血像是冲到了嗓子眼，刚才的一肚子恼火、委屈、憋闷、焦躁竟一扫而去，忍不住伸出双臂想去抓摸他，他惊惧地一躲，差点跌倒。

我心头一凉，但话已经脱口而出：

“我是朱彦夫，我真是朱彦夫！我真的没死，我还活着！我在朝鲜受了重伤，手脚都被锯掉了，在休养所里躺了两年，他们把我送回来的，人叫我撵走了，我……我没想到会……我……”

“你叫王猛子，咱俩是好朋友，你……你左腿脚指头少了一个，是你八岁那年让树枝子叉了去的，你……对不对！啊？”

我急切地一连串话，像是解释又像是发泄，简直容不得他插话。也不管他听清了没听清。

猛子一阵颤抖，两眼直瞪着我，脸上的表情变化极快。最终舒展开来，长叹一声，像是从腹内挤出来的，中途左转右拐，极不顺畅地打着颤音。随即，蹲在地上的身体一下子前倾，向我扑倒，一把抓住我的双臂，嗷嗷喊叫起来，声音里夹满了哭腔：

“彦夫？彦夫！你真是彦夫！你真是老大哥，你真还活着，俺……俺……俺简直混……哈……哈……哈……”

哭腔里又猛然掺进了变了调的大笑，听起来竟有些吓人。

抓住我双肩的手一阵猛烈摇晃，几乎要把我摇晃倒了。他一脸兴奋和激动，眼泪已经流下来了。也不管我什么反应，转脸冲着门外大喊：

“快来吧！快进来吧！都进来吧！他真是朱彦夫，他不是鬼！他还活着！真没寻思，这太好了！快、快，你们来看看！”

外面的人“呵呵”地喊着，“轰轰隆隆”的涌了进来，灯笼、火把骤然把小院子照了个通明。

就在这时，娘醒过来了，我听见娘一阵剧烈地咳嗽，随之“哇”的一声，一股仿佛全世界最悲怨的哭号从娘的喉咙里迸了出来，接着我看见娘猛地在地上打了个滚，脸冲地面，边号啕大哭，两只手边疯狂地撕扯着自己的头发。

我一声“娘”还没喊出口，猛子已蹿了过去，一把扶起了娘。娘坐在地上，乱踢蹬着两腿，一只手仍然撕扯着头发，另一只手狠狠地捶打着胸口，又去捶打地面。

可是娘仍然一个字也没喊出来，突如其来的巨大的惊惧、悲喜使她受到了强烈的刺激，她好像仍然无法接受这样的现实，发疯般地哭喊着。

我的心像是被一根根无形的针狠狠地刺透了，堵在喉咙里的一腔悲苦，猛然间冲口而出：

“娘……”

我撕心裂肺地大叫了一声，眼泪竟喷涌而出，左眼窝一股浊流顺颊而下，我顾不得擦了，双臂也不知哪来的一股巨大的力气，猛一撑地，身子平着就扑了出去，两腿不停地猛蹬着，爬到娘的眼前。

娘猛地怔住，脸极快地转向了我。

娘的头发一蓬乱草般遮在脸上，两眼陡然间瞪到最大，苍老的脸颊上被泪水粘住了根根灰白的头发，样子也有点吓人。

张婶正使劲地抓着她的两只胳膊；身子几乎全部压在了娘的双腿上，头抵着娘的胸口，哭叫着：

“四嫂，四嫂！你这是咋了？你这是咋了！”

娘只看了我一眼，突然像被什么东西弹射般地一下子挣脱了张婶，身子从地上全转了过来，两手极快极准确地抓住了我的肩膀，两手一用劲，身体已跪了起来。我被这股巨大的拉力一下子拽得几乎一头栽进娘的怀里。没等我反应过来，娘的右手已“哧”的一声扯开了我右肩的棉袄，右肩的那块刺目的伤疤一下子呈现在她眼前！

娘的身子晃了几晃，“啊”的一声还没哭出来，人就“扑通”一声歪倒了……

就在这时，雪花铺天盖地地落了下来，极快地淹没了小院里所有的声音……

家乡终于接纳了我，家终于接纳了我，接纳了一个曾经远行的游子，却是以这样的方式。

娘终于接纳了我，接纳了她曾经魂牵梦绕，而今却残缺不全的儿子，却是以这样的一份凄苦和悲伤。

第七章 故乡重生

每一次我都强烈地渴望着生。人的躯体可以残缺，人的生命可以终结，但一个人的精神和信念必须是完整的、永生不死的。但只要信念不死，哪怕只有万分之一的希望，我也应该全身心地去争取。

第七章　故乡重生

山村的早晨，清新而幽静。

雪后初霁的阳光最终挤碎了几乎要压向大地的云层，仿佛一帷阴冷潮湿、黑厚无边的大幕一把被扯开，道道霞光带着温暖、带着光明喷射而至。天地一下子变得空旷而又高远。

冷风掠过北山山背卷过来，渐渐变得散软无力，没了劲。昨夜铺下的雪花还在厚厚地裹着村庄，圣洁而又亮丽；阳光均匀地播撒下来，七折八射，空气仿佛都经过层层筛滤，格外的淡泊、清新而又纯净。

回家后的第一个清晨，竟是这般善解人意而又毫不吝啬地给了我一个空阔而激昂的心情。

我倍感欣慰和轻松。

回家的这一步，走对了。昨夜的一番折腾就算是一份特殊的“见面礼”吧！不管怎样，毕竟都已经留给了昨天，该忘却的就忘却，因为新的一天已经开始。

好心情带来了一股兴奋，心灵与肉体都像是卸下了一份沉重的包袱，都像是找到了一席舒适、安逸、无忧无虑的栖身之地。在家乡的土地上，我不再会有恐慌和不安，不再会有紧张和忧虑，一颗没着没落的心终能平平静静地沉了下来，一副残躯也随之有了一份实实落落的归属。

令我兴奋的其实还不止这些。自致残以来第一次走出了集体的营地，第一次摆脱了因众人的呵护而带来的尴尬和心烦意乱，第一次能无拘无束地、随心所欲地放松自己。终于能向着自己梦寐以求的目标——独自磨炼、恢复自理大步迈进！就像是在家乡僻静的原野上从零开始我第二次的人生之路。尽管这条路仿佛满是问号、满是沟坎、满是障碍，而且没有路标、没有驿站、没有尽头，但我不怕，我应该像一个新生的婴儿一样，睁开兴奋的眼睛，并艰难地学会起步。我深信，只要能迈开第一步，最终就会重新奔跑如飞，并在生我养我的故乡的浩瀚空野中、广袤土地上，最终找到生命回归的源头。

路难行而偏要行，越是艰难越能显出男儿本色。对胜利不懈的追

求和渴望，养成了我的倔强和自信。在这条道上走下去，我知道也许我还要付出惨重的代价，但只要心脏还在跳动，我就不会停下，更不会回头。

没有答案的探索也许会孤苦无助、艰涩彷徨，但每一点滴的胜利都会令人兴奋不已和信心满怀。永远追求胜利的我，对这一点确信无疑。

回家后的第一个阳光灿烂的早晨给我的这份信心，极大地鼓舞了我。此后在一个没有硝烟的新的战场上，我靠着这份信心，百折不挠地战斗了下去。

太阳一竿子多高了，屋子里变得暖煦煦的。狭窄厚重的窗棂隔阻了我太多的视线，贪婪而兴奋的眼睛对这层阻隔简直忍无可忍。亢奋难耐的我急于捅破所有挡着我目光的障碍，急切地渴望把家、把家乡、把儿时曾经熟悉的一切，看个穷尽，看个仔细。

走！出去看一看！焦躁恍惚中，我觉着自己好像稳稳当当站了起来，和伤前一模一样，依然是位威武强壮、整装待发的战士。好！我一声令下，拔腿便欲出门，但接下来却是“哐当”一声，从床上实落落地摔倒在地上。猛然一惊，如一声棒喝把我从幻觉中砸醒。

凡是截过肢的躯干，其残留部位的神经功能还完整存在，这种神经反应总是给大脑一种错觉，总觉着肢体如先前一般健全，这就会使大脑完全按照四肢俱在的习惯去指挥自己的动作，造成心理幻觉与残缺现实的尖锐冲突。这种情况在休养所时已发生过多次，但这一次给我的感觉却尤为悲哀和苦涩。

看来枉有一番信心，其路还不知有多么漫长难行。刚刚涌上心头的那份满怀的豪情和跃跃欲试的激动，一下子降至冰点。眼前的一片灿烂阳光好像也随之暗淡了下去。心急剧坠落，我忍不住要悲苦无望地痛哭一场，可顺着左脸颊淌下来的却不是眼泪，浑浊而黏黄——已成空洞的左眼窝里泪囊已损，只能流出这些失控的浊液了。

想痛快淋漓地哭一场，我也做不到了！

我懊丧、烦躁不已。

第七章　故乡重生

对回家后可能会遇到的困难我原本是有思想准备的，只是在锻炼尚未开始，就莫名其妙地碰上这些意想不到的困难，实在令人沮丧。腿、臂截肢处一阵阵揪心的疼痛。看来创面又被磕得撕裂开来，摔下床时，头拱在了地上，原本就伤痕累累的额头又被擦伤，血顺着脸颊流了下来，闻到这熟悉的血腥，我顿觉惊慌。不为别的，只是怕此刻万一娘或者什么人闯进来，见到我血头血脸的狼狈样，肯定又要为我担忧。慌乱中，我顾不上疼痛了，原地挪挪身子，两只断臂搭上床沿，想攀上床去，找点破布烂草什么的赶快消灭头上的“罪证”。

床是昨晚临时搭起来的。我参军走后，东边这草房就空着。昨晚上老村长和猛子等人把房里的柴火、灰尘大体清理了一下，在靠窗户东墙根简单地垒了四个石垛子，架上一扇门板，张婶从家里抱来了些铺草和被褥，这“床”就成了。考虑到我上下床不便，那床垛垒得不高，凭着我在休养所练就的“功夫”，可以轻松地上下。

我腿臂并用，急抓急攀，可越是着急，胳膊和腿就越不听使唤。接连几次都没能爬上床去。焦躁之下心火顿生，两条臂碴猛压床沿，想借劲翻身上去。但这一下力太猛了，身子尚未离地，整个床板却“忽”地一下翻了过来。我心中猛然一惊，本能地要想躲避，但身体笨拙到连挪动都困难，哪能躲得开？那门板既厚且重，连同铺草、被褥一股脑地劈头砸了下来。

我毫无思想准备，情急中，伸出两臂去遮挡，但随即一阵剧痛传遍全身，失去了知觉……

昏昏沉沉中，我觉着有人在拼命地抓挠着自己。耳旁有哭声似远又近，时而号啕，时而嘤嘤抽泣。我极力地想睁开眼睛，但右眼酸涩而且沉重，像是费了好大一番劲，才有模模糊糊的光亮射进瞳孔，眼前有人影在一个劲地晃动，慢慢地总算能够看清楚了。

有不少人正围在床前，一脸的关切和焦急。床头这儿，坐着娘，她弓着背，脸埋进双手中，随着断断续续的悲泣声，颤巍巍的身体一阵阵抖动。

见我慢慢醒来，站在娘旁边的张婶长舒了一口气，伸手就去摇晃娘的肩膀，声音急切、欣喜：

“四嫂，四嫂，他醒了，彦夫醒了！”

娘快速地扭过身来，抬起头，泪水涟涟地怔怔地盯住了我。

娘多么苍老啊！神智渐清的我，心中顿觉凄苦和伤痛。岁月的磨难在娘的脸上刻下了太多太深的痕迹，仿佛把一家人的悲欢离合都深深地刻在了里面。枯黄的脸庞看不出一点血色，耳鬓、额角的头发灰白而又稀疏，两眼红肿，眼神呆滞而又散乱。我忍不住心中的隐痛，挣扎着想抬起身来，但全身像散了架一般地剧痛，非但挣扎不动，反而疼得我忍不住“嗷嗷”叫出了声。

娘反应比谁都快，呆滞的目光一下子聚满了疼爱和怜惜，飞快地伸手一把抓住了我的胳膊：

“咋着了！咋着了，孩子？”娘的声音急迫而且带着哭腔。“唉！唉……这才回来一霎霎，就……就……唉！你这是回来找罪受呀！……你这是回来干啥呀！别回来，还有人伺候。唉……娘不是不叫你回来，娘这老胳膊老腿的，娘是怕……是怕伺候不了你，这以后、这以后可咋办啊……”

娘悲从心生，转过脸去又嘤嘤哭出了声。

昨晚母子相认后，娘也是悲喜交加。“死”了多年的儿子冷不丁地突然回来了，娘惊吓之后也是喜不自禁。可看见我肉轱辘一截，娘又愁得哭天抹泪，一会儿搂着我亲个没够，一会儿又絮絮叨叨，埋怨我不该回来。我一个劲地争辩，说我能照顾自己，回家来一是可以减轻国家负担，二来可以锻炼自己，争取有点作为。

娘善良、忠厚，对第一条默默地接受了。可对第二条她是说啥也不信。

折腾了一夜，今儿早晨，娘就早早地醒来了。张婶、猛子还有老村长等也都早早来到我家。听听东屋里没啥动静，不忍心叫醒我，想让我多睡一会儿。几个人就在西屋里商量办法，还没等有个谱气，就听东屋里轰然作响，几个人惊得忙不迭赶了过来。见翻塌的床板下压着血头血脸的我，几个人七手八脚一阵忙乱，边喊带叫也不见我醒，娘惊得差点又晕了过去。

刚回家还不到半天，就因自己的不慎弄成这样，更加重了娘和众人对我的担忧。我又悔又急，听娘连哭带怨，我心里也一阵阵难过，昨晚上对娘的一番许诺，都被眼前的现实击得七零八落，我一阵哑然，不知该说些啥了。

猛子朝床前一挤，大大咧咧地开口道：

"嗨！都怪俺有眼无珠，昨晚上还把俺哥当成了……当成了鬼，你可别往心里去啊！彦夫哥，到今儿早晨俺还觉着怪不得劲的……"

"你觉着不得劲了？你还好意思说！"张婶心直口快，昨晚上众人惧神怕鬼的，她心里就有点窝火，一直还没找个茬发泄，见猛子又提这事，就先拿他开了刀：

"你还当民兵连长呢！一个大活人就把你吓得那熊样！真是寒碜人！"

猛子一脸窘迫，宽大的脸膛竟红得像个关公，武武壮壮的身子也开始忸怩不安起来。

老村长朝前挤了一步，接过了话头：

"彦夫大侄子，也怪俺老眼昏花，又来迟了一步。事已至此，俺看就谁也别埋怨了。大侄子你多担待一点，也怪这休养所没有提早打个信来，也好让俺心里有个准备……俺看现在也别计较这事了，眼下最要紧的是商量一下大侄子以后咋办……"

张婶对昨晚的事还耿耿于怀，转了话题也还不依不饶：

"这个好办！你们都怕鬼，俺不怕。俺一个孤老婆子，正缺个儿子给俺送终！只要彦夫侄子不嫌弃，俺来伺候他……"

猛子脸上一阵红、一阵白，这会儿抢过话去，却结结巴巴：

"这事……还是交给俺吧，俺单身……一个，俺和彦夫哥打小就在一块儿，他的脾气……俺也……了解，俺伺候他也……方便，俺有的是力气，俺决定……搬过来和彦夫哥一块住算了！"

"嗯！我看猛子这法行！句句在理！"老村长第一个表态支持。

张婶心里也觉着怪合适，可嘴上还想试试他：

“你说得倒不孬，单身一人！以后你要是娶了媳妇咋办？还能伺候他？”

“俺不娶媳妇就是了！”猛子一脸委屈，扭脸瞅瞅张婶，又不敢多说，急得蹬蹬脚，赌气地回了一句。

张婶“扑哧”一声笑了：“行，行！俺看猛子也比俺合适！四嫂，你看这样行不行？”她收住笑，低头问娘。

娘心细，也最了解儿子的心事，她抬起头，感激地望望众人，又转脸向着儿子，轻声地：“彦夫，你看……”

乡亲们是好心，我心里一阵阵暖流涌遍全身。可我却不能接受这番好意，慌忙摇头：

“张婶、老村长、猛子，我……我不愿意，我来家的目的就是想独自一人锻炼自理。要想有人照顾，在休养所衣来伸手，饭来张口，条件也好多了，我又何必回来拖累大家呢？我自己行！”

我急急地说完，焦灼地望着众人，唯恐谁再提出反对的意见。

一阵沉默。

还是张婶第一个打破了这静寂，她伸手向后拢了拢头发，爱怜地看了我一眼，叹口气，转而坚定地开口道：

“这事咱先不提了，以后再说。大侄子自打昨晚上回来，到现在还没吃一口饭呢！俺看，是不是先这样：俺和四嫂这就去做点吃的，也好给大侄子暖暖身子。猛子去趟刘庄，艳花去走亲戚去了，还不知道她兄弟回来了，猛子去叫回来。这闺女要是知道大侄子回来了，还不知多高兴呢！唉！这几年可多亏了这闺女撑着这个家，她也不易！”

张婶说到这，眼睛一红，忍不住抬起胳膊，用袄袖抹了抹眼泪，继而转脸对着老村长：

“他二叔，俺也给你安排个活，这屋里头还得找人再拾掇拾掇。另外，是不是再打发个人去跟区上说一声，孬好咱这大侄子也是革命功臣，不回来便罢了，回来了，这区上的领导说啥也得来见见面不是？你看行不行？”

张婶风风火火，安排得周全。

老村长也是忠厚、耿直之人，昨晚上，他也在场，但因为胆小，没敢凑前，只是安排猛子在前面探个虚实。张婶不好意思数落他，就一个劲地骂猛子。老村长听了，心里很不是个滋味。其实，身为一村之长，他知道自己应该带头，可他因为过去让“鬼”吓怕了，至今还心有余悸。头几年他被国民党吴化文的部队抓去当向导时，曾在“无人区”里见了“鬼”，那荧荧磷火吓得他大病一场，险些送了命，从此就闻鬼心惊，谈鬼色变。

这会儿见张婶安排细致，他也就爽快地应承了下来，答应抓紧去办。

猛子和老村长先后离开。娘还愣愣地坐在床沿上发呆，对刚才的一切像是充耳未闻。

张婶见状，忍不住叹了一口气，弯腰俯身在娘耳际轻轻喊了声“四嫂”，娘这才一个愣怔惊醒过来，“呵呵”地应着，脸上却是一片茫然。张婶犹豫了一下，又看了我一眼，轻轻拉起娘，走了。

屋子里恢复了平静，我的心中却开始轰响不止：从昨晚以来的亢奋、懊悔、悲苦、沮丧、焦躁等等，乱七八糟的所有感觉一股脑地全涌进了心里。胸膛内像是受到炙烤，灼热并开始膨胀，窒息般憋闷得难受。我想张开喉咙吼几声，想吐出胸中这股翻腾不止的热浪，但努力地张了几张口，却没有一点声息。

受到磕碰，各处伤口好像都有血渗出来，稍稍动动身子，就会引起一阵剧痛，眼睛也胀鼓鼓地又沉又涩。我索性闭上眼睛，僵在床上不再动弹。窗外阳光挤破窗棂直直地射进来，直泻在脸上身上，像一只只轻柔的手，慢慢地抚慰着一颗躁动不止的心，使我温暖而又舒适。

脑子里充塞的太多，使我极其疲惫，不得不强迫自己抓紧时间冷静一下。昨晚以来的一连串变故反正已经发生了，有些早晚也得发生，早发生了反而早利索，泼出去的水也收不回了，既然事已至此就由它去吧。关键问题是眼下该怎么办？

我一边宽慰着自己，一边强迫自己收回心来，考虑一下如何应付

眼前的局面。首先要面对的就是过一会儿的这顿饭。娘和张婶很快就会回来，依她俩的脾气，肯定要坚持给我喂饭，这可是回家后的第一顿饭啊！头一顿饭就让她们喂，以后的自理锻炼也许就会化为泡影。不行，绝不能开这样的头！这顿饭我无论如何也要坚持着自己吃！这也是能否让她们对我今后的生活树立信心的关键。我不断地给自己打着气，谋划着如何争得自己动“手”吃这顿饭的“权利”。

吃的问题先这样应付，但随即一个不可回避而又羞于启口的问题却涌上心头：便解怎么办？对一个重残在床的人来说，吃喝拉撒这些最基本的生活能力，这些正常人往往不会注意到的细枝末节，偏偏就成了重残人时刻萦绕于心而又必须设法逾越的拦路虎。想了一阵子，感到心烦意乱，没想出什么具体的办法。但随即也就释然：这个问题也由它去吧！等到夜深人静，爬到荒僻无人的旷野里，总能想法解决的，问题是以后要注意尽量少吃少喝，尽量减少这个麻烦。

把这些问题考虑了一遭，心里顿觉宽慰了不少，信心又回到了身上。

门“吱扭”一声被推开，果然是娘和张婶送饭来了。娘双手端着一碗荷包蛋，还腾腾冒着热气。娘的脸上已经舒展了不少，看来她早晚也会接受眼前的现实的，毕竟母子之情是任何东西也割舍不开的啊！张婶抱着一摞煎饼，脸上还是笑盈盈的，进门就大呼小叫：

“快，大侄子，这可是你婶刚给你摊的煎饼，还热乎着呢，快趁热吃几个，你可是好几年没捞着吃婶子摊的煎饼了。你别忘了，你小时候蹲在婶子的鏊子边，馋得像个急猴子的模样，嘻嘻……”

张婶的话，让我一阵激动。生活中虽有过很多苦难，但磨灭不了我温馨的回忆。

我有点羞涩，忙欠了欠身。

张婶快速地打量了屋里一下，顺手从地上抄起除了床以外屋里唯一的一件家具——一张破方凳，把我眼前的被褥朝里推了推，把凳子放在床上当饭桌，接过娘手里的碗，放在了“桌”上。煎饼包在一块雨布里，她一边解着，嘴也丝毫不闲着：

“哎，大侄子，还有个好消息来！区上的人回话了，说上级领导下午就来看你，说是还有县上的呢！这下可不得了了，俺大侄子可风光了！哎，四嫂，这回咱张家泉也出了名了，你这当娘的还不高兴？你可是老来得福喽……唉！俺那个……要是……”

张婶的话突然间变得幽幽起来，神色也黯淡了不少。

娘没注意到这些，张婶刚才的兴奋显然是感染了她，昏花的眼睛里有了神采，竟舒心地笑出了声：

“呵……呵……这不都亏了你吗！彦夫啊，你得好好谢谢你张婶，没有你张婶张罗操持，娘都不知道该咋着办……”

笑意很快又回到张婶的脸上，她卷起一个煎饼，就递到我胸前：

“快，快，趁热吃，香着呢！”张婶像哄孩子似的劝道。

一天一夜多没进食，早就感到饥肠辘辘了。刚下鏊子的高粱面煎饼，泛着褐红的光泽，香气扑鼻而来。我眼睛放着光，喉咙来回咕噜着，不假思索地伸出两只臂碴就去接那煎饼。

煎饼掉在了床上。

张婶悔得直拍额头：

“咳！咳！你看俺老糊涂了吧！”她拾起煎饼又卷了卷，回头对娘说：“四嫂，咱俩喂，你喂鸡蛋，俺喂煎饼，得让孩子吃顿饱饭！”

张婶的话一下子提醒了我，我赶忙缩回断臂，连连摇头：

“婶子，娘，你们别喂，我……我自己吃！”

娘早端起了碗，一边用筷子翻弄着鸡蛋，一边佯装生气地责备：

“你这孩子，犟脾气也不分个好歹，没有手咋着吃饭？”

“娘，您听我说，我都长这么大了，怎么还能再让您喂饭呢！”我急忙争辩，还暗自为自己早有思想准备而庆幸。

“哟，你看你这个孩子，”张婶有些生气地说，“噢，当了英雄就眼生了，你小时候还吃过婶子的奶呢！现在喂口饭又咋的啦？”

“不是，不是，婶子，我不是那意思……您老别烦气，您听我说。”由于着急，左嘴角又开始抽搐，话也说得不利索了。

“我回家来……就是想着锻炼锻炼……自己，也包括学会吃……

饭，我总不能光……当个废人，您说是吧……婶子！”

张婶和娘坚持着要喂我饭，实在是出于怜悯和焦急，她们不仅没见过这等重残，而且也从没听说过。她们根本不能想象，像我这种情况一旦离了别人的照顾还能不能活下去。不过，我的倔强脾气她们从小就知道，认准了的事谁也劝阻不住，说服不了。见我说的也有点道理，娘和张婶也没再坚持，把碗和煎饼又放回凳上，期待地望着我，她们要看着我吃下这顿饭！

我顿感惶恐不安和左右为难。这顿饭看来不吃是不行，可要自己人模人样地吃，我还没那个本事；猪拱食似的狼狈样，是绝不能让婶子和娘看见的，也不能让任何人看到！

这也不单单是自卑和惧怕被人取笑的心理在作祟。伤残后，我就一直不愿让别人因我而惊讶，为我而担忧。伤前，我性格开朗外向，爱说爱笑，伤后，变得郁闷、寡言，那也是因为伤情所迫。但我也是尽最大努力保持一个健全人的形态和思想，在任何场所，我都不卸假腿，不摘帽子，不摘墨镜；就是吃饭、穿衣这些基本生活的事情，我也极想独自一人“秘密”进行。过程艰难也罢，狼狈也罢，只要有个正常的结果，我也就心满意足了。

我正想找个借口把娘和张婶支走，门又被突然推开，随后走进了两个人。男的是猛子；女的，我打量了一眼，不认识。

娘和张婶情绪有点激动，把吓得直往后缩的年轻妇女推到床前。娘声音有些发颤：

“彦夫，彦夫你看看，这是谁，你仔细看看……”

娘的激动让我心中一惊，猛然一个闪念：莫非是姐姐？猛子不就是去刘庄叫姐姐去了吗？肯定是她！

我心头一喜，极力地想撑起身子，瞪起右眼急切地上下打量，想尽快搜索出一点我记忆中熟悉的模样。

张婶早急不可耐了，兴奋地冲我嚷着：

“这是你姐呀！这是艳花。艳花，你快看看你弟弟，还像不像，你这闺女，你倒退个啥……”

第七章 故乡重生

果然是姐姐！我十岁时就被卖掉的姐姐！

姐姐一脸惊恐，怯生生地只往后退，她怎么也不敢相信眼前这个面目全非的“肉轱辘”，就是当年那个生龙活虎的弟弟。

姐姐穿一件碎花的大襟袄，头发有些凌乱，灰白的脸上有一种和年龄极不相称的苍老，额头上渗着一层细汗珠，想必是一路跑着从刘庄赶回来的。

我越看越觉着亲切，仿佛就是我幼年时那个善良而又刚强的姐姐站在近前，一股久违的亲情从心底升起，我深情地喊了声：

“姐，我是彦夫啊！”

姐呆愣着没有回音，但我清楚地看见有晶莹的泪水慢慢充满了她的眼眶，随即从眼角渐渐流了下来。

娘和张婶都低着头，没有说话。

我还在热切地望着姐姐。

忽然，她“哇”的一声哭出了声，人也一步跨了过来，伸手就抓住了我的胳膊，声音颤抖着：

“你……你真是……彦夫，你还活着？你……你咋成这样？”

姐突然又松开手，捂住了脸，身子一下子扑倒在床上，大声痛哭了起来，声音拉得老长：

“你咋……咋……不来个信哟，俺和娘……都……”

张婶抬起头，伸手抹了一把眼睛，又劝娘，又劝姐：

“好了，行了，四嫂，闺女，都别哭了。彦夫回来是大喜事，咱高兴还来不及呢，还哭个啥！”

她俯身拍拍姐姐肩膀，把姐扯了起来，随即对站在身后呆痴痴的猛子吩咐道：

“你快点劝劝你彦夫哥吧，他不让喂饭，自个又不吃，俺和你四婶子都快急死了……”

猛子这才朝前挤了一步，站定，看我一眼，又抹一把汗，却是一脸委屈：

“累得俺够呛不说，还硬说俺巴瞎话！不信！不信还跑得比俺还

快……”

猛子这一番嘟嘟囔囔，简直就是一种转化剂，让原本悲凄的气氛一下子来了个180度的大转弯。张婶第一个忍俊不禁，“扑哧”笑出了声，娘和姐姐眼里一直噙着泪，此刻也忍不住都“咯咯”笑了起来，满屋愁云顷刻间被猛子无意中一扫而光。

我的情绪也受到了强烈感染，这毕竟是一次难得的团圆，这毕竟是苦难岁月中难得的笑声啊！我也想痛痛快快、舒心地大笑一番，可嘴角肌肉痉挛成一团肉蛋，咧开嘴，也只发出了并不响亮的“呵呵”声。

猛子如坠云里雾里，不知几个人为啥神经质般地哭笑无常，他傻呵呵地看我几眼，又满腹狐疑地望望其他人，也不知该劝我些啥了，嗫嚅着，脸部有些涨红了。

大家见状，笑得更加响亮。

笑够了，众人的注意力才又重新集中到了荷包蛋和煎饼上。猛子和姐都争着要喂我，我一一拒绝，并执拗地坚持说等大家走后我才吃。众人见规劝无效，无奈地带上门走了。

肚子早饿得不行了。我立即开始行动，第一个目标是那摞煎饼。我四肢仆床，爬到方凳边，两只臂碴触扶着凳沿，身子挪动着坐起来，然后一只臂碴摁住煎饼，低头张嘴就去撕咬，那模样跟狗撕食无二。啃了几口，嘴部神经被煎饼戳得生疼，嗓子里也干涩而难咽，我只得放弃煎饼，转脸去对付那碗荷包蛋。用嘴轻触了一下碗沿，不冷不热的，正合吃了。我急忙伸出两只断臂捧住碗，张嘴咬住碗沿，猛吸了两口，还没等砸摸出滋味来，两只断臂就一阵剧痛，神经麻痹而抽搐，不由自主地一松，那碗一下子失去平衡，朝着鼻子、眼睛就扣翻了过来，从床上又滚落到地下，摔得粉碎，汤洒得脸上、床上、凳上到处都是。

心中沮丧万分，一股焦躁之气从腹中生成，刹那间充塞得整个胸膛胀鼓鼓的。想闭上眼睛歇一会儿，但眼睛也开始阵阵作痛，干巴巴、涩糊糊的，闭也不是，不闭也不是，说不出的难受……

第七章　故乡重生

红崮山山坳里的最后一抹积雪，最终也没能经受得住和风的扑打，仿佛在一夜之间就消失得无影无踪，一片油油的旺盛的青绿，像一件巨大的衣衫，悄悄地披在山上。

山坡上，溪流边，各种花儿、草儿像是再也受不了地底下的烘热，争相拱出了地面，迎着煦煦的风，惬意地舒展开身体，呼呼地向上蹿高。九曲河水把最后一块坚冰吸纳进自己的怀抱，僵硬了一个冬天的身躯终于挣脱了禁锢活转过来，重新拥着朵朵蹦跳的浪花，欢快地向着东方“淙淙”地奔去。

1955 年的春天，迈着姗姗的脚步，终于来到了张家泉村。

回家来已经快四个月了。

多么美好的春天！可它好像离我有些遥远，我依旧在自己有意无意间构筑起的小天地里挣扎着、煎熬着，连一个好的心情都没有。

自理锻炼计划的实施，遭到的是完全的失败。

百十天里，除了白白摔碎了几十个碗盘之外，自理吃喝毫无进展；装卸假腿也连遭惨败。我这才发现两只断臂已经笨拙到自己想象不出的程度。而且由于不间断地擦伤、摔伤和挣裂，又因缺医少药，四肢截肢创面均有溃烂化脓的危险。再加上进食量少得可怜，身体极其虚弱。

但好在还有一点聊以自慰的收获，那是在排便方面。自己苦思冥想，设计出一种专用高凳，猛子找来村里的木匠，几经拼装、试验，终告成功。用这个工具解便，虽然笨拙、烦琐，但毕竟摆脱了要人护理的难堪。这点胜利我看得很重，也给我增添了不小的信心。

我把自己全部的抚恤金——每月 36 元钱，一个子不少地全交给母亲，由她统筹整个生活开支。娘已经是五十多岁的人了，体弱又多病，可她更心疼儿子，每天颠着小脚给我送水送饭，一早一晚还要过来给我装腿、穿衣。

每次端来饭菜，娘总是强要喂我。从我的第一顿饭之后，娘就知道我根本不能自理，但每次我都执拗不从，她唉声叹气却又无可奈

何。张婶、猛子和邻里乡亲不时地送来些煎饼、糊糊、面条、鸡蛋，但只见送，却不见我吃，堆在桌子上、床上、方凳上，有的已经风干了，有的变质腐败了，有的翻倒在床底下，娘每每看到这些饭菜不见少，就心急火燎地唠叨：

“彦夫啊，人是铁饭是钢，一顿不吃饿得慌，你天天不吃不喝的，当神仙啊？”我也总是含混地哄骗她：“你咋知道我没吃？这么多人都往这送，我也吃不过来，都吃上，还不得撑死？”娘也只好无奈地抹抹眼泪，欲言又止。

我知道娘想说啥。这一段时间以来，娘见我日渐消瘦、病痛交加，也曾含混地提醒我不如趁早回休养所算了；只是这又太违她的心愿，失而复得的儿子，她唯恐什么人再把我夺走。儿子是她的精神支柱，是她的寄托，她本来是极不情愿让我再离开她，却又不忍心看着我遭受这份折磨。

娘无所适从。

这天又逢大集，娘照例挎上个篮子，出门赶集去了。自从我回家之后，每次集娘都落不下，不嫌累不嫌烦地一次次买回些我爱吃的东西。

娘每次去赶集以后，都是我大练自理功夫的绝佳时机。平日里总担心娘会冷不丁地推门进来，因此放不开手脚，铺不开身子，总觉有拘束，不能全身心地投入锻炼。

娘这一走，我顿时又来了劲。她得下半晌才回来，这近一整天的时间里，我又可以无拘无束地大练一场了。

首先，我得用嘴将锻炼用的所有“道具”重新规划安排。我挪动着在床上先爬起身来，然后挪到床边，面朝里，背朝外，慢慢往床下溜，先让双膝触到床前的石板上，然后就地一滚到了地上。再跪起身来，双膝并行，把碗盘、汤勺、叉子、咸菜碟、几张煎饼、几块豆腐干、还有假肢上的皮带、准备捆勺吃饭的松紧带、用以代臂的木筒子，分成三份，然后“运送”到位：床上一摊、地上一摊、桌子上一摊。以适应采用立、趴、卧三种吃饭姿势的需要。

我想通过对几种形式的揣摸，找出一种最适合我的进餐方案。

餐具的搬运，困难重重。

双膝跪行，蠕挪往返，膝磕常被硌破，加上时不时地神经抽搐，行走极其艰难。无奈中，就再加上两上肢——双臂着地，来回爬行。取放碗勺和食物，只能靠嘴和牙齿，然而植皮后的面部神经痉挛无常，嘴和牙齿也变得迟钝麻木，啃咬住的碗碟一不留意就掉到地上，摔个稀巴烂。每当这时，双臂又总是下意识地伸出去接捧，结果常常因身体失去平衡而跌倒在地上，摔得鼻青脸肿。

“扑棱棱”！忽然，一只白肚黑裙的燕子从窗棂钻进屋，飞上了房梁，房梁上一窝乳燕顿时叽叽喳喳起来，争着吵着，谁都想先吞下妈妈口中的食物。燕子妈妈看了一圈大张着的黄色的小嘴，然后把食物准确地投进其中一个乳燕的口中，其他乳燕无奈地委顿下来，渐渐没了声息，盼着妈妈下次归来时能轮到自己……

我仰脸望望这一窝幼小的生命，心里竟百感交集。乳燕张嘴待喂，是因为它们太小，还没有自己觅食的能力，我可不能跟它们比，一个大活人，要是再学不会吃饭，岂不让这些小生灵们也看轻了！我一阵窘迫和汗颜，赶紧低头又投入锻炼。

我趴在床上，活像个四蹄动物一般，嘴咬住煎饼上头，膝盖压住煎饼的下头，撕下一口咽下去，膝盖再把煎饼向上蹿蹿，再吃一口，再蹿蹿，吃到末了，再也咬不到的时候，就将四肢一松，实落落地趴在床上，嘴衔起最后一口，发狠样地吞将下去。

练习吃碗里的饭，难度更大。

我先把上身尽量伸展一些，稳稳心神，然后弯腰低头，用嘴咬住碗沿，伸脖子抬头，将碗平缓地叼起来，两只断臂也得跟着慢慢地举起来，把碗拢住。然后嘴唇左右摆动，吹口琴般吸吮碗里的汤汁。

困难接踵而至。

因为在吸咽进一口之后，嘴必须马上将碗沿再次紧紧咬住，否则，碗会摔到地上。两只残臂只有掌握平衡的作用，而丝毫没有固定能力。这般急促仓皇的吸食，基本上没有咀嚼的时间，只有一个劲地

快速吞咽。精力还得高度集中，稍一分神就会狼狈不堪。并且，这一连串动作还都是在强忍断臂创面神经疼痛的情况下完成的。

一顿饭终于“吃完了”。我全身大汗淋漓，气喘吁吁，疲惫不堪。时间容不得我过多地休息，我必须抓紧考虑下一顿饭的“吃法”，并立即付诸行动。

我感到难度最大的，还是抱勺吃饭。

两只断臂活像两根僵硬的木棍，刚刚夹起勺子，就不知不觉地“当啷”一声滑掉。掉在床上还好说，用嘴叼起来就是。要是掉在地上，那可就麻烦大了，得三番五次地滑到地上去捡。有时掌握得好一点，勺子总算没有中途掉落，可经过抱臂运作、伸臂舀饭、举臂运饭等几个动作后，好不容易凑近嘴边的勺子里，饭已经洒得所剩无几了。

此法不行，我又改用两个木筒子套在臂上，以减缓勺子和皮肤的摩擦而引起的神经抽搐。但木筒子又滑又硬，根本夹不住勺子，而且套上筒子的残臂，连弯也打不过来，“残废”得更严重了。

那就再用皮带和松紧带试试看。但无论如何挣扎、努力，皮带也扣不到胳膊上，既扣不上扣，也插不上勺。

再用松紧带。连拽带拉一番，松紧带倒是套上了，可勺子插在它和皮肉之间，晃晃悠悠难以稳定，费劲地舀上一勺饭，还不到嘴边就洒个精光。而且时间稍长一点，就磨得断臂充血、麻木，这种方法也只得放弃。

下半晌的时候，我只好停止练习，抓紧“清扫战场”，消除痕迹，防备娘的疑虑。

不多会儿，娘果然笑呵呵地推门进来了，手里捧着个大碗，一进门就喊开了：

“彦夫，饿坏了吧！娘老胳膊老腿的走得慢，肯定又饿着你了，你快看看，娘给你买啥来了！”

我赶忙装模作样地从床上爬起来，探头一看，不禁喜上眉梢：“哎咳，杂面！半辈子没捞着吃了，您还记得我爱吃这个？”

“你这孩子，当娘的啥也忘不了，你先别急，俺给你冷冷再吃。”娘一边喜滋滋地埋怨我几句，一边鼓起干瘪的嘴，“扑扑”地吹着，筷子在碗里反复地搅着。

凉了一会儿，娘不放心地说：“这回说啥俺也得喂你，这么热非烫着你不行！”

我一听就急：“娘，你快放下吧，天天都是我自己吃，这回怎么又要喂呢？您喂，我就不吃！”

“你吃！你吃你能吃多少？你看看你瘦得这个样，一个集的空就砸十来个碗，今天赶集俺也忘了买碗，你再砸碎这个，咱就没法吃饭了！”娘板起脸，有点生气了。

我仗着有上午的练习成果，估计吃掉这碗杂面难度不大，就赶紧笑着哄娘：

“俺保证一滴不洒，全吃到肚子里，不信你待会儿回来检查，您也快回去吃饭，您不走，俺还是不吃！”

娘见我扎煞着臂碴，倔拗的模样，嘱咐几句后，就无奈地走了。

娘刚走不一会儿，我就迫不及待地快速接近目标，杂面对我的诱惑力毕竟是太大了。按照练习好的动作和程序，我俯身张嘴就咬住碗沿，刚想猛吸一口时，由于贪吃心切，触扶桌边的右臂突然滑了一下，身体失去重心猛向右倾，那碗还咬在嘴里就跟着翻扣了过来——连人带碗全砸在了地上。

娘推门就冲了进来。

原来她并没走，一直站在门外静听屋里的动静。几个月来，娘见我日渐消瘦和虚弱，既心疼又担忧，心总是吊吊着，一直放不下，可也想不出什么好办法能让我多吃下一点饭去。

正当她在门外忧心忡忡，不知该走还是该继续听下去时，屋里“哐当”一声，她心惊肉跳，一步就闯进门来。

见我四仰八叉地躺在地上，杂面洒了一头一身，娘大惊失色，慌忙奔过来在我身上头上拨拉不迭，心急火燎地连问我烫着了没有。

我想赶紧爬起来，但胳膊疼得我直抽凉气，使不上一点劲，血渗

出了袖口。

我为自己的不慎而懊恼不已，匆忙间想遮掩血迹，唯恐让娘发现，可娘早就看到了。

娘把我扶到床上，自己却一下子瘫坐在地下，长吁短叹，一双失神的眼睛怔怔地望着地上的一摊杂面，好半天没有说话。

我的心悬了起来，我已经隐约地预感到，这回娘也许会真的赶我走了。

看来我真的必须走了。离开了休养所，我也许真的无法生存下去，还奢想学会自理，分明是一种莽莽撞撞的心血来潮，是痴人说梦般的可笑和可悲！

我实在不愿接受这个现实。可回家来的一连串失败，又明白无误地逼迫我必须作出这种抉择。虽然自己心比天高，可事实却更加残酷无情，不可辩驳。拖累了母亲，拖累了乡亲，像一粒不安分的石子搅乱了一汪静水，我也像是一个多余的人却硬要挤进人群，搅乱了母亲和众乡亲平静的生活。四个月来，自己跌跌撞撞，苦撑苦熬，最后落得个伤痛交加，狼狈不堪！

自己曾经向往不已的一幅自强不息的蓝图，正在一寸寸失去色彩，变得黯然无光而又遥遥无际，仿佛不再是一个美好的梦想，而变成了一张宽无边沿的大网、一片黑洞洞的泥淖、一个狰狞恐怖的幽灵，仿佛我再跨出哪怕是一步，就会被蚕食、淹没和吞噬。

在这副残躯面前，在理想与现实的碰撞中，我尝到了孤独无助和悲苦绝望的滋味。

这犹如一名战士，未曾上得战场就丢盔弃甲，一弹未发就束手就擒！

多么残酷的现实啊！

难道我真的残到了最高的极限，真的变成了残而无用的废物，像一具行尸走肉般空耗光阴，像寄生虫般地苟延残喘？

屋外起风了，屋顶窗棂都跟着“刷刷”作响。天色渐渐暗淡了下来，一阵急雨在黑暗中骤然而至。

风声雨声扑打、撕扯得一颗痛楚的心在滴滴流血。我痛苦地闭上唯一的一只眼睛，但嘴角仍在急剧不停地抽搐，声音低得好像只有自己才听得见：

“娘，你甭担心了，我……我走！”

娘突然间放声悲哭，凄楚和酸痛都融进了无边无际的雨夜……

大概已经是第十天了吧，昏暗中，我已经渐失时间的观念。白天，虽然隔着窗帘，也能透进些许光线，但暗淡得若有若无，在黑暗中看惯了的眼睛，反而对黑夜更适应些，看得也更清楚些。

看来能适应环境的东西，总会生存下去。

我突然想到，假若某一天，世界没有了光明，天地间一片混沌，人类是不是也会像适应光明一样慢慢适应黑暗，会不会因为黑暗而遭受灭顶之灾？

这种念头居然给了我巨大的震动和启发。失去光明和躯体残失，也不应该有什么质的区别吧，同样都是失去一种生存的基本条件。既然前者能够适应并生存下去，那么后者在失去这种基本条件后，也肯定能挖掘出生命的潜能，以潜能弥补不足，只是常人在条件完备的情况下不会想到、更不曾去挖掘这份潜在的能量罢了。

这样说来，我应该是还有一份能量，只是它深深地沉睡在身体的某一个地方，主人忽视了它，冷淡了它，甚至根本没拿它当回事。而一般的代价和努力又是唤不醒它的。

超重残的现实终于让我大彻大悟：要想重新赢得生存的能力，就必须用空前残酷的折磨、万分的努力，甚至是整个生命的代价，方能唤醒并充分挖掘出这份生命的力量！而这一切又必须在一种常人难以想象、难以忍受、难以做到的境地中去完成。

从我藏匿并独居的那一刻开始，我想我已经进入了这种境地。

自从我答应娘要离开家返回休养所之后，我苦思冥想几天。让我再回去受人一把尿一把屎、一口水一口饭地伺候，我是宁死也不愿意的了。在母亲与休养所两者夹逼下，我进退两难。即使强留在家中，如果不躲开众人尤其是娘的同情、怜悯、帮助，我将永远也实现不了自理的梦想。要想自理，首先是肯定不能再回休养所，而必须留在家中，才有锻炼的机会。要想争取机会，又必须躲开众人，那只有一个办法——隐藏起来过独居生活，自由自在地刻苦磨炼！

于是我就制造了一个回休养所的假象。十天来的情况表明：我终于躲开了娘和所有的乡亲。

那天半夜，一切准备工作就绪后，我爬出屋门，冲娘住的房里大喊大叫了几声：

“娘，休养所来人接我了，我走了，您甭起来了，过两年我再回来看您……”

然后，我快速爬回屋里，爬进早就收拾得当的墙旮旯里，屏声静气地藏了起来。

娘不放心，很快从屋里跑了出来，脚步声追出了院门外，但很快又折了回来，推门进屋，屋里黑洞洞的，啥也看不清。娘嘟哝着：“咋说走就走没影了呢？也不跟娘说句话，唉，这个苦命的孩子……”一边抖抖索索从腰间摸出火柴，擦着后，就着微弱的光亮打量了一下，吃喝用具果然都带走了，堆在桌上的一大堆饭菜也带走了，被褥还在，娘伸手摸摸床铺，黯然神伤，苍老的脸上早有凄楚的泪水流下。

我透过满屋子的杂物，在黑暗中大气不敢出，心里不知该喜还是该悲。

娘一连擦了好几根火柴，终于慢吞吞地伸手拿起桌上的门锁，步履沉重地走出门去，关门，上锁……

之后的十多天里，娘坚信无疑，我确已返回了休养所。她一阵欣慰又一阵悲苦，欣慰的是我终能平安地生活下去了，悲苦的是自己亲手把失而复回的儿子赶出了家门。娘逢人就讲，逢人就哭。老村长、猛子、张婶及所有乡亲人人都唏嘘不止。

十天多的时间里，我已经从最初“计谋”得逞的窃喜中渐渐冷静了下来。

第七章　故乡重生

如果说最初我决定要在这条路上闯一闯时，还并不知道这条路上将会有多少艰难荆棘的话，那么十天当中的一次次失败和挫折也终能让我明白过来，这条道根本就不知有没有尽头，前途未卜，生死未卜。我陷入的也许是一种重生前扒皮抽筋般煎熬的境地，最后终能凤凰涅槃；也许是一个垂死前枉费心机也挣扎不出的坟墓，最后将彻底葬身黑暗。

我不知道结局。

生与死的抉择又一次摆在了我的面前。我好像终生都是在生与死的门槛上挣扎和徘徊。

而每一次我都强烈地渴望着生。人的躯体可以残缺，人的生命可以终结，但一个人的精神和信念必须是完整的、永生不死的。不管是在枪林弹雨里，还是在这尊残缺的病躯面前，我都始终没有泯灭对胜利的渴望，虽然苦闷和彷徨常常袭扰着我，虽然失败的艰涩让我难以吞咽，但我知道，为了胜利，总要付出代价。就像是为了我梦想的重生一样，我已经付出并且不知还将付出多少艰辛的代价。但只要是信念不死，哪怕只有万分之一的希望，我也应该全身心地去争取。

一个人的生命和精神在永不停歇的奋争的历程中，是永远也不会死的。

十天来，我第一次领略了自致残以后难得的无拘无束的自由。在这个自由天地里，我再也不必偷偷摸摸、遮遮掩掩，再也不必装模作样、避东躲西。尽可以放松自己，安安稳稳、心平气和地锻炼自理的本领。

这使我很兴奋，简直有跳跃或唱歌的欲望。这种兴奋，在一定程度上冲淡了失败带给我的苦涩。

失败接连不断。可以说，甚至还看不出多少胜利的曙光。

吃饭一关依旧进展缓慢。双臂日渐胀痛，而且创面神经抽搐的频率也明显地比十天前加快，这些都给抱勺舀饭带来了重重困难。但历经多次失败，我也渐渐揣摸出了一点窍门——那就是除了磨炼之外，还可以在勺子上做点文章：勺柄必须加长、加宽，这样既可以增加两

臂夹抱的牢固性，还能缩短运送距离，减缓弯腰低头的幅度，增加平衡性。

穿解衣裤的锻炼已经略有收获，只是解扣、系扣还难以做到，对解决这个难题，我信心十足。大不了以后衣裤特制，免去解系带扣的麻烦。

装卸假肢尚未开练。我想首先突破吃饭难关，然后再集中精力对付这个“拦路虎”。

藏匿时收集到的那堆煎饼、豆腐干等食物早就吃完了，可短时间里还不会饿死——我发现北墙根的麦秸笼子里有半笼子发了霉的地瓜干，旁边的泥罐里居然也有半罐子水！甭管脏净了，总能充饥解渴，比之朝鲜战场上的棉被套，它简直可以称得上美味了。我给自己定了量——每天两口水、三块地瓜干，支撑个把月不会有什么问题。我有着极强的忍饥能力，这大概是战争留给我的一点“特异功能”吧！

我信心百倍地又开始了锻炼……

往返于床—地—桌的次数在不断增加，体力消耗也在加大。食物和水的严重不足，更加重了身体的虚弱。我开始出现间歇性的腹烧和头晕。仅存的右眼，视力也开始模糊了。

困顿中，我爬上床，想闭上眼睛休息一会儿。恍惚中，无意间瞥见墙上挂着的军用水壶在晃动。我疑惑不解，忙凑近去看，这才发现是水壶旁边有个小东西正在墙壁上蠕动，我心里一宽，也顿时来了兴致，长时间囚徒般独居在黑暗之中，见到每一个小生命，我都倍感亲切和温馨。

那是一只蜗牛！

我的脸几乎要贴到墙上了。蜗牛蠕动的速度极其缓慢，分不清头尾，只见椭圆形的躯壳在沿墙攀升。

这没脚没爪的生灵，怎么会行走自如？而且还始终驮负着巨大而笨重的甲壳！

我看得有些痴呆，从心中叹服这万类生灵中的弱族，这个弱小而无助的生命，既然能在自然界中顽强地生存下去，那么当然也就有它生存的本领。这种本领是它在与自然、与天敌、与万物的竞争、搏杀中磨炼出来的。

适应的，总能存在。

对这点，我更加深信不疑。

蜗牛终于爬进一道墙缝，悄无声息地隐去了。

我颇感惋惜和留恋，还在愣愣地望着那墙出神。

一只小小蜗牛的出现，让我顿觉不再孤单。它的顽强和执着，它的生命和生存，又让我欣喜和震动。但心里翻腾不止的，还是羞愧：同样没手没脚，我又做到了什么？难道我真的还不如一只没有思维的小小动物？

不！没有退路！没有可以松懈的理由，我还得练下去，我必须学会自己生存！

艰难的求生之路，还在一天天延伸着。

只有两样东西——食物和水的消耗，让我感到时间的威胁。麦笼子里的地瓜干再也够不到了。而泥罐里的水，如果不把泥罐扳倒，趴到罐口吸吮，也休想喝到半滴。

装地瓜干的笼子在靠墙的一块一尺多高的石板上放着，我爬到笼子跟前，跪立起来，低头咬住笼子边沿，用力猛拽，一连几次，笼子终于翻倒在地，我慢慢趴下身，用头拱起笼子并用劲拱到一边，两只断臂在翻倒出来的破布、烂草中一阵拨拉。

地瓜干确实不多了，我不敢多吃，依旧啃完三块后，咂巴几下嘴，恋恋不舍地返回“训练场”。

几天以后，粮水双断的危机感再次罩上心头。虽然看不见、摸不到，但掂一掂泥罐的轻重，已经不难判断：水，已经剩下不多了。

磨炼速度必须进一步加快！在最短的时间内，力争取得最显著的进步！全面成果争取不到的话，就必须做到单项突破，捧碗或勺舀，要分开练习，仔细揣摸要领，并一项一项牢记在心，以便日后在众人面前，能做到得心应手，运用自如，给大家一份惊喜。

差不多 30 天过去了。

如果说在生活自理的锻炼中终有所获的话，我觉着主要的还不在已渐渐熟练的吃饭本领上，倒是双臂疼痛的减退让我大喜过望。截肢创面几经磨砺已变得糙硬，触物、夹、抱时的神经疼痛大为减轻。如果继续加大摩擦力度，臂碴终能坚韧而且灵活起来，这必将为我以后的生活提供极大的便利。

但练到这份儿上，也有损失——三个碗、三个碟全部摔碎了，“道具”已告报销，吃饭练习至此也不得不告一段落了。

接下来要抓紧练习装卸假肢。

衬布、腿套、绑带及假腿的全套配件都是现成的。在休养所时，从缠绑组装及至拆卸，都是护士小郭一手包办，容不得我自己尝试。来家后，又都是娘和张婶、猛子他们帮忙，自己从未亲手装卸过。

我立即投入了这场战斗。

坐在床上，先躬下身子用嘴或臂探摸一下各种配件的距离或位置，因为光线暗、视力弱，只能用触觉来弥补视觉的不足。

昏暗中，我按照先后顺序，先将衬布咬过来，搭在膝上，左臂压住一头，右臂开始绕膝下腿碴一圈圈缠裹。可顾此失彼，每当缠完衬布，再伸嘴去取绑带时，必须用双臂支撑住俯下的身躯，否则整个身子就会失去平衡，但已经缠好的衬布一旦失去臂的压力，马上就会自行脱落下来。

换一个方式——用嘴固定衬布，伸胳膊去取绑带，仍然不行。没有手指头的半截断臂，如同一根僵直的木棍，单肢独臂根本拿不起东西。用双肢去夹抱绑带，同样会因臂短而使身体、特别是双腿失衡落地，嘴压衬布挪位而造成其松动脱落。

没有更好的办法了！只能从头再来，只能再练，由生到熟，由拙到巧！

单是缠衬布这一道工序，就折腾了几百遍，在我身疲力乏的时候，腿与衬布终于像是有了某种胶合作用，臂夹绑带和嘴压衬布能够较熟练地配合了。

接下去，就是在衬布上面再加缠绑带。这一道工序，难度更大，因为一副绑带长约六七米，缠起来费时费力。

我用嘴叼住绑带，递给摁住衬布的双臂，压到腿上后，嘴再次俯下去，压住一头，双臂夹抱着绑带，一圈圈缠绕起来。往往是刚缠上一圈，因两只断臂僵直又缺乏知觉，一不留神，那绑带就掉到地上，那就得下床捡起重绑。这时还得防止已经缠好的衬布脱落。所以上下床、俯身叼绑带更是难上加难。

特别是已经缠好的绑带，其状圆如皮球，两臂极难夹抱。一旦散落地上，就完全抖搂成一条长长的带子，必须从头到尾重新卷起来。嘴必须随时校正绑带的位置，一旦卷偏了，就会形成皱折，难以捆绑；双臂则是掌管全盘的主力，既要防落防偏，又得压实卷紧。卷得太松，臃肿不堪，也根本伸不进腿套里，等于前功尽弃。

没脚没手之人，时时处处都有常人难以想象的困难。往往是常人不经意的一点点动作，对我而言，竟是想象不到的笨拙和艰难。装假肢的工序练到这里，我已经心烦意乱，想不到别人几分钟内就能轻巧完成的工作，对我则像一座大山一样，难以跨越。

捆上绑带，算是完成了整个工序中最艰巨的一道。

接下来就得装腿套。这一项最容易。全部用嘴来完成：嘴扯起腿套，尽量地扬起，然后翘起一条腿，努力而且必须准确地伸进去，进而嘴死劲撑，腿拼命蹬，直至蹬实、到底。另一条腿如法炮制。

再往下，就该装假腿了，这是最后一道工序了，全部工程竣工就在眼前！

我抑制一下自己的兴奋，尽量让自己平静下来，以免因过分激动而破坏了前面费尽九牛二虎之力换来的“成果”。嘴拖过假腿来，放正位置，断肢一一伸进去。

困难就在我最兴奋的时候，冷不丁地又冒了出来：皮带扣锁不上！

用臂锁扣？两截断臂木桩样地笨拙，根本不可能；用嘴？俯身过低，会立马翻倒在地！

这可咋办？眼看到手的胜利岂能让它化为泡影？

我端详了一会儿。干脆又把两条断腿从假肢中抽出来，用牙咬紧假腿带子，一一提到床上来，脚面朝上用被子固定住。然后仰面朝天躺下身体，两条断腿高高抬起来，重新伸进假腿内，猛蹬猛压，一面蹬压，一面暗笑自己的蠢笨：刚才已伸进了假腿内，慢慢挪到床上来，然后仰面躺下不就得了！

仰面朝天的目的，是为了扣锁的方便，避免俯身可能带来的翻倒。

我高举着双腿，先把包在大腿上的固定皮卡反复校正扣妥后，开始用臂穿插环扣。那短而粗笨僵硬的臂碴夹抱着长长的皮带，就像盲人手持丝线向针孔里穿引一般，艰难而无望！

把环卡立起来，可伸过来的皮带头一碰就倒。臂穿行不通，还是改用嘴穿：先将环卡竖起来，再将皮带头用牙咬着轻轻地拉到环卡跟前，在调到可以用舌尖从环卡另一边舔拉过去时，就调转位置，舌尖慢慢地伸进卡孔中，去舔皮带。只可惜舌头毕竟不是磁石，那皮带更不是铁板，一次次都不能成功。

我练得简直就有些气馁了。常人随手即成的一个小小动作，居然让我汗流浃背、狼狈不堪！

这种时候，我多么期盼着自己能有一双灵巧的双手啊！

人只有在失去某种东西的时候，才会感觉到它的珍贵。只是常人往往会忽视这一点。一切都是顺其自然，没有谁放着十根手指头不用，而去用胳膊肘子夹拿针线；也没有谁放着两脚不用，而硬要用膝盖去涉水爬山。常人中恐怕极少有人想象过一旦失去手脚后该如何是好，极少会有人整天念念不忘手脚带给自己的便利。

这就是习惯。

我整天整夜地都重复着这个动作，一遍遍地揣摩练习着。终于，靠臂连搓加压着皮带，舌尖终于能舔住它了，牙终于能咬住它了，竭力地拉过来，皮带终于扣上了！

现在，我可以下地走路了。

我急切地取过拐杖，夹到腋下，两腿用力一撑，人站了起来！

这时，我忍不住要大笑一声，什么困难不能克服？什么堡垒不能攻破？关键在于毅力和恒心！我为自己能挖掘出体内无穷无尽的潜能而兴奋、自豪不已。

开始走路！

我迈开左腿，像一位出征的战士，庄严而豪迈地跨出了第一步。

但突然间一阵眩晕袭来，脑子里开始嗡嗡鸣响，头沉得像是再也抬不起来，两腿却轻飘飘的像是浮在半空，眼睛里亮闪闪地冒起了金星。我心中刚刚一惊，就“哐当”一声，重重地摔倒在地上。

悠悠转醒后，头依然晕胀胀的，全身飘忽忽地似有若无，唯有两只胳膊的阵阵剧痛真实清晰地传送给大脑。一只假腿被扭折后，压在了身子底下，另一只还挂在腿上，但已经脱落了，两拐摔出去老远。

腿装得牢靠而无误。但是接连几天的断食，已让我腹内空空，疲劳和饥饿引起全身虚脱，在胜利触手可及的时刻，我却要命丧黄泉了！

我不顾一切地向北墙根爬去，地瓜干早就吃完了，这我早就知道。几天来，我早就被饥饿驱赶着急火火地搜寻了好几遍了，连点残渣也被我吞下了。但我仍然不死心，还在抱着一丝侥幸：万一能找着点呢？万一有几块掉到什么地方一直没发现呢？

再去找找看！可浑身竟再也使不出一点力气，爬是爬不动了，那就滚过去吧，打个滚的力气总还有吧？我躺直身子，艰难地喘息几口，等浑身的力量好像都聚拢到一起时，咬紧牙，开始滚身。

地瓜干确实没有一点了，就连几天前被老鼠分享的那点残渣也找不到一点了，再找十遍、百遍，也不会再有了！

我有点绝望，焦躁仓皇地扭转脖子继续四下搜寻，一眼就看见了那个水罐！

水！水还有吗？来点水也行啊！罐子离我不远，我极力地伸出断臂想把罐子拢到近前，可拼命捞了几捞也没捞着。心里一阵急躁，身子猛地一窜，右臂狠命地一拨。

罐子一下子被碰倒，“咔嚓”——破碎的声音传进我耳朵里简直就是一声惊雷，震得我头晕目眩、浑身打战！

“完了，罐子碎了，水没了！”我惶惶地再把身子一窜，嘴巴快速接近一摊碎碴，张嘴叼起一块，就拼命地往嘴里猛吸，水是早就没有了，可罐碴上却湿润而冰凉……

我无力地垂下头，趴在那里像是死去了一般。

干枯的残躯内，开始烧起大火，一如几年前一样，重新炙烤着我的五脏六腑。我想挣扎，但没有了一点气力，紧接着，一阵冰冷又罩向全身，冷得四肢都开始瑟瑟发抖了。连大脑也被冰冷刺激得一阵阵紧缩，可肚子里的火却依旧熊熊燃烧，那火像是根本就不惧这层寒冰，而且还愈烧愈旺！

恍恍惚惚中，我想抬抬头，最后看一眼，可连我自己也不知道到底抬没抬得起来。反正，那间熟悉的小屋像是突然间压了下来，阴沉黑暗、铺天盖地，刹那间就把我砸进了一片黑暗之中……

当我从东里医院伤愈回到家时，秋意已经很浓了。

1955 年的秋天，满山红叶红得格外烂漫和热烈。沟沟坎坎都挤满了这火一样的精灵，迎风舒展着腰肢，脸蛋红艳醉人。一簇簇、一团团，跳跃着、闪烁着，此连彼接。整面整面的山坡竟像是刚从染缸里捞出来晾晒的巨幅红绸，红得纯粹彻底，红得浓重欲滴。

我像是被陶醉在这红色的海洋里而不能自拔。心中塞得满满当当的，全是这些火一样的激情，整个身心仿佛都由此而变得红彤彤的，而且格外空旷和纯净。

我无法抑止自己的兴奋，就像无法拒绝这个火红的秋天一样。我甚至觉得片片火红带来的喜庆和热烈仿佛都是单为我而来。

就在这个收获的季节，我喜从天降！不单是一桩，而且是双喜临门！

藏匿磨炼昏死的当天，休养所的领导恰好赶来探望我，跟娘和村长他们一接头，双方都慌了神。一方说人早已被接走，一方说根本没有此事。一阵惶急之后，休养所领导抱着一丝侥幸，命令猛子赶快开门看个究竟。

门被打开，一股恶臭差点把几个人迎面掀倒。猛子不顾一切地冲进屋里，第一个发现了趴在地上动也不动的我，几个人惊得瞠目结舌。屋里碗碎盘裂，狼藉不堪，娘登时哭天抢地、捶胸顿足。盼儿、念儿一个月，谁曾想儿子居然就在自己身边，老人无法接受这离奇而残酷的事实，对她的打击甚至超过了我初次回家的“闹鬼事件”。

这种后果，我也有些料不到。内心深处总有种恶作剧般的感觉，对娘，对乡亲们，对所有人总抱有一份深深的歉意。

几个人七手八脚地把我搬到床上，见身体尚有温热，呼吸虽微弱但好歹还有一口气在，忙不迭地找来把太师椅子，把我放进去，四个人抬起来，飞快地赶往了四十里外的东里医院。

我这人就是命大，咋折腾也死不了。连我有时也不得不叹服自己残躯内的这份超强的生命力。

我很快苏醒过来，不到一个月时间就恢复了元气。

这时，第一桩喜事突如其来——我意外地收获了爱情。

像我这种人，在许多人看来，已基本上没有了爱与被爱的权利。我自己也曾心灰意冷。虽然血气方刚，也有七情六欲，但残酷的现实不得不让我痛苦地封闭了爱情的心扉，此生都不想再去触动这个敏感的字眼。别说是一位陌生的姑娘，就是娘、张婶、猛子等天天不离我左右之人，有时也会被我累累伤痕惊得不敢正眼去看。

我有这份自知之明。对自己为党为国的付出，我丝毫不感后悔，对自己不能像常人一样获取，我也从不抱怨。

可出乎我意料的是，真的有一位美丽善良、手脚俱全、健健康康的姑娘，大胆地走进了我的生活、我的世界。

我的妻子名叫陈希荣，山东日照人，这年刚刚 20 岁。

那也是机缘凑巧。当我在东里医院住院治疗期间，恰好她也在这所医院里，我俩在这里相识，并最终走到了一起。

这里就必须提到她的姑姑和姑父，没有这两位善良热心的老人，也就不会有我的爱情。

陈希荣的姑姑名叫王建，是新中国成立后沂源县第一任妇联主任。她原名叫黄风婷，早年就投身革命，在日照农村开展游击战争时，为躲避敌人的搜捕，改名叫王建，新中国成立后就一直沿用了这个名字。陈希荣的姑父名叫吴善德，是沂源县第一任民政局长，正好是管理我们这些残废军人的“顶头上司”。

当时陈希荣的姑姑恰巧在东里医院住院分娩她的第三个孩子。16岁起就投奔了姑姑的陈希荣，一边照看孩子，一边护理姑姑。

当时的陈希荣，1.73米的细高个，眉清目秀，柔柔顺顺。一身肥瘦得体的列宁服，一顶黄军帽把两只俏皮的小辫子压在脑后。前几天，医院已经决定正式招收她为护士，她的面前本已洒满了鲜花。

住院期间我也没闲着。一截“肉轱辘”早成了万众瞩目的焦点，众人纷纷前来探望。身体稍好，又被邀请给附近中小学生作报告，讲战斗故事。

其实，陈希荣也早从她姑父那里知道了我的一些情况，这次同在一所医院，她终于亲眼看见了我这位超残荣军。只是每次见到我，她并不像其他人那样吓得捂上眼睛，反而是一脸的同情和敬佩。

现在想来，那大概就是缘分，大概就是人们常说的心灵的碰撞吧！

热心而又通情达理的姑姑像是看出了她的异样，开始有意无意地向她灌输一些道理：这些最可爱的人，为了祖国和民族，为了我们幸福和平的新生活，付出了那么多，难道他们就不应该得到回报？就不应该得到爱情？

陈希荣脸红红的，她听出了姑姑话里有话，也明白姑姑的暗示，但她一阵沉默。

这对她太突然，她心里没有这个思想准备。虽然是最可爱的人，但也是够可怕的。假若真的为这样一位超残之人付出爱情，虽然高尚而伟大，但以后日子可怎么过？严重的伤残、世俗的偏见、众人的议论，这些，她都必须面对。

她陷入了矛盾和犹豫当中。

陈希荣的姑父从县城赶来探望妻子、孩子，同时也是来探望我——他直接管辖下的“下属”。

夫妻俩交换了一下意见，姑父的态度更坚决：能和一位荣军结为连理，是一件大好事，是会受到众人敬重和理解的。

俩人正式向陈希荣摊了牌，询问她的意见。几天来一直心事重重的陈希荣听完姑姑、姑父的开导和鼓励后，心中忧愁顿消：再也不能让一位肢体遭残的战士再遭受心灵的创伤！她终于勇敢、庄重地点了点头。

多么可敬的老人，多么可敬的姑娘！

几天后，我就出院了。沉浸在这意外之喜中的我，似乎还是有些疑虑：爱情真的来到了我的身边？真有愿意伺候我一辈子的姑娘？她不会是一时冲动吧？

我难免有些顾虑，可又不便当面提出，唯恐伤了人家的自尊心。临别时，我犹犹豫豫地提出：

“要不，过一阵子，你去我家看看……再说？”

陈希荣却是坚定而又爽快：“行！过几天俺……就去，你注意保重身体，你……你放心……就是了！”

一朵红云飘上她端庄白皙的脸庞，忸怩和羞涩使她有点结结巴巴。

回家后，我按捺不住狂喜，把这个惊人的消息急切地告诉了娘。娘先是惊讶怀疑，甚至怀疑这姑娘会不会有什么毛病？要不咋肯嫁给我！见我很认真，她才疑疑惑惑信了下来。我的生计问题，毕竟是她的一块心病；若真能有个媳妇伺候左右，她久悬的一颗心也算有个着落了。

娘沉不住气，喜滋滋地颠着小脚，去找张婶合计去了。

接下来，另一桩喜事又悄然而至——失踪多年的弟弟被找回来了！

早在回家后不久，就有人告诉我，头几年村里曾有人传着说朱彦坤被大伯卖到了蒙阴县，是真是假不得而知。怕娘伤心，从没人敢在娘跟前提过这事。

藏匿前，我也曾托人去蒙阴县打听过，但一直也没个准信。从东里医院回来后，趁着身体和心情俱佳，我叫上猛子，陪着我去蒙阴县四处打听，终于把弟弟我了回来。

此时，他已经是一个18岁的大小伙子了。

一家人的团圆，轰动了全村，乡亲们纷纷赶来道喜。娘一会儿哭哭啼啼，一会儿笑逐颜开。两个儿子在13年后终于双双回到了她的身边，她又惊又喜，不能自抑。

到了农历八月十四这天，我打发弟弟去东里接陈希荣来家看看，也想让她来家一块过个团圆节。

弟弟像是接受了一项神圣的使命，乐不颠地天不亮就赶往东里。

一家人等啊，盼啊！娘拽着张婶迎出去了好几里路，猛子搀着我，还有老村长等一大帮乡亲们，涌出了村口，望着东来的小路，伸长了脖子望眼欲穿。

天过晌的工夫，远远地就看见弟弟一个人急急地跑了过来。我的心猛地一沉：完了！不敢想象的事终于发生了！她终于没来！

大家你望望我，我瞅瞅你，都搞不清到底出了啥事，一阵骚动。人堆里甚至议论纷纷：

"俺说这事够呛吧，怎么样，人家没来吧？"

"说的也是，只是害苦了彦夫喽！"

"咳！认命吧！哪有那样的好事……"

朱彦坤跑得上气不接下气，来到跟前。猛子一把扯住他的肩膀，眼珠子瞪得溜圆，急促地问道："咋的了？人呢？人咋没来？"

弟弟见众人这般模样，一下子明白了原因，竟笑得抱着肚子蹲在地上起不来了。大家正面面相觑，急切地想知道个究竟的当口儿，三个并排走着的人远远地出现在山路的尽头，越走越近，越看越清，亲热的说笑声已经飘进了每个人竖起的耳朵里。

不用弟弟解释了！陈希荣来了！我激动得一阵眩晕！

小小的山村竟像过年般地沸腾了！大人孩子奔走相告：朱家来了

位漂亮媳妇！

陈希荣一脸羞涩，刚怯生生地望了我几眼，就被众人簇拥着来到家里。

推门一看，陈希荣愣住了，这哪能算是个家啊！又破又矮的小黑屋内，由于雨季来临，一条小水沟从后墙穿屋而过，炕早就塌了，墙角那儿三块石头支着个锅，锅旁柴火堆上凌乱地撂着几个破碟子烂碗，门板床上又脏又乱……

她想不到我的家竟会是这样，她不敢想象她将来拥有的就是这样一个家！

她眼圈一红，泪水吧嗒吧嗒落了下来，不知是委屈还是同情。

张婶心细，一个劲埋怨娘和弟弟，也不帮着我早把屋里收拾收拾，又忙不迭地打发彦坤快去买菜割肉，包顿水饺款待客人。

娘红着脸，有点不好意思："咳！咳！光顾着高兴了，啥也忘了！闺女你可别见怪……"

陈希荣脸上很快又恢复了平静，伸手拦住了忙着要去收拾房子的娘和张婶：

"婶子，您老别忙活了，我来吧！"

她随手撂下胳膊上挎着的一个小包袱，挽了挽袖子，二话没说，熟练而又麻利地忙活开了：我所有的脏衣服，床上床下的，堆着的，掖着的，全被她翻了出来，统统泡进了盆里；然后操起扫帚，地上、墙上、桌上桌下，扫了个干干净净；窗纸黑不溜秋又破烂不堪，她全部撕了去，蘸着水把窗棂子擦得清清爽爽。经她这么一收拾，小屋子亮堂多了，焕然一新。

最后，她又端起盆，坐在院子里的石头上用劲洗开了衣服。

娘和张婶边帮忙，边夸奖个不停。两位老人这回心里有底了：这闺女，行！

围观的人不愿散去，起着哄地连连叫好，喊得她红着脸不敢抬头。猛子连吓唬带劝，众人才恋恋不舍地离去。娘和张婶忙着包饺子去了，小院里这才恢复了平静。

我一直坐在门槛上，望着陈希荣不停地忙活，心里甜蜜蜜的，又有点抑制不住地激动。

洗完了衣服，陈希荣笑盈盈地走过来，一把扯起我：

“走！咱也去包饺子去！”

第二天下午，区上的刘文书急火火地赶了来：

“区上贾书记今天有急事，不能来，打发我来给你们贺喜，并嘱咐我喜事快办，要我现场办公，给你俩登记……”

陈希荣没再忸怩，在衣襟上擦了擦手，深情地看我一眼，在结婚证书上庄重地按下了自己的手印……

这一天，正是农历的八月十五日，一个喜庆团圆的日子。

半个月后，陈希荣依旧挎着个小包袱，由姑姑、姑父把她送到了我们家……

结婚这天，喜庆而热烈，不但区上、县里的领导都赶来贺喜，就连休养所的孙所长也闻讯赶来了。他们为我的磨炼自理的进步而自豪，更为我建立了新家庭而高兴不已……

第八章　衔环相报

我从乡亲们不约而同的意见中，觉出了一份信任、鼓励和殷切的期待，更感到这是一项神圣而沉甸甸的使命。有所作为、不甘寄生是我梦寐以求的理想，只是想不到它来得这么快、这么意外、这么真实！

严冬过后，一个美丽的春天又来到了人间。

有了希荣的精心照料，加上我不间断地刻苦磨炼，我的各项生活技能突飞猛进。

可这时的我早已不满足于这些了：一个大活人，学会了吃喝拉撒，有什么可以炫耀和骄傲的！我要做一些更有意义的事情！我要尽我所能报答故乡和亲人们对我的厚爱。

我是一个从不愿屈服于命运的人，毕生都在和残酷的命运进行着抗争和搏斗。几十年后的今天，我心中欣慰又释然：这条路我走对了，尽管为了这种抗争和搏斗，我付出了很多，但我最终还是胜利了，我赢得了命运！

靠奋争，我改变了自己的一生！

我无怨无悔，甚至颇感自豪和骄傲。对自己最初投身革命的选择，对自己残废以后的不屈，对生命和生活的珍爱，对家乡和父老乡亲的报答，对自己所经历的一切，都是这样！

一个沂蒙山的儿子，就应该有山一样的品格、山一样的坚韧、山一样的胸怀！

我出生于沂蒙山的怀抱。最终也要归宿于它的怀抱，感谢沂蒙山慷慨赐予我的一切，我终生都要做一名令她骄傲和自豪的儿子！

……

我冥思苦想了几天，综合考虑了自身的条件和潜力，最后决定先从学习文化入手：学会了文化，一来可以传授给乡亲们，帮助山村摆脱愚昧；二来也许以后能为村里干点力所能及的事情。

我没有上过一天学，虽然在部队时，上过几天速成班，可连着几年病残卧床，学会的几个字早就随着大把大把的药一同吃进肚里，不见踪影了！

那就从头学起。我让希荣买来一本学习小字典，一边回忆，一边查对，一个字一个字学了起来。

两截齐刷刷、硬邦邦木棍似的胳膊碴子要去翻弄那本小小的字典，其难度出乎想象。

字典窄而厚，两只胳膊有劲也使不上，起初几页还好办，两截臂碴连搓带推还能翻起来，可只要页码稍多，麻烦就来了，因为翻过去的页码多了，其反弹折回的力量也在加大，摁着它的左臂稍不留神，一叠纸页“扑扑啦啦”就会倒翻回去，那就得重新再去翻找刚才的那一页。查一个字有时竟要费上几十分钟甚至几个小时的工夫。时间久了，创面神经就会剧痛。无奈中，我不得不把嘴上的“功夫”也用进去，膝盖上放不住字典，就只好放在被子上、枕头上，腚撅起老高，脸努力地凑近字典，伸出舌头，一页一页去舔。因伤植皮的嘴不听使唤，口涎没遮没拦地顺口角流到书上，往往是一个字还没查到，字典已经浸湿了一大片。而且舌头与辅助的双臂配合稍有差池，“哧啦”一声就会撕烂一页。心中越是心疼那字典，越是烦躁，嘴臂配合越是“事故”不断。“哧哧”连撕几页后，我焦躁之至，断臂猛地推开字典，人疲惫地仰面躺下，瞪着一只眼珠子，发誓再也不去碰这烦人的玩意儿。

每每此时，希荣总会及时出现，哄孩子般轻柔地劝我几句，帮我翻弄一会儿后，待我心平气和了，再让我自个儿去锻炼。

日子一天天过去，动作一遍遍重复。

几个月下来，我终于东捡西拾地学会了上千个字。

来不及喜悦，因为还有更难的一关在等着我——学会念不行，我还得学会写！

没手没脚、嘴又伤残之人，要学会写字，其难度常人是难以想象的。

开始阶段，我是用嘴含着把铁勺子在桌子上比画。为了平衡住身体，两条腿碴要用劲抵住桌棱，躬背低头，竭力张大嘴，咬住勺柄，勺头在桌面上来回蠕动，随着一捺一勾，一撇一画的运行，嘴唇、舌头、牙齿，包括整个头部都必须配合联动，缺一不可。勺柄根本不听指挥，明明是向东，偏偏向了西，明明是一横，偏偏要折出几个弯。画着画着，讨厌的口涎顺柄而下，流到桌上，成摊成片。

希荣买来了几支水笔，我开始用笔练习。笔杆光滑圆滚，含起来更困难。咬得轻了，在纸上画不出字迹；咬得重了，又把纸戳出一个个窟窿。伤嘴越练越失控，不是笔落，就是口涎潺潺而至，掺和到墨迹上，混浊成乌七八糟的一片。

没有什么捷径可走，只有苦练方有成功的可能，我没有气馁。

后来又试着在笔杆上缠上胶布，减轻光滑带来的难度，再把两截臂碴用上，嘴衔臂抱，继续磨炼。简简单单的一个字，往往要用上十几分钟、甚至几个小时才能勾勒完，而且字迹凌乱而模糊，好端端的一个字却四分五裂，像是被大卸了八块，而且大如拳头，连自己也认不出刚才写的是啥！

伤嘴越来越笨，唯一的右眼视力本就模糊，长时间与笔、纸贴近，引起阵阵眩晕，头胀恶心。两条断臂时轻时重，抱着笔杆忽前忽后、忽下忽上，轻了不起作用，重了就触动神经，两条断腿也早就“告警”，阵阵酸痛，不断袭来……

几支水笔先后被咬碎了，希荣又买来几支，摆在我眼前，眼里充满鼓励和赞许。这眼神给了我力量，疲惫的身心顿时又来了劲，爬起身继续投入“战斗”。

难有所尽，苦有其酬，笔下的字形体在逐渐减小，直至小似铜圆。由四分五裂、四邻不靠、笔画失衡，到渐渐归拢、有模有样，由模糊到清晰，我终有所获了！

图书室的筹备工作正在紧张进行。

几天前，我就跟希荣商量：“咱重活、累活干不了，可也总得帮乡亲们做点什么。既然能识文断字了，干脆办个图书室吧，帮乡亲们学点文化知识，也算尽咱的一份力量。”

通情达理的妻子当然大力支持。可困难也在那儿明摆着：图书哪里来？房子哪里来？桌椅板凳又从哪里来？

困难面前永不退缩，这是我一贯的秉性，认准的道路，必须坚定地走下去。

先解决房子问题。

娘住的那间房子还算宽绰，打算把图书室办在那儿。老人除了担心我的身体以外，也没提出反对意见。我和希荣就开始忙活开了：在房子中间按南北向打上几根横杆，再用麻绳把秫秸一根根密密地捆在横杆上，再用破布、旧报纸糊到秫秸墙上，一间简陋的图书室就从娘的房里隔了出来。

书架怎么办？我拖着两条假腿在院子里转来转去，束手无策。花钱买吧？可积攒下的钱要用来买图书，再说每月的那点抚恤金，除去一家人吃喝穿用，所剩无几。

看来也只能用饭棚里的那摞木板子了。可那是留着给娘做送终寿器的，她老人家早早地就备下了这个，看得比啥都重，娘会同意吗？

果然，我刚试探着跟娘说了几句，她就抽泣不止，边哭边数落：

“隔隔房子俺没意见，可要打俺那板子的主意，你甭想。”

娘哭得伤心，我心中也阵阵酸楚。

“娘，我也觉得对不住您，可您也知道俺做的是件善事、好事。这些年，咱孤儿寡母的，多亏了邻居百家的照应，我一个残废人没有别的法子报答，就想让乡亲们学点文化，长点见识，也算尽咱一份心意。您别生气，过些年日子好过了，我再给您买好的。再说，您老身子骨现在还壮实着呢。”

娘善良而宽厚，经不住儿子的一番劝说，流着泪，点了点头。

院子里还有棵槐树，我找来猛子，几个人七手八脚地锯倒，解成板子，请木匠一块做了部分简易的板凳、桌子，方便大家阅读。

最困难的还是购书款项。希荣认真地点了好几遍，还是那可怜巴巴的 97 块，就这点钱显然有点不够。找人去借点？可村里除了我还有这点抚恤金的活钱外，乡亲们大多一贫如洗，就连平常的油盐酱醋钱也是一点一点地从鸡腚里“抠”出来的。等攒足了钱再说？那更不行，那还不知要等到牛年马月。

躺在床上，我愁眉不展。希荣做好饭，端了进来，见我这模样，犹豫了一下，迟迟疑疑地跟我商量：

“要不，就把……那头猪……卖了吧！”

“那怎么行！那猪还得留着……”我一下从床上弹了起来。栏里那头百把斤重的小猪，是希荣过门后喂养起来的。

我不是没想到卖了这猪凑点钱，可我舍不得，更不忍心。希荣来到这个家，我连件像样的衣服也没能给她买过。我对她许愿，等到春节卖了这猪，一定给她裁一身布料，做件新衣。

希荣不等我说完，把身子朝我跟前凑了凑，柔声说：

“你看人家娘，把寿器都献出来了，咱不得向老人家学学？以后有了钱再做衣服也不迟，反正咱又不是露皮露肉的……”

我心兴一热，忙用臂碴去揉了下发酸的鼻子。有这样通情达理的妻子，我还能说些什么？

终于，172 元钱，带着我的希冀，被寄往泰安休养所。

十多天后，孙所长精心挑选的 200 多册实用而又通俗的图书被摆上书架。

山村图书室终于开张了。

那年月，这小小的图书室对村民们的吸引力可是太大了。蜂拥而至的人群中，不单是青年人，就连老人孩子也争着来看新鲜、凑热闹。

除了图书之外，还有一样东西让山里人大开了眼界——那就是孙所长一块寄给我的一台微型的矿石收音机。

50 年代的沂蒙山区，封闭而落后。电影、电话、广播等离人们还相当遥远。他们无论如何也想象不出这个小木匣子里咋会有人说话和唱戏！人人睁大了眼睛，兴奋地盯着小木匣子，惊奇、疑惑甚至还有点战战兢兢。

第一个听这木匣子说话的是大队长张明喜。

我给他戴上耳机，拧开开关，播音员柔和清晰的标准普通话，时高时低地传进他的耳朵，把这个四十多岁的庄稼汉子喜得一蹦老高，咧开大嘴叫唤：

“哎哟，是个女人动静，跟唱歌似的，还真好听！神了，神了！”

他这一吆喝，把其他人急得抓耳挠腮。我只好每人限时两分钟，听的人兴高采烈、大呼小叫，等待的人焦躁跺脚、急不可耐。

一时间，朱家小院落里门庭若市，热闹非凡。

由于乡亲们大多不识字，抱着本图书跟洋鬼子看戏似的傻傻呵呵，不知所以。为了满足乡亲们的愿望，我只得念给他们听，一篇一篇，一本一本地念。嘴角抽搐了，口干舌燥了，可老少爷们还个个伸长着脖子如醉如痴地听个没够，丝毫没有让我歇会的意思。

这样下去不是个长法。

乡亲们不识字，这图书室充其量只能算凑个热闹、开个洋景儿！必须让乡亲们学会认字，提高文化水平。一个更大胆的想法在我脑子里渐渐明朗：创办农民夜校，帮大伙儿扫盲！

我这想法一出，头一个替我担忧的是娘和希荣，好事归好事，她们害怕我这半截残躯会遭罪、受苦。

猛子、村长还有张明喜他们在赞许之余，也在担忧。唯独张井老人兴奋异常，连声叫好。他是位清末秀才，走路已经颤颤巍巍，说起话来却摇头晃脑："壮志未酬谓之败，欲而不达神难畅。侄儿乃负难之体，折物劳身不足惜，不如一试为上，一试为上！"

老人说话虽文绉、迂腐，但众人对他极其敬重。有他极力赞成，村干部们也不好再阻拦，很快把南山上四队的仓库挤出了一间，拼凑、垒砌了些石板石凳，打了块小黑板，一切准备停当，只等择个吉日开学了。

那几天，我一直处于一种亢奋的状态之中。这不仅仅是自己马上就要走上讲台，而且自己还被大伙儿推荐当上了名誉校长！

我终生淡泊名利，即使在朝鲜战场上当了回临死前的"死官"，也倍感诚惶诚恐。办夜校，我没想到还必须设个校长职位，更没想到大家伙儿会推举我。只是从乡亲们不约而同的意见中，我觉出了一份信任、鼓励和殷切的期待。偏僻落后的山村的确需要有人来垦荒，但我没想到这样一种神圣而沉甸甸的使命，会让我也担上一份。我极其振奋和豪迈，不久前自己还在为吃喝拉撒而烦躁苦闷，此刻这半截残躯居然也要发出点光和热了！有所作为、不甘寄生本是我梦寐以求的理想，只是想不到它会来得这么快、这么意外、这么真实！

我兴奋难抑，又有点紧张。像是即将跨进考场的学生，胸中胀鼓鼓的，心绪难以平静。我能行吗？

还有几天就要开学了。希荣托人去县城捎回了几盒粉笔，端到我跟前时，我大惊失色！这几天光顾着高兴了，竟把这茬子事情给忽略了——用粉笔往黑板上写字，自己还不会！

我一下子惊慌起来：黑板竖立着，粉笔既短且粗，人还必须站在那儿写上去。这对我无疑又是一个相当严峻的挑战！

我赶紧夹起根粉笔，两臂抱紧，在家里的墙上试着写了起来。不出所料，果然麻烦不小：嘴用不上，只能靠两截断臂，抱松了，字写不明且粉笔时常落地，抱紧了又常常把粉笔折断。尤其是一根粉笔写不了几个字，就被磨去一截，短得再也夹抱不住。

我试着把粉笔绑到木棍上、缠上些布条或套进药瓶里，但效果都不理想。

恰巧姐姐家的小儿子来玩，小家伙手里捏着个子弹壳当哨子吹。我眼睛一亮，赶忙要过弹壳，让希荣插进根粉笔试试，果然不紧不松，长短合适，夹抱方便！

难题迎刃而解！

开学的那天晚上，天刚刚下过一场小雪，清冷而幽暗。

吃过晚饭，村长和明喜他们就来接我了。希荣不放心，点上灯笼也一块跟了去。

当我拄着双拐走进教室时，乡亲们早就满满当当地挤了一屋子。原本叽叽喳喳的，见我进来，忽地静了下来，一双双期待的眼睛全盯在了我的脸上。

我挪到讲台上，稳了稳神，把双拐尽量地夹紧一些，心跳有些平缓了，嘴角却因为兴奋而剧烈抽搐起来。我没管它，就开始了自己已经练了好几天的开学祝词：

“乡亲们，今天我心里也很激动。过去，因为穷，咱上不起学，咱张家泉五百多口人，可是就连一个高小生也没有。虽说解放了，国家也正在大力兴办教育，可咱村这些文盲咋办？没什么好办法，咱必须得从头学起，没文化不行，没文化就只能再继续受穷。甭说科学种田了，就连记个账、写封信，咱也做不到啊！”

我缓口气，望望纷纷点头称是的大家伙儿，越说越有劲：

“学习并不难，我也是残废以后才慢慢学的，水平不高，以后咱们就一块儿学习……”

一阵热烈的掌声淹没了我的声音……

张家泉村的第一所农民夜校，也是家乡的第一所学校就这样红红火火地办了起来……

从此，每到夜幕降临，就会从各家各户飘出一盏盏或明或暗的小灯笼，像无数的星星，像一双双明亮的眼睛，闪烁着、眨动着，从四面八方慢慢聚拢到夜校里，无数盏灯笼汇聚成一片光明，照亮了街巷，照亮了全村，照亮了这片曾经荒僻愚昧的土地……

这天傍晚时分，一场大雪纷纷扬扬地飘落了下来，很快就把全村罩进了一片灰蒙蒙、白茫茫的夜色之中。

从我家到夜校有二里多路，虽说早已走熟了，但今晚上路滑，希荣不放心，点起灯笼要去送我，我对她说：“这几天，娘身体不好，你还是在家照看着她吧，这路我熟，又有这雪照着亮，你忘了我就是在雪地里最有本事了？”我轻松地和妻子开个玩笑后，拄上双拐就上路了。

雪下得太厚了，原本高低不平且狭窄的山路此刻几乎被雪铺平了，看上去，白茫茫、平展展的一片，竟然难以分辨出路在哪里了。

刺骨的寒风卷起朵朵硕大的雪花，迎面扑打到脸上，我缩缩脖子，继续深一脚、浅一脚地试探着朝前摸进。由于太冷，右眼被刺激得有点模糊，左眼窝这几天也有点发炎，时不时就流出些脓血，疼得半边脑袋都木乎乎、胀鼓鼓的。

看来，是这身体又在告警了，要不然，胳膊腿碴这几天也不会这么酸痛，可能是有点劳累过度了。我边挪进着，边提醒着自己要注意点，免得又引起众人担忧。

走了有一半的路了。

前面有一个陡坡，平日里是可以轻松上下的，今天却有点困难了。我咬咬牙，想一鼓作气冲过去，刚挺了挺拐杖，右腿突然失去平衡，路面又滑，人一下子被摔倒在雪窝里。两只假腿同时被折了下来，摔出去老远。

我一阵沮丧。赶紧挣扎着坐起来，两只胳膊摔得重一点，但还能坚持。干脆爬去算了！我怕耽误大家伙听课，就赶忙就地一滚，然后撑起胳膊肘子，慢慢向学校爬去。

爬了有百十米的时候，眼一阵阵剧痛起来，两条断腿也开始僵硬，我停下来，仰过面来，想喘息一会，这时就看见前面有几盏灯光摇摇晃晃地向我这儿靠近。我长舒了一口气……

原来，乡亲们在教室里等得有点焦急，张明喜跟猛子嘀咕："他又不让人接送，可这大雪天，他别是摔着磕着了吧！不行，咱俩还是去看看吧……"

几个人这才一路寻来。

扶起我，张明喜抄起胳膊就把我架到了猛子的背上，不由分说就要把我送回家去。"你看你，就是不让人接送，今天的课算了吧，咱不上了。"明喜心疼地埋怨。

我一听就急，赶忙挣扎："这可不行，不上课不行，我没事，没事！猛子赶快背我去学校，咱不能让大家伙儿干等着，耽误大家的时间！哎，你俩上后边去找找两条假腿，还有拐杖。"我也是不容分辩地坚持着。

几个人无奈，看了看伤口确实无大碍之后，这才极不情愿地背着我走向了学校……

这以后，村长再次要安排猛子等人接送我上课回家，我仍然没同意。我不愿意接受这种照顾，方方面面我都该追求自理。

后来，希荣的父亲从日照老家来探亲，老人家坚持着要承担接送的任务，我实在推辞不过，但也只让他送到家东侧的山梁下，接也只能在这儿接，不能再远了。老人无奈，每天晚上把我扶下山梁后，就赶忙回家给我熬上中药，再返回来在山梁下等我。有几次，老人家或坐或躺着的时候就在那儿睡着了。等我回来叫醒老人时，心中总要泛涌起一股热流和深深的感激之情。

第九章　共产党的书记

在我的心中，始终不变地奔腾着的是对党、对人民、对正义无限忠诚、无限挚爱的热血，在我的世界里，只要不死，就得战斗！生存，就应该是为了更大的胜利，更光明的未来！

第九章　共产党的书记

1957 年的春天，我当上了张家泉村的党支部书记。

刚过完年，老村长就称病言老，从兼任了多年的支书位子上退了下来。几名村干部有些焦急，想拦也没拦住，村民们当中也开始有些议论。

其实事出有因，并不像老支书说的那么简单。

50 年代的张家泉村，一直笼罩在一片饥饿、贫困之中。山穷水恶、荒僻落后是一种原因，村级领导班子缺乏责任心和战斗力更是一个重要的原因。

以老村长为首的张家泉村的村级班子机构健全，几个人也忠厚诚实，脾气也算合得来。可他们唯一尽到的职责就是例行公事地去高级农业社开开会，回来依葫芦画瓢地传达一下上级的指示精神；平日里就与一般村民一样日出而作、日落而息地混天熬日了。工作没谱气，行动没计划，遇事绕道走。那年月，有一句话喊得特别响——火车跑得快，全凭车头带。可张家泉村的“车头”非但没能把全村群众带出贫困落后的沼泽，甚至有个别干部反倒成了聚众赌博和搞封建迷信的带头人。

村干部们的表现，引起了部分群众的不满，抵触情绪日甚。这一来，几名干部更加撒手不管了，村级班子已到了名存实亡的境地。

头几天，又有几名群众找到老村长发难，老人一赌气，干脆“伸腿撂挑子”了。

那时，虽然大多数群众的思想觉悟都很高，但也难免有个别人从中捣蛋、起哄。当时又正值春耕季节，眼看着全村各项生产就要陷入“群龙无首”的混乱局面了。

金泉高级社的领导们心急如焚，接连几次来到村里，召开党员会、村民会，走访调查，但由于党员和群众意见难以统一，所以一直也没能选出一位合适的“接班人”。当时全村五百多口人中，除我之外，只有八名党员，以他们的各方面能力和表现来看，也确实难以挑出一位各方面均能服众的支部书记人选。

一个清冷的早晨，高级社的刘书记急匆匆地来到村里，把四名村

干部和所有的九位党员全部召集到一起开会。

猛子跑来叫我时，我正准备吃饭。听说刘书记亲自来主持会议，我也不敢怠慢，撂下勺子，架起双拐就跟猛子走了。

大队办公室是两间石墙破草屋，在村后一个打麦场的北侧。从初级社以来，这两间破屋就一直是村里唯一的办公地点，既当办公室，又当接待室，还兼做伙房和仓库。

刘书记个不高，年龄也不过三十开外的模样，但看上去却极其老练和持重。

人到齐后，他站了起来，裹了裹身上的大衣，环视了一圈众人，神情凝重地开始讲话：

“为啥要开这个会，我为啥要来，大家伙儿心里都清楚，咱也用不着拐弯抹角，有话直说。这么大的一个村子，这么多党员干部我不信就选不出一位书记，选不出一位村长！各人心里都掂量掂量，当初咱为啥要入党，入党时咱又说过啥，这些难道大家都忘了？”

刘书记顿了顿，目光挨个扫视着众人，短短的几句话，却像重锤，敲得几个人心里直颤。

“眼看着就要开始春耕大忙了，群众的利益难道咱都忘到脑后边去了？”刘书记坐下来，手指敲着桌面，显得有点激动。

“在这个节骨眼上，班子居然面临瘫痪，这说明了什么？说明了咱们为人民服务的自觉性还不高，甚至是怕吃苦受累，怕得罪人，心里有个‘私’字在作怪！我就不信，只要全心全意扑在工作上，时刻想着群众的利益，工作还会上不去？群众还会不支持？工作能力有高有低，但首先思想必须端正，工作能力差不要紧，可以在工作中慢慢锻炼嘛！”

刘书记见众人都像霜打的茄子样耷拉着脑袋默不作声，语气缓了缓：

“哎，你们几个也都发发言，我今天不是来发火的。咱得解决问题，今天就是矮子里拔将军咱也得拔出一个书记来，我听听你们的意见。”

说到这儿，刘书记停下来，点上一支烟，把披着的大衣又拢了拢，期待地望着大家。

“刘书记，”进门后就一直沉默不语的老村长此刻不得不站了起来。刘书记一席话，说得他心跳耳热。此刻一脸愧疚而又无奈：“不是俺不想干，俺也知道是党员就得想着为人民服务，可俺也确实干不下去了，人家一闹腾，俺就气得好几天吃不下饭！再说，俺连一家儿口人都管不好，俺确实是能耐不够……”

民兵连长王猛子一直蹲在墙角抽闷烟，不等老村长说完，他“腾”地一下站了起来，把烟袋锅子用力朝鞋帮子上磕了几磕，闷声闷气地接过话茬：

“俺肠子直，不会打弯，也不会说话，可俺觉得一名好干部不能光想着自己，也不能光强调自己的难处，这年月，谁家不难？俺觉着还得有人会出出主意，打打谱儿，让大家伙儿都有个好日子过。”

猛子牢骚满腹，为集体担忧的焦灼心态却一览无余。刘书记面带赞许地想继续听他说下去，可猛子却像是没看见，声音戛然而止，忽地又蹲了下去，再也没了动静。

大队长张明喜为人圆滑，老好人一个，也许是有些话戳得他脸上火辣辣的，说话时掩饰不住的慌乱：

“不假！是不能怕……得罪人，怕得罪人，工作就……干不好。还有威信问题，没有威信，人家就不……买账……”

其实，最怕得罪人的就是他，刘书记像是略知一二，在张明喜结结巴巴表态时，他脸上有一丝不易察觉的反感。

张婶进屋给刘书记倒了碗开水，带进来一股寒风，几个人不由自主地缩缩脖子，会场陷入一阵沉默。

“哎！俺看有个人最合适！”坐在最后面、紧挨着我的大队保管员寇长功冷不丁地站了起来，兴奋得像发现了新大陆似地大声叫喊了起来。

几个人面面相觑，一脸雾水。刘书记有点惊喜，前倾了身体，忙不迭地连声追问：“谁？谁行？你快说说……”

寇长功得意非凡："要我说，俺朱彦夫大叔准行！"他唯恐别人插话似的，一口气地往下说："俺大叔是人民功臣，要说威信，他最高，咱村里老老少少哪个不尊重他？还有，大叔回村以后，不吃老本还立新功，一门心思地给大伙儿办好事，又是办图书室，又是办夜校，还动不动就拿自己的钱给别人治病救急，这样的人当支书，俺服气！"

寇长功的一席话，一下子打破了会场的沉闷，几个人像是猛然清醒过来似的，拍手跺脚，七嘴八舌：

"行！行！，他准行！"

"哎！俺怎么就没想到呢？"

"俺同意……"

"胡闹！"大家正兴奋的当儿，刘书记拍着桌子站了起来，"咱有胳膊有腿的不去干，偏偏要一位特残功臣去替大家伙儿挑这个担子！你们几个脸红不脸红？还好意思在这儿吵吵！我知道朱彦夫同志是好样的，可咱不能这么不明个道理呀！再说，休养所孙所长每次来，都嘱咐要好好照顾他。让他干这个，不行，绝对不行！"

刘书记的斩钉截铁，像兜头浇下一瓢冷水，几个人一下子哑了，怔在那里，泄了气，闷了缸。

还是老村长反应快。稍停，他试探着跟刘书记商量："刘书记，俺看这也是没办法的办法了，数算来数算去，还真是就指望他了……"

刘书记没吱声，老村长觉着有戏，忙继续说：

"俺看这么着行不行？刘书记，彦夫只要待在家里出出主意，打打谱气，指挥指挥就行，甭他亲自出去干。只要他给撑着架子，有啥事俺几个登门找他商量，保证不累着他，保证不给他添一些麻烦，只借他个威望就行……"

说完了，老村长紧张地盯着刘书记的脸，想看出点他的意见。另外几个人也顿觉老村长说得实实在在，兴许领导上能同意，就一起伸了脖子，都盯着刘书记，大气不出。

刘书记未置可否，点燃一支烟，转脸望了我一眼。

寇长功的提议，太出我的意料，事情来得太突然。我呆愣在那里，半天没说出话来。几天来，虽然自己也在为村子里选不出个带头人而焦急甚至窝火，但决不曾把自己和支书这个职位联系在一起。名利向来打动不了我，对当官甚至避之不及。我并不是怕担责任，也并不是怕吃苦受累，也不是没有觉悟，也不是不愿为人民谋利益，我只是一直都很认真地认为，自己恐怕没这个能力，一定还有比自己要强得多的人，官应该让有能力的人去当。而我，只要尽心尽力地奉献出自己的一份力量就足够了。特别是致残以后，严酷的现实，使我更加清醒，更不会有什么奢望，只盼着能竭尽所能，力所能及地为大家伙儿做点事，也就问心无愧了。

突如其来的这桩事情，让我心慌意乱。刘书记的眼睛在望着我，有疑惑，有期盼，有忧虑。我平平心神，硬着头皮争辩了几句：

“我、我不是不愿担这个责任，感谢同志们这么看得起我，只是、只是我有心无力，没手没脚的，这支书也确实干不了，请大家再考虑考虑……”

刘书记越不表态，我越着急。猛子他们却大喜过望，就像我已经当上书记似的，一个个叽叽喳喳地给我打气、鼓劲了。

刘书记终于掐灭烟头，站起身来，挥挥手，止住了大家的骚动，像是经过了一番深思熟虑，终于下定决心般地对众人说：

“通过讨论，我看得出大家对这次班子改选工作是重视的，思想也是积极端正的，这就证明了咱们张家泉村的党员干部都是积极向上的，说明咱们村的工作还是大有希望的。”

他换了副商量的口吻，继续说：“我看这样吧，综合大家的意见和建议，我提议，咱们就来个一锤定音，举手表决吧！”

话音刚落，除了我之外，八位党员齐刷刷地举起了手，四位村干部没权利举手，可鼓掌的权利还有，“哗哗”地使劲拍起了手。

有点“逼上梁山”的味道。但对党的命令，我向来是眉头不皱一下的。就这样，我走上了党支部书记的岗位。

只是没想到，这班岗，一站就站了整整25个春秋……

半年多的时间一晃而过，又是一个秋天来到了。

按照那次党员会上达成的“协议”，一切都在有条不紊地进行着。张明喜、寇长功还有猛子等几位主要村干部认真地按“章”办事：遇事总是立即跑来找我商量、研究，生产计划的制订和措施的落实，也同样认认真真地向我请示、汇报。

一切顺顺当当，一切按部就班。我有点兴奋：这支书的工作并不像原先想象的那么复杂嘛！这半年时间不也轻轻松松地过来了吗！

但我兴奋得过早了，很快我就发现，这一切轻松和顺利的后面居然掩盖了相当严重的问题。

原来，不知是几位村干部们惧怕我暴躁的脾气，不敢说实话，还是怕说了实话，会引起我的担忧，怕这副残躯吃不消。反正，每次汇报，他们总是拣好的说给我听，报喜不报忧！

村民们渐渐有点失望，牢骚和意见终于传进了我的耳朵。

我有点疑惑，甚至不信。难道明喜他们是用假话在糊弄我？我开始有意识地走访部分群众，希望了解一下村干部们的汇报是否属实。但一连几天，问来问去得到的回答老是含含糊糊、支支吾吾的“好”、“还行”、“不孬！”但怎么个好法，就没人愿意说得更清楚了。这更加重了我的疑虑。焦躁地思来想去，只有一个办法可辨真伪了——自己上山去看看！

我打定主意后，自己有点兴奋。半年多的时间里，刘书记专门吩咐希荣严格“监控”我的活动，不准随便外出，几名村干部也乖巧，坚决不让我上山。从春到秋，受“监禁”的日子我早就过得够够的了。不能投身火热的生活，天天被憋在家里当“遥控司令”，这既不符合我的脾性，也有违我的愿望。整天待在家里，这又算当的哪门子的书记！

能有这样一个有力的理由出去透透气，怎能不令我兴奋！

装卸假肢我早就应用自如，虽然创面的疼痛感并未完全消失，但在附近的庄稼地里转转，估计没什么大问题。

我把了解真相的打算跟希荣一说，她也顿感此行的必要。只是担心行走有困难，要扶我上山。我望了一眼妻子，嫁给我快两年来，她明显地消瘦了不少。家里地里的活，全亏她和彦坤操持。跟着我，她福没享着，吃苦受累倒不少，还要天天为我的身体担惊受怕。对她，我既有深深的感激，更有满腹的歉疚。

我拒绝了希荣的好意。

第二天早上，太阳还没有爬出山坳，我架着双拐，拖着 17 斤重的假腿，步履蹒跚但信心十足地开始上山了。

初秋的早晨，已略有凉意，露水很重，幸好两条铁质假腿并无被打湿的感觉，这点“优越性”，让我有点得意。

从村东，我折向东南，打算先看看九曲河两岸的地块。这里离家近一些，地势也稍平坦，攀爬起来不会太吃力。

兴许是太早的原因，高高低低、远远近近的田野里，竟没有一个人影。这既让我有点窃喜又使我有点不快：窃喜的是幸好无人，否则这个来扶，那个来搀，既耽误大家伙的时间，又影响了我的自由。让我不快的是，作为一名农民，是不应该有什么懒觉可睡的，不凉不热的早晨，正是上山干活的好时机，又是在这样的季节里。

走过一片片庄稼地，震惊已经代替了刚才的窃喜和不快。越走心越沉，越看越惊慌：玉米地里杂草丛生，个别地块几近荒芜；沟毁堰塌、东倒西歪；豆秧、地瓜秧被洪水冲得七零八落，又被太阳晒干后，一堆堆、一缕缕横七竖八；地里旱裂开的口子几乎能插进一只手掌……

这就是他们汇报的形势一派大好！这就是他们汇报的丰收在望、硕果累累！这就是所谓的人勤地也勤、土里冒出金！

我愕然、震惊、愤然！就算是怕牵扯我的精力而有意瞒我，可也不能拿百姓的利益当儿戏呀！这样下去，一个冬春，全村的人吃啥喝啥！这样下去，和以往的班子又有啥不同？

我的心在隐隐作痛，半年多的书记就当成了这个样子！我还在家里高兴、舒畅呢！

懊恼、愧疚、烦躁一齐涌上心来，为村干部们的谎瞒，为老百姓利益的受损，更是为自己工作的盲目和失误。

当天晚上，几名村干部被我统统召集到家中。

几个人依旧一副轻轻松松、嘻嘻哈哈的模样。他们尚不知我已经实地考察过了，还在那儿装模作样地争相掰着手指头跟我瞎摆摆。干瘪的肚子里应该早就因为缺吃缺喝而没有多大力气了，抽起烟来却劲头十足，硕大的一个个烟袋锅，被他们吸得“滋溜溜”地响，火星儿不间歇地闪亮着，呛人的烟雾很快弥漫了不大的房间。希荣受不了，早跑到娘的屋里去了。

我已经忍无可忍了，从他们进门我就有意板起脸来，满脸都是严肃，难道几个人就愣乎乎地硬是看不出来？我急躁地用胳膊肘子捣捣桌子：“行了行了！你们都打住吧！戏就演到今天为止吧！”

几个人一脸惊愕，不明白我为什么会说出这话。我心烦意乱地把早晨的所见所感统统讲了出来。明喜、长功瞪着眼珠子疑疑惑惑地死劲盯着猛子，他们知道猛子跟我最亲近，他们怀疑是猛子向我告了状。

猛子同样是惊惑不解。

不等我再说下去，长功转过脸来，一脸委屈：

“大叔，俺几个不该瞒你，俺知道这样做也不对。您先消消气，俺这也是没办法的办法，您身体这个样，刘书记又命令得那么死，俺几个也确实不忍心再给您添乱，所以……所以……”

明喜也清醒过来，忙不迭地插话：

“朱书记，你也知道，这两年村民都浪荡惯了，一时半霎儿也不好改。今年这老天爷也跟咱过不去，先是大雨不断，入秋又滴雨不见，这才荒了地。再说，俺几个也不是不管，有些群众硬是不听，俺几个也没办法……”

“没办法就让那庄稼白白糟蹋了？没办法咱还跟真的样，还当这个干部干啥？你们这不是关心爱护我，你们这样做反而是害了我，你们知道不知道？”

我怒气冲冲，几个人虽然是好心好意，但我实在难领这个情。既然当上了书记，当上了干部，那么就要竭尽全力地当好，不能辜负了大家伙儿的厚望，就应该为群众服务。

几个人耷拉下头，烟袋杆也早收起来了，他们没想到我会发这么大的火。虽然他们也是事出无奈，但作为主要村干部，农业生产搞成这种样子，他们绝对也是负有不可推卸的责任的。

我意犹未尽，口气越来越冲："你们几个想想，是你们把生产搞好了让我高兴呢，还是搞成这样才会让我高兴？生产搞得乱七八糟，你们难道就没有从主观上分析分析原因？哼！说什么怕我担心，说什么老天爷不配合，说什么群众不听指挥，全是屁话！要我说，是你们根本就没尽到责任，是你们穿上了新鞋可还是走着上届班子的老路！我问你们，要是你们自己家的地堰冲成那样，你们管不管？要是你们自己家的地荒成那样，你们心疼不心疼……"

希荣听见吵吵，慌忙从外边推门进来，见我越说越激动，连忙摆手让我别再说了。我装作没看见，一肚子火不发泄出来，憋在肚子里难受。

"说穿了，你们缺乏的就是一位真正农民对土地的那份感情，你们连做一位普通农民的资格都没有了。你们看看人家张井老人，那么一大把年纪了，可人家没忘本！人家看不下去了，天天让儿子闻星扶到地里，一声不吭地给集体垒堰。你们，你们都干什么去了！"

我再也控制不住自己的激动，右胳膊一挥拉，桌上的茶碗被掀到地上，"砰"的一声，跌得粉碎，几个人也吓得一哆嗦，慌忙抬头去看。

一直站在门口的希荣大步跨了过来，边清扫边给我使眼色，我这才稳了稳神，语气缓和了下来：

"当然，作为书记，作为最主要的负责人，我的责任最大，这一点我会自己向全村老少爷们检讨的。如果乡亲们能原谅我，我就继续干下去，不能原谅，我就立马辞职！我丢不起这个人！不过，我现在声明一点，以后任何人不能阻拦我上山，我不当成天蹲在家里的窝囊书记……”

这晚上的会一直开到很晚。

最后几个人纷纷承认了错误，并保证以后一定负起责任来，我这才放他们回家。

打那以后，我再也坐不住了，希荣也不敢再拦我。我几乎天天都要泡在山上，或远或近，或东或西，了解情况，督促生产，和大家伙儿促膝谈心，农业生产混乱的局面大有好转。

但问题随之而来。

只要我在田间地头一露面，谁见了都要忙不迭地上前搀扶，走得远了，这里送，那里接，前呼后拥一大帮。我反复劝说，但又有谁忍心看着一个没手没脚的人在旁边跌跌撞撞而不伸手扶一把的，劝说非但无效，连希荣也不放心地跟着来了。

这令我倍感苦恼，自己总不能让群众架着、扶着干一辈子书记啊！想了几天，想出了一个大胆而又冒险的办法——夜间上山！趁天黑人静，避开众人，了解情况，指导生产！

几天以后一个月色皎洁的夜晚，我收拾停当，架起拐杖，也没让希荣护送，一个人悄悄上山了。

山里的秋夜，清冷而沉静。有蟋蟀在远远近近的地方鸣叫着，越发衬托出满眼的空旷和寂寥。月光如水，泻地无声，田野中满是碎银在夜风中晃动。

大部分的地块都已经耕翻过了，散发出新鲜泥土的芳香。虽然因工作上的失误，带来了粮食作物的减产，但我大体估摸了一下，挨过一个冬春应该没有什么大的问题，起码也不至于再有人外出讨饭，这多少使我有点欣慰。只要能让大家伙儿吃饱、穿暖，过上安生日子，我吃点苦、受点累又能算得了什么？

过了河，我开始爬向南山坡上四队的几块地。头几天，四队里有人闹情绪，耕种进度受到影响，群众意见不小，说村干部又在拿地出气。我反复调解了几次，最后几个人才答应着这几天抓紧时间赶上进度。可我还是有点不放心，秋分都过去六七天了，这麦子要是再种不上，可真要影响来年的收成了。地荒荒一年，拿地出气万万使不得，对土坷垃里刨饭吃的农民来讲，这分明是自断活路。

这事我不敢大意，虽然到四队的地块有几段路崎岖狭窄，要想独自摸黑爬上去有点危险，但在这种情况下，说啥我也得上去看看。

山里的夜，露水上得快，秋虫像是极快地就被淹没在这潮湿中，再没心绪鸣唱了。清亮亮的旷野里，只剩下这副假肢和拐杖在“咯咯吱吱”、“扑扑通通”、“叮叮当当”地响着，没有节奏，没有美感，忽高忽低、忽轻忽重。

路上早摔过一个跟头了。右腿膝盖擦掉块皮，但问题不大，撑着双拐爬起来，不影响继续前进。可快到四队的地头时，摔的这一跤，就有点惨了。

因为就剩下一个小陡坡了，所以我有点兴奋。虽然自己早有摔跤的思想准备，但没想到仅摔倒一次就能轻松顺利地攀到半山坡。稍一分神，拐杖拄空，人重重地摔在坡上不算，还骨碌碌地滚下去了好几米。这一下摔得不轻，一条假腿又被摔下来了，本来已经愈合得相当不错的截肢面估计可能被戳破了，火辣辣地疼，神经的每一次抽搐，像电流般迅速把剧痛一次次传给大脑。我喘息一会儿之后，干脆把假肢、双拐背到肩上，胳膊腿并用，像只大乌龟似的，笨拙而又艰难地爬上陡坡，一直爬到四队的地头，这才停下来察看伤势。

右腿伤得最重，除了第一跤膝盖被擦掉皮外，假腿被扭掉时，还戳破了截肢面，用臂碴去触摸一下，这才觉得半截裤腿都被伤口流出的血不是血、水不是水的黏糊糊的液体湿透了。

月色越来越亮，白盈盈的，把四周都笼上了一层仿佛飘动着的薄纱。蒙胧中，四队的地平展而松软，这使我刚才因伤而略感沮丧的心大为宽慰。看来他们已经保质保量地完成任务了。这样我就放心了，受这点伤，完全值得！

月色中，我摸索着忍痛装上假腿，站起身来，像一位凯旋的战士，精神抖擞地胜利返航了。

1958年，一个疯狂而混乱的年代。

我是一个有着坚定的共产主义信念的马克思主义者，对党忠贞不贰，眼里也容不得半点沙子。这势必就决定了我在那样一个年代及其以后近20年的时间里，同大多数人一样所不可避免的疑惑、苦闷和彷徨。

我无意去对历史的功过是非做出评判，我只是想以忠于历史的态度，去追述那段岁月中我和我的乡亲们所走过的艰难而又辛酸的历程。

“大跃进”的狂风毫不例外地刮进了荒僻的张家泉村……

面对这股铺天盖地、汹涌而至的历史洪流，我无可选择，张家泉村无可选择，全村的群众也同样无可选择。

那是一个几近狂癫的年代。大炼钢铁、赶英超美、三天后跑步进入共产主义，人们对这个天上掉下来的馅饼深信不疑，兴奋狂乱到周身血液都流淌得大河般惊涛拍岸。

我懵懵懂懂地闯入这样一个时代，带着一脸的迷惘和疑惑。“卫星”满天飞，红旗遍地飘，总路线、食堂化、轴承化、机械化、人民公社、“一大二公”……这一连串层出不穷的“新生事物”让人目不暇接、眼花缭乱，我搞不清、辨不明。但对党的信念和忠诚，又驱使我毫不犹豫地纵身跳入这股火热的洪流当中。

一个完美的共产主义社会，毕竟是自己终生追求和渴盼的理想，我又何尝不想一觉醒来时已换了人间！

这股洪流将我席卷得跌跌撞撞，像一只迷失在大浪中的小船，我努力地想去辨别出方向，拼命地挣扎，试图把自己的心尽量搁到一块真实的土地上……

张家泉的食堂建起来了。

男女老幼纷纷瞪大了眼睛，新奇地注视着这个唯一触手可摸，也是唯一让他们觉着实惠的“新生事物”。

我看不透彻这一“新生事物”的好坏优劣，但既然是人民公社生活集体化原则的根本要求，既然是全县2400多个公共食堂的其中之一，我就没有理由不去办好它。如果不能让大家伙儿吃饱吃好，饿着肚子无论如何也是无法多快好省地建好社会主义的。

每天天不亮，我就早早起床，装好假腿，摸起拐杖，就匆匆赶往食堂。食堂设在村前河边的一个四合院里，虽说还不到300米的路程，可天天摸黑，路又高低不平，摔跤是常有的事，有时还要跌得鼻青脸肿，但我觉不着疼，且天天乐此不疲。

那个时候，浮夸风已经开始刮起。其实在全县的夏季农业生产大检查后，“插红旗，拔白旗”活动风起云涌时，我就觉着这日子一天比一天离奇，工作一天比一天别扭。接下来要求的运输工具轴承化、炊事工具机械化。还有大力倡导的铺设木轨道活动等等，更让人觉着是哪根神经已经不对劲了。唯独对这食堂我干劲十足，唯有它给我的感觉是实实在在的。

食堂化不久，有人提出了近乎荒唐的建议，这建议很快就变成了没有商量余地的命令，从公社传达到了各个村：粗粮要变做细粮吃，低档要改成高档吃，吃地瓜不允许见地瓜，吃高粱更不能见高粱！还取了个堂而皇之的名字叫作“饮食革命”。

这可就难了，那年月，能有地瓜填饱肚皮就算不错了，还要变换出什么花样，实在绝非易事。再怎么变，地瓜也变不成白面啊！

但在这股火热的革命潮流面前，是容不得犹豫和后退的。难，也得知难而上。

我赶紧请来张婶她们，商量如何开展这场势在必行的“革命”。经张婶与女儿贵香还有几个巧妇反复试验、琢磨，还真摸索出了一套无米也成炊的饮食“样板”。

一场食堂风波由此开了场。

张家泉食堂也由此“红旗飘飘”，名噪一时。

这天吃过早饭，下地干活的群众陆续离去后，张婶领着革新组的几位妇女就忙活开了。

她们先是将煮熟的地瓜剥皮，然后放进缸里捣成泥，再滤去水分，加进荞麦和玉米粉和成团，反复揉搓均匀，呈半固体状，再切成小团，最后才揉捏，造型……

食堂的院不大，十几个人忙而不乱、有条不紊。嬉笑声充盈着整个院落。

晚饭前半小时，第一笼“样板”食品终于出世了。果然是功夫不负有心人：只见笼屉上密密麻麻地挤满了成双成对的金龙玉兔、银鱼花鸟、猫狗鸡鸭……活灵活现，玲珑剔透，栩栩如生。腾腾热气尚未散去，阵阵诱人的香味扑鼻而来。

事情就是那么巧合，我在惊叹夸赞了一番之后，就回北屋去找寇长功查核近几日的食堂账目去了。公社的那位负责人恰恰就在这个时候跨步走进院里。

一笼笼珍品般的杰作，让这位负责人喜出望外，又闻又看，赞叹不已：“好！这真是太好了！你们张家泉的食堂这回非插它个红旗不可！”

他边夸奖，边不停地询问着身边的张婶这一“革命样板”的由来。

这时，又有几笼陆续抬了出来，一笼比一笼漂亮。最令人叫绝的是一笼社员劳动场面的人物造型，挥铲扬镢，惟妙惟肖。

这位负责人眉开眼笑，胖墩墩的身体都跟着不停地打着战。

突然，他的笑声像是猛地被堵在了嗓眼里，“嘎嘎”的声音硬生生地从半道上收了回去，大张着嘴没了动静，眼睛紧紧地盯在了一个特别扎眼的造型上。

这个造型比众像高大几倍，身阔头肥的一身官像。头戴洋草帽，单手叉腰，瞪着圆鼓鼓的眼睛，傲视着众人。不过，不知为啥，此人的胳膊却只有一条。

“这、这个人是谁?”他转过脸，紧紧张张地问张婶她们。

张婶领着的这一帮大姑娘小媳妇中有人“扑哧”笑出了声。张婶避开这位负责人凶神恶煞般的眼睛，慢吞吞地说：“这可不是个凡人，是个大官!”

“多大的官？什么人？”他紧追不舍地抢问。

人群中有位姑娘的声音尖而亮：“他有名字，你自己看着呗。”

负责人惶惶地低头去看，造型的后背上插着拇指大的一块硬纸片，清晰地写着“玉皇大帝”四个字。

“妈的！你们吃了豹子胆了，胆敢污辱我？还把老子弄成一条胳膊的残废人！”他一腔怒火骤然迸发，舞扎着双臂，连骂带叫。

一帮姑娘媳妇故意一本正经，很认真地去笼屉上找胳膊，说话的那位姑娘还真的找出了一条右臂，边往造型上安着，边板着脸一本正经地嘟哝：“你看看，你看看，这是谁这么不小心，偏偏把大官的胳膊给弄掉了！俺再给你安上……”

“断肢再植术”正在进行，负责人心肺俱炸，飞起一脚，“哐啷”一声把笼屉踢了个底朝天，一帮造型“骨碌碌”地满院子爬滚了起来。

这帮姑娘媳妇的这个恶作剧闹得虽然有点过火，但也确实有点大快人心。这位负责人平日里心高气傲，劣迹斑斑，社员们敢怒不敢言，背地里给他起了个外号叫“玉皇大帝”，传到他耳朵里，他还得意扬扬：“玉皇大帝怎么了？老子就是要多管几个人，玉皇大帝还管着天下呢！”几个人捏出他的面塑，原本是想出口恶气，不料想他恰好来到村里，又恰好亲眼目睹了自己的形象，这怎能不令他恼羞成怒呢！

听见院子里一阵喧嚣起哄，我忙撂下账本，走出来看个究竟，刚挪出门口，负责人的手指头几乎就要戳到我脸上了：

“好你个朱彦夫，你仗着自己是革命功臣，就胆敢唆使坏人污辱公社领导！领导来视察工作，你非但不迎接，还躲在屋里装不知道的！你想干什么？你说清楚！别人怕你，我玉皇大帝不怕！”

他气势汹汹，一顿劈头大骂，我不知事情原委，一时愣在了门口。

张婶没想到事情会闹到这个地步，慌忙上前解释：

“俺说你领导先消消气，这世界上同名同姓的还不有的是！您咋

知道就是你呢？再说，这也跟朱书记无关，是俺几个偷着做着玩的，要说有错，俺也不是故意的……”

“他不知道？你们哄谁呢？啥事情能逃得过我的眼睛？没胳膊没腿的人才会想出来捏个残废人，不是他是谁！”负责人越想越觉着真切，心火越烧越旺。

对这位负责人，我原本就没什么好感，虽说大伙儿也有点过头，但他拿粮食出气，糟蹋了一笼屉粮食，让我心疼。又这般疯狗乱咬人的德性，更令人反感。我大体了解了一下原委后，压了压心里的火，心平气和地对他说：

“这事我事先确实不知道，您来检查工作事先我也不知道。现在，我一是代表全村群众热烈欢迎领导来视察工作，二是调查清楚此事后，再向您汇报，您看行吗？”

负责人根本听不进去，依旧大吵大闹，声色俱厉：

“朱彦夫，你听着，现在我代表公社党委宣布：一是拔你的白旗，二是勒令你马上写出书面检讨！”

我没想到一场饮食“革命”竟惹出这么大的乱子，自己受点委屈倒没啥，我担心的是这一闹腾，张家泉的“食堂革命”会遭到上级阻拦，费尽心血搞的食堂规划方案恐怕也要泡汤。但领导这样蛮横无理，让我也忍无可忍：

“我不在乎什么白旗红旗，让群众吃饱饭，建设社会主义才是最重要的。书面检讨我不写，因为我没错！”

“你、你敢不服从党委的决定！没有你们这些混蛋，饮食革命照常进行，共产主义照常实现！”他怒不可遏，脸色青紫，抬脚把搁笼屉的桌子踢翻在地后，扬长而去……

奇怪的是，一场面人风波过后，我并没有被当作“白旗”拔去，反而张家泉食堂的“饮食革命”成果引起了轰动，现场会、学习班接连不断，参观、取经队络绎不绝。

仿佛在一夜之间，我居然就成了名噪一时的先进食堂事迹介绍人！

上边很快派人来搜罗“事迹”材料，事情180度的大转弯，虽然让我迷惑不解，惶惶不安，但他们整理上报的“事迹”却让我更为震惊和愤怒：每天净收废钢铁20万斤、食堂养猪2000头、饮食实现革命化、一日三餐糕点化、食堂炊具机械化等等，全是胡吹。

虽然震怒，我却阻拦不了，材料逐级上报上去了。

我不能容忍这种虚夸，共产主义靠嘴吹是吹不出来的！我去找领导，想澄清事实。谁料想，领导们的态度更坚决，而且几乎如出一辙：“这是时代的需要！大跃进的革命斗争需要以虚带实，以少带多，要敢说敢想敢干！思想保守僵化，共产主义还想不想实现？”

如果说共产主义就是这般天地，我宁愿放弃自己的信仰。但在那样一种澎湃激荡的洪流中，我的呐喊、我的愤怒、我的辩解，微弱到根本没人能听得见，也没有谁愿意去听。

这是我的悲哀，是善良朴实的乡亲们的悲哀，也应该是那个时代的悲哀！

张家泉食堂的“伟大事迹”引起了巨大反响，越说越大，越传越奇，短短几天时间里，张家泉村光焰四射，一面红彤彤的典型红旗迎风招展，猎猎有声……

进入1959年，人们更加狂癫，农业生产形势更加混乱不堪……

这年刚打过麦场后不几天，我嘱咐希荣抓紧去磨点面，蒸一顿白面馒头，一来让娘尝尝鲜，二来也好让希荣增加点营养。因为此时我已为人父——我们已经有了一个活泼可爱的女儿！

孩子的出生，让我激动不已，这种激动远远超过常人初为人父时的兴奋！自打婚后，村里就有流言蜚语：“半截子人了，还能结婚生子？就是生了，也准是缺胳膊少腿的……”

如今，我不但有了自己的女儿，而且胳膊腿的啥也不缺！这种彻底击溃流言蜚语的自豪和喜悦，这种感觉自己仍然是个完整人的激动和兴奋，是常人所难以体会得到的。

再过几天，向华就满半岁了，小家伙伶俐而又漂亮，一双好奇的大眼睛总是一眨不眨地使劲盯着这个陌生的世界。给孩子取名向华，是希望她心向中华，从小就能热爱这份父辈用鲜血和生命换来的自由和幸福。

希荣一锅馒头还没蒸出来，张明喜匆匆来到家中，进门就唉声叹气、焦躁不安："这可真是邪了门了！朱书记，这帮子人算是都瞎了眼了，咱大队这回不论是单产、总产还是人均产量又是全公社倒数第一！真是他娘的大年五更出月亮，上年咱就弄了个倒数第一，你还说兴许是人家弄错了，这回怎么样！公社领导非常不满意，让俺给你捎个信，他们过两天可能要亲自来一趟！"

明喜这一顿数落，其实也早在我意料之中，我把怀里的孩子忙交给娘，示意让明喜坐下："你甭着急，这事我早有数了，你慢慢说。"

"咳，我算是开了眼了，他娘的，人家还真是敢吹哩！也不脸红！他们那地还不知能打出几瓢麦子来，就牛皮烘烘地硬说是亩产过万斤！"

明喜拉过一张板凳坐下，越说越烦。

"你是没见！朱书记，人家披着彩绸，抬着彩匾，敲锣打鼓地去公社报喜，哎！公社里还真信！还给他们戴上大红花，还放鞭放炮的。公社里还一个劲地说咱落后，说你是……是落后分子！"

"让他们说去吧！"我递给他一支烟，自己也抽出一支，明喜抬抬屁股给我点上，猛吸几口，半天不说话。

"明喜，你不寻思寻思，咱回回都是一五一十地上报产量和收入，当然赶不上他们的牛皮。咱不和他们比这个名次，他们想吹，吹就是……"

希荣边忙活，边插话：

"哼！光叫人家吹，那些大队哪个也比咱差，可人家一下子就把张家泉甩下了十万八千里，你这当书记的也不觉着丢人得慌……"

"这叫丢人？咱扎扎实实搞生产，有啥说啥，光吹，能吹出饭来？能吹出白馒头来？咱是共产党员，共产党员就应该实事求是，咱不能拿着群众的利益开玩笑，不能拿着谎言去领奖，那个奖，没什么意思!”

我又转脸去对明喜说：“要我看，这股歪风也长久不了，只要能让老百姓吃饱饭，咱当干部的才算真光荣!”

明喜又狠抽了几口，然后掐灭烟头，冲我点点头：“还有，朱书记，林业组那边你还得去说说，这几天有几户上山砍树的，林业组一直拖着还没处理，说是要等你表个态……”

林业组我们去年就成立了，专门负责封山造林。虽然当时的大气候混乱无序，但是由于我的态度坚决，张家泉的农业生产还是保持了相对的稳定，在成立林业组的同时，我们还相继成立了铁业社、馍馍坊等一系列大队副业项目。虽然还不大正规，也仅能算是些雏形，但在50年代末的沂蒙农村，搞这样一些副业项目，绝对是大胆而又要冒一定风险的创举。

但只要是有利于集体，有利于全村群众，我义无反顾。

明喜起身走了，过了一会儿突然又折了回来，从口袋里掏出个小包裹，放到我跟前的凳子上：“差点把这事给忘了，药俺给你取回来了，你看看对吧!”复又转身离去。

我忙叫希荣打开小包裹，里面是两瓶药，消炎用的，是我托休养所孙所长给买的，明喜去公社开会，顺便让他从那给取了回来。

我用两条断臂捧抱起药瓶，端详了一会儿，回头对希荣说：“这药怪稀罕，也怪管用，晚上你再给寇婶、张井大爷、王风德，对了，还有前村的那个王张氏大娘，一块儿都给他们送点去，好几天没去看看了，他们几个的腰腿疼可能早就又犯了。”

希荣闻听，大为不满：“给这个！给那个！弄点药都叫你分没了，自己没药吃，晚上疼得直哼哼，让人家一晚上也睡不好！这两年光你送给别人的药也够开个药铺了，你也不想着给咱娘点……”

娘这两年老说是肚子疼。我又何尝不想给娘买点药吃，可好不容易攒钱买点药来，东家一份西家一份就让我分得所剩无几了，希荣对此意见很大。我只好抽空上山采几味中药，熬了汤给娘喝，娘还说怪管用。

见希荣发牢骚，我赶紧说好话："行、行、行！听你的，这回剩下的都给娘，这样行了吧？"

希荣嗔怪一句："俺也没让你都给娘，你娘俩分着吃……"

见妻子情绪不错，我赶紧抓紧时间"得寸进尺"："哎，我说，这天又快要来雨了，薛文花大娘的屋顶早就漏得不行了，把咱的麦秸给她吧，一个孤寡老人怪可怜的，咱这当书记的不管谁管？我再叫猛子找几个人给她修修……"

希荣一听又有点急："那麦秸……咱的房顶还漏着天呢，"她眼圈有点红，幽幽地说："俺不是拦你，可这样下去也不是个长谱，每月那点抚恤金，还不够你张家两块李家三块送的，你这书记当的……当的，唉，没准哪天你也得把这半条命搭上！"

希荣不愧是希荣，虽然并不十分情愿，但第二天她还是把麦秸给薛文花老人送了过去，而且，还给老人送去了几个头天刚蒸下的馒头。

这就是我的妻子，一位平凡而又宽厚、善解人意而又富有爱心的普通农家妇女！

几十年来，从内心深处，我一直对妻子充满了无尽的感激和深深的歉意。没有她的精心照料、相濡以沫，没有她默默无闻的奉献和一颗伟大的爱心，就根本不可能有我的今天！而这样一个特殊的家庭，又让她背负了多么沉重的负担，饱尝了不知比常人多多少倍的苦楚啊！

在我们家，最繁忙劳累的人就数陈希荣了，除了天天下地干活挣工分外，垫拦、挑水、拾柴、做饭，全是她一个人的。单是这做饭一项，每天就忙得她脚底下生风。

希荣每顿饭得做出三样来：娘不吃腥，她就变着花样做点素的；有点猪肉、鸡蛋什么的，全做给我吃；她自己每天吃的却是地瓜面摊的煎饼。有时我心疼地看不下去，故意把饭菜剩下一半，心想：你最怕浪费，兴许自己就吃了。可等到下顿，她热过之后重又给我端来，自己从不动一筷……

虽然生活我基本自理，可她心疼，总不让我自己干。穿衣、洗脸、装腿、便解、端水、端药，几乎全部被她包揽，一干就干了四十多年！

我们头一个孩子出生前一天，希荣拖着孕身，艰难地把水缸里的水挑满，然后又到河里砸开冰碴，在冰冷刺骨的水里把全家人该洗的衣服统统洗完，最后还又咬牙硬是摊下了几十斤煎饼，一切准备妥当了，孩子也快要出生了。第二天一早，她就拖着极度虚弱的身体下床做饭，重又开始忙里忙外。三天后，她就开始到山上干活，寒冷的冬天，北风刺骨，看着严寒中她孱弱的身影，知情的人都心疼地掉下眼泪。

每年的秋天，队里分地瓜，一次都要分上几百斤，有时上千斤，还得从地里一袋子、一筐子地背回家。我家人手少，希荣就领着大女儿向华，二女儿向荣，一趟一趟往家背，有时要一直背到深夜。漆黑的山道上，一不小心就会连人带瓜摔倒在沟底……

有一年我在东里医院住院，妻子抱着刚出生 4 个月的女儿日夜守候在病床旁。晚上，娘儿俩就睡在病房外走廊的水泥地上。铺的盖的，就只有我的一件破棉袄，一大半都是给女儿铺盖着，自己仅盖条袄袖……

就是这样一位女性，她用自己的手脚给我撑起了一片天空，用自己的坚韧与博大，在我荒凉的心灵中营造出一片生命的绿洲！有了她，才会有我的成功，有了她，才使我能够信心百倍地向人生极限发起了一次又一次的挑战和冲击！

我会永远珍爱我的妻子。如果有可能，我情愿用自己的生命去化作一双神奇之手，去抚慰她疲惫的心灵，抚慰她憔悴而苍老的面容，去扶起她已经不再挺拔的腰身……

转眼，已是 1959 年的秋后了。

张家泉的食堂虽然依旧“红旗招展”，但一个令人沮丧的现实却严峻地摆在了全村人面前：经初步估产，大秋作物严重减产，原先催人振奋的千斤、万斤乃至百万斤的“样板田”、“卫星田”，庄稼不遮地皮，甚至大面积荒芜，或被山洪冲垮，一度喜气洋洋的干部社员们垂头丧气，人心惶惶。

作为书记，农业生产搞成这般光景，我负有不可推卸的责任。对乡亲们，我惭愧而内疚，可在那样的年月里，我一个人的力量又是多么微不足道，“卫星上天红旗遍地”的革命形势毕竟不是我个人所能左右的……

减产造成了人心恐慌，食堂的粮食在莫名其妙地减少，往日的规章制度已不如煎饼、糊糊起作用，做饭的怀揣腰掖，干活的连偷加摸，谁也不愿管，谁也不愿说，毕竟人人都需要吃、需要喝。

我心疼、焦急而又无可奈何。

终于有人把食堂的现状捅到了公社里。那位负责人原本就窝着一肚子火，此时终于抓到了把柄，气势汹汹地赶来兴师问罪了。

社员们原本就饿得眼珠子冒火，见这位负责人颐指气使、装腔作势、根本不顾群众死活地还在那儿大吵大嚷，众人便一起起哄，然后各自丢下手中的工具，轰然而散，纷纷回家了。

一个“革命化”的食堂，一面鲜艳的“红旗”就这样烟消云散、寿终正寝了！

食堂垮台后，更糟的事情也接踵而至。

虽然已近晚秋，但张家泉村的主粮——地瓜仍然没有收刨。因为上边有指示，要共大堆，公社集中分配。早秋作物因减产、被盗、吃青而荡然无存，断粮的恐慌第一次笼罩了全村。村民中开始出现骚动。

人们纷纷把饥饿的目光紧紧盯住了尚在地里的地瓜，一个冬春的生计就全指望它了！

收刨的命令迟迟不见下来，我几次打发猛子等人去公社询问，得到的回答总是等等再说、经济要服从政治之类。还指示我们村干部要鼓励广大革命群众发扬大无畏的革命英雄主义气概，树立信心，昂首挺胸迎接伟大的1960年！

这简直是屁话！听完猛子的汇报，我焦躁不安，肚子都饿瘪了，还昂什么首，挺什么胸？再者节气不等人，地瓜如不赶快收起来，万一来场霜冻，后果将不堪设想。

最担心的事最终还是发生了：一场突如其来的霜冻果然把部分地瓜冻在了地里！

形势紧急！容不得我再犹豫和顾虑了，我横下一条心：犯政策错误总比让群众外出要饭、总比饿死人强！我就不信共产党会真的抛下群众的死活不管不顾了！

我赶紧叫来明喜、猛子他们，吩咐立即组织人员，火速抢收地瓜。明喜胆小，怯怯地问：

“公社里知道、知道了咋办！这可是要、要犯错误的……”

“要不，要不再等等看看，不行，俺再去问问……”猛子也一反常态，谨小慎微起来了。

“再等等？等到什么时候！等到地瓜都冻成冰蛋？”我不由勃然大怒。明喜原来就怕事，我是知道的，可我纳闷猛子咋也成了这副德性。

“这事事关人命，咱没时间等！他们要是研究到过年，咱还不得饿死一半！趁天好，赶快刨！不管按什么办法分配，先刨出来，按人口分到户，转过年再按政策找平。我是书记，上边追查责任，我一人承担，我不怕犯错误，你们只管执行就行了！”我不由分说，斩钉截铁。

十天以后，地瓜全部收刨完成，瓜干也大部分晒干收起来了。虽然被冻坏了一部分，但平均亩产仍然达到了 2600 斤，人均达到了 400 斤。在当时，这是一个相当不错的收成了。

正是靠着这点地瓜，张家泉的百姓熬过了一个冬春，没有挨饿，没有出现大的混乱。

但事情并没有结束。

单是年前，我就接连两次被“传唤”到公社，火药味也一次比一次浓。

年终报表交上去不久，公社领导就捎信让我立即到公社去一趟。

我心里有数，头几天，明喜就跟我说了，今年张家泉又是倒数第一，领导找我无非还是为这事。

第二天一早，我让保管寇长功推上一辆独轮车，陪我一块去公社。20里山路，我自己硬撑着走一阵子，再让长功推一阵子，晌午前，总算赶到了公社。

领导们等我早就等得不耐烦了，见了面，连寒暄也没有，单刀直入：

“朱书记啊，听说这几年的统计报表都是你亲自参加搞的，可数字就是上不去，你就甘心落后吗？”

果然就为这事，我心里有底了，不慌不忙：

“我们大队自己比较，年年都有发展，就是这点进步，社员们也是尽了最大努力的。”我不卑不亢，从容争辩。

领导拿起厚厚的一本年终统计汇总，不屑一顾地掷到我眼前：“开开眼界吧！还进步！你们那点也配称得上进步？”

汇总上统计的数字确实惊人，张家泉与之相比，简直是不及沧海之一粟！一个比张家泉村小的、只有300口人的大队，明明白白地写着粮食总产200万斤，玉米亩产5万斤，地瓜亩产12万斤，年出栏肥猪5000头……

越看我越震惊，我想象不出这些村在造这个表时，领导们在看这个表时，各自都是什么心态，是彼此心照不宣还是各怀鬼胎？

我觉着可笑又可悲，平静地跟领导说：“这绝不可能！这些天文数字游戏，你们领导上也信？”

“什么不可能！自己工作上不去，就怀疑这个，就不信那个，你这人思想上可有大问题！”我的沉稳显然激怒了领导，他双手叉腰，在屋子里来回窜动，脸部要涨红了。

“你也算是功臣，可思想落后保守！还当什么支书！大跃进，大跃进！你根本就不知道什么是大跃进！就是你们这个干法，牛年马月也甭想实现共产主义！前段时间，你擅自违反公社命令，私刨了地瓜，领导上还没有找你算账呢！你考虑考虑吧，今后要再这样下去，看来就非得拔你的白旗不可了！”

我憋了一肚子的火也腾地一下烧到脑门：“你们爱拔不拔！这书记也不是我想干就干上的，只要干一天，我就不会弄虚作假，共产党不兴这一套！刨地瓜是我做的主，我不能眼看着地瓜烂在地里，也不能眼看着群众挨饿、要饭！领导上愿意怎么处置，随便！”

我的话掷地有声，再谈下去也不会有什么结果，我摔上门，扬长而去。

这是第一次冲突。紧接着又来了第二次。

年底前几天，公社里召开年终总结表彰大会。明喜早就打听过了，根本就没有张家泉的份。可公社的通知语气强硬、不容分辩：抬也得把朱彦夫抬来参加会！

我没让人抬，依旧是一辆独轮车踏雪而去。

会场上热闹非凡，彩旗飘飘，人声鼎沸，和饥荒的年景形成了强烈的反差。

我极为反感。大喇叭里反反复复地播送着《战地进行曲》，嘶哑而尖厉。我耐着性子，竖起全身还算完整的一双耳朵，烦躁不安地听着这首久违的曲子。

发奖的时刻终于到了。一个个大队支书兴奋得两腿都僵硬到不知如何迈步，大红花把前胸和脸庞都罩进了一片红晕中，原本一张张饱经风霜的脸膛，此刻涨红而变形，机械、僵硬的笑容，掩饰不住的内心的空虚。

我坐在台下，像看戏似的，好奇而又鄙夷地冷眼注视着这一切。

散会后，我随即被传唤到领导的办公室。

“有何感想啊，啊？”领导两手把玩着正冒着热气的茶杯，一副装模作样的严肃和认真。

我最看不惯这等架势，话出口就冲：

“感想满怀啊！可吹牛不当饭吃，大红花不当衣穿！”

领导把茶杯猛地往桌上一蹾，茶水溅了出来，烫得他龇牙咧嘴，连吹气带甩手。

“上次没拔你的白旗，是考虑到你的特殊情况，你不要依仗着有功就吃老本！革命形势一日千里，不进步就会被历史的车轮甩得远远的！你要有个清醒的认识！”

领导怒气冲冲，犹豫了一下，还是扔给了我一支烟，自己也点了一支，抽一口，吐出了很规则的烟雾，丝毫看不出受到激动情绪的影响。

我笨拙地擦火点烟。说心里话，我也不想弄得太僵。再说，领导们毕竟还是十分关心和照顾我的实际难处的，我也想缓和一下气氛。

“朱书记啊！领导上几次找你谈话，还不是为你好吗？不踊跃多交粮食，怎么为国家再立新功？对不对?”领导站起身来，慢慢踱到我跟前，换了一副很亲切的口吻。

“你想想，如果全公社都跟你们张家泉一样，国家一年才收几颗粮食，要是美帝国主义蒋介石再打过来，让解放军喝西北风去?”

我一听气得想笑：“噢，我没见过美帝国主义！美帝国主义是让你打跑的?”

领导被噎得怔在那里，半天再没说出话来。第二次“传唤”又不欢而散。

冬好挨，春难过。1961年春天，一场空前的饥荒席卷而来，张家泉的情况也好不到哪里去，村里的形势又一次严峻起来。

能吃的，全吃了。家里再也找不出一粒粮食的时候，人们把饥饿的目光开始扫向野外。除荠菜、苦菜等各种野菜外，就连刚冒芽的刺槐、杨树叶、桑叶、榆叶，碱性极大的棉槐、柳芽也都一扫而光。

社员们开始出现浮肿。而饥饿的肚腹仿佛永远也填不饱，需要不停地搜罗并填充进这些树叶、野菜，越吃越饿，越吃越肿。肿得浑身像充了气，一按一个大青窝子。脑袋也硕大如皮球，睁不开眼，张不开嘴。人们交相哀叹。有几户村民实在熬不下去了，打算举家外出讨饭。可这饥荒之年，又不是一村一社断粮断炊，即使外出也讨不到糊口之食，更何况拖家带小的，又能走出多远呢？几户人家哭丧着脸，不知该走还是该留。

我也束手无策。攒下的一百多块抚恤金，我早就让希荣拣最困难的农户挨家一份送去了。可这根本不解决问题，大荒之年，有钱也买不来吃的。

家里原来还有一部分地瓜干，希荣分了十几份，挎上个篮子也挨家挨户送出去了，同样是杯水车薪，我也不得不靠野菜过活了。

我的一家也出现了浮肿，娘肿得最厉害。二女儿向荣也恰好在这个时候出生，小生命偏偏要降生在这个多灾多难的年月，从小就尝尽了生活的艰辛。

这天傍晚，希荣端给我一碗水煮的荠菜，见我狼吞虎咽的样子，她心疼得有点哽咽："你……这身体，还能撑吗……"

残躯这阵子早就"警报"不断了。由于饥饿和焦虑，右眼视力重又开始变得模模糊糊，浑身乏力，头晕目眩；截肢面一旦磨破，就久治不愈，而且极快地就化脓、溃烂，疼痛难忍。

我看一眼希荣，她更不容易，两个幼小的孩子几乎已将她拖垮。没日没夜地操持和劳累，缺吃少喝的年月，特殊家庭里常人意想不到的困难和重负，全压在了她孱弱的肩膀上。浮肿灰黄的脸庞上，早已经看不出一点当年白皙、光润的模样。我心里一阵阵酸痛，强做出笑容：

"放心吧，我没事，我没胳膊没腿的，零件少，消耗就少，随便吃上点东西就足够了。这野菜可比当年雪地里的棉被套强多了！"

我故意哈哈干笑几声，嘴角跟着剧烈抽搐起来。这副难看的模样非但没能安慰希荣，反而惹得她眼泪吧嗒吧嗒地掉了下来。

看到希荣哭，我心里更难受。一家之主和一村之主从责任上讲大同小异，让人吃饱穿暖这本是最基本的要求，可就是这些最基本的要求，我也没做好。可在那年月里，我回天无力，甚至连一句安慰和歉疚的话都难以开口。

正踌躇和惆怅间，明喜、长功还有猛子前脚跟后脚地匆匆来到屋里。

他们是我叫来的。眼下这情况，总得商量个应急办法，干挨下去，是会饿死人的。

几个人一脸菜色，有气无力，进了门，话都懒得说，找个地方蹲下，抽起闷烟来。

希荣忙抹了把眼泪，招呼了几下，就到娘屋里喂孩子去了。

屋里死寂，谁也不愿先开口。

我叹口气，环视着这几位同样一筹莫展的村干部。这几年，虽然日子难过，但也多亏了他们几个跑前跑后，费心出力，我从心里感激他们。

“叫大家来，咱们开个支部会商量个办法，咱村目前的情况大家心里也都有数，再这么下去，非坏事不可……”我语气凝重，一字一句地说。

明喜抬头望望我，又无可奈何地垂下头去。

“长功，你统计的浮肿病人情况怎么样?”我转眼去问长功。

长功一脸哭丧：“情况很严重，全村出现浮肿的有 300 多人，除极少数几户外，全部断粮，有几位老人已经、已经快……不行了，几户准备出去要饭的还没走，他们指望着大队里……还有什么办法……”

猛子相了半天，像是赌气似地嘟哝开了：“嗨，咱这小庄，要啥没啥，俺听说人家柳枝峪弄来一台叫什么机的玩意，把地瓜秧子磨碎烧糊糊喝……噢，对了，可能就叫磨碎机，是吧，长功?”

“唉，管它什么机，咱也买不起，俺兄弟饿急了眼，推着车瓜秧想去叫人家给磨磨，可人家不干，还说是……说是张家泉有、有大人物……您自己怎么不买一台呢……”明喜一边嘟哝，一边拿眼怯怯地瞟了我几眼。

哎！这办法行！张家泉有的是瓜秧子，要是也弄上一台，兴许是个应急办法。我眼睛一亮来了精神，也顾不得人家的闲言碎语了，忙问猛子：

“哎！你再说说，这个……什么磨碎机，咋着个使法?”

“不叫磨碎机，叫粉碎机，听说是从县里买来的。公社里有个领导是那个庄的人，听说是他给贷款买的。也甭用电，但得吃油，一霎工夫就吃一大桶油。瓜秧子一霎工夫就磨得稀碎，再上碾推推，掺上点菜叶子烧糊糊喝！”不等猛子开口，明喜抢先答道。

“是不假！听说一天能磨好几百斤呢！”长功也附和道。

“磨好几百斤你也捞不着，你有钱买？”猛子闷声闷气。

“好好好！这可太好了！你们几个怎么不早说呢！”我闻听大喜过望。“钱不成问题，人家能贷咱就不能贷？县里董书记来看我时，说有什么难处就去找他，我看咱就托董书记帮咱贷点款，这事他准支持！”

我这几句话，一下子给几个人来了劲，他们像是突然间看见了光明，兴奋得眼睛发亮。

“嗨！大叔你咋不早说你县里有熟人呢？县委领导可比公社领导大，这事稳了！”

“咱庄里瓜秧子不少，这回可有救了……”

几个人你一句我一句，兴奋地议论着。

我也兴奋异常，几天来一直为饥荒愁得彻夜难眠；突然间有了办法，我心里一下子轻快了不少。

“长功，这事算你的，先去打听一下价格，估摸一个数，肯定还得烧柴油，柴油钱也一块算上，看看得贷多少钱。算好了，我给董书记写封信，你辛苦一趟，连贷款带买机器，一趟办完，怎么样？”

“没问题，我明天就去打听一下……要不，我现在就去？”长功急不可耐，拔腿就想去八里外的柳枝峪村。

“甭急！明天去吧，还有个事咱还得商量商量！”我喊住长功。

“咱村浮肿病人这么多，情况很危险，东里医院的王院长跟我很熟，还当过我的媒人呢！这事得找他帮忙了，最好能让他派个大夫来，实在不行就先买点药吃吃……不行从贷款里挤出点钱来买药，浮肿病也不光咱村里有，不支现钱恐怕也不好办！”

这无疑又是一个喜讯，猛子一听就乐得蹦高：

“嗨，俺选你当书记还真是没选错！你简直快成了智多星了！”

明喜、长功也是喜形于色，救人毕竟是当务之急。猛子争着要去医院联系，明喜也要去，我忙制止：

“别争了，这事我得亲自去一趟。既然浮肿病不光咱村里有，估计医院里也够忙活的，我去一趟保险点。反正路也不远，找个人送我去就行了。”

商量完这两件事，大家都觉得轻松了很多，猛子给我卷了支烟，又给我点上，几个人也把烟袋锅子抽得“吱吱”响。

大家正说着话的当儿，有俩孩子气喘吁吁地闯了进来。见满屋子是人，有点吃惊，呆愣了一会儿之后，张井大爷的儿子闻星才把手向我们几个人一伸，小手里竟是一把地瓜干！

几个人不知出了啥事，面面相觑。我正要开口，闻星上气不接下气地说：

“报告……大叔，咱村的仓库被人扒开了个豁子，里头……还有地瓜干，这是俺放学路过时拾的！”我闻听又惊又喜，惊的是村里居然出了大案子，喜的是仓库里竟还有地瓜干！

大队仓库里有地瓜干我确实不知道。自上任以来，我就没去过那仓库。那年月，大队里穷得叮当响，也确实没啥值钱东西需要去过目、交接的。明喜他们几个人倒是知道，但一来要动用储存下的这点救济粮，需要公社批准，不到万不得已，谁也不敢动。二来几个人也确实急昏了头，又事隔多年，他们也忘了给我汇报这事了。

事不宜迟！我吩咐明喜、长功先去现场，看看情况，留下猛子帮我快速装好假腿，随后也赶到了仓库。

见我来到，长功急忙汇报情况：“是从后墙捣开墙坯挖的，洞很小，进不去人，估计偷走的也不多，根据情况判断，可能是外村过路人饿急了眼干的。”

“俺伸手抓了一把，黏糊糊的，早烂了，好点的也都长了毛，真是可惜！”张明喜一脸惋惜和焦急。

“现场没敢动。”长功道，“是去公社报案，还是咱自己先找找线索再说？”

“先别慌，”我早有了自己的打算，我走到后墙根，撑着拐，伸长脖子从墙洞朝里望了望，转脸对几个人说：“这叫天无绝人之路！这小偷可是救了咱一命啊！要不是这小偷，谁还想着咱这地瓜干子？钥匙呢？先开门看看再说！”

“钥匙早找不着了，也不知在谁手里。”长功焦急地说。

“砸开！”我吩咐道。

锁早已锈迹斑斑了，猛子找了块石头，不几下，就砸开了锁。

这间仓库不小，地瓜干一直垛到房顶，数量还真不少。一股股霉烂味扑鼻而来。

我挑了几块搁嘴里嚼了嚼，虽又苦又霉，但充饥起码比树皮草根强多了。

“救命粮就是救命的时候用的，我提议：一边上报公社，一边抓紧分粮！今晚上就分！明喜去通知各队队长现在就来开会！”我毫不犹豫。

“可……这事，公社里怕是……”明喜面带难色，犹犹豫豫地望着我。

“他公社里也不能见死不救！也不能眼看着饿死人！”明喜的胆小怕事，让我勃然大怒。“眼下当务之急就是救人，饿死了人，破了案顶屁用！先分了再说！公社那里有我顶着，责任我负！”

一切按照我的计划有条不紊地进行着。开过队长会之后，乡亲们提筐子、背筐子的纷纷拥到仓库，欣喜若狂地领到了“救命粮”。

除去烂得严重而不能食用的，大约还有一万多斤，全村 500 口人，按人头每人先发十斤，其余的等上报公社后再说。

第二天，按原计划“兵”分三路：长功直奔县城联系贷款购买机器；明喜、猛子去公社汇报分粮情况；我去东里医院联系大夫、药品。

长功第二天下午才赶回来。董书记不但帮着给贷了款、买了粉碎机，还给找了辆驴车运送到村里，并安排了一名技术人员一同来传授操作技术。

猛子、明喜那边也没出大的乱子。挨饿也不光我们，公社干部们也有心无力了。

我当天下午就赶回了村里，王院长派来了两名大夫，还带了一部分药品，连夜诊治，一切顺利。

1961年的春天，那个饥荒的年月，我们总算苦撑苦熬了过来，全村没有饿死、病死一个人，更没有一户外出讨饭的。

我和村干部们都觉得十分庆幸，也十分欣慰。

连着几年歉收、挨饿，使我寝食难安。

虽然这里头有个形势不好、干部群众不能安心生产的原因，但现实也逼迫着我不得不把目光注意到全村的土地上来，总想在现有的土地上做点文章，找到一个增产增收的突破口。

张家泉两山夹一河，山高坡陡，大部分土地都跟一块块补丁似地挂在山坡上，干旱贫瘠，产量极低。沿九曲河两岸倒也有一些零星的地块，但那些地根本指望不得，好年景兴许还能收获一点，可一旦山洪暴发，便颗粒无收。

由于山洪经常泛滥，洪水渐渐将村子周围冲出三条大沟，像三条长蛇，盘绕全村。沟内乱石如阵，寸草难生。多少年来，一直荒废着。而且由于年年洪水冲刷，沟越来越宽，越来越深，将沟两边的地块分割得七零八落，渐渐吞噬着沟两侧深厚的土层。

深秋的一天，我又一次爬上南山顶，俯视着全村仅有的土地，一阵阵犯愁，一遍遍琢磨。冥思苦想一番，还是没辙，泄气地盯着村东边最大的那条沟直发呆。

这条沟南北一千多米长，汛期洪水直泻而下，沟尾一直延伸到九曲河边，平时是牛羊专道，村里人都叫它“赶牛沟”。

我出神地呆望着这条沟。年年它都要肆虐山村，给村民带来多少灾难啊！要是没有这条沟，要是那地方全是一片平展展的土地，那一年该多打多少粮食啊！我痴痴地想。

这个念头一闪而过的时候，一个大胆的设想一下子跃入脑海："能不能用石头把沟棚起来，让水从下边流，上边垫土成田，与两边的农田连成片，不就变成大片的土地了吗?"

有了这想法，我兴奋异常，激动得连溜带滑地下了山，马上召开了党员干部会。

我眉飞色舞地把想法说了一遍，十几个人却像挨了一闷棍似的又惊又呆。半晌，才有人愣愣怔怔地小声嘟哝："这沟荒了几辈子，也能治?"

"怎么不能?"大家伙儿有顾虑、有疑问这是在我意料之中的。"事在人为嘛！只要大家齐心协力，就没有办不到的事，再说，干这项工程咱也不是盲目蛮干。"我把自己琢磨的具体施工方案和治理后增加的效益情况又详细说了一遍。

明喜瞪着双眼珠子疑问：

"好是怪好，可咱村总共才百多号整劳力，这么大的工程，会不会够呛?"

我撑着双拐站起来，环视了一下大家，语气诚恳而坚定："困难肯定不少，干啥没困难? 小干小困难，大干大困难，不干没困难。可要是不干，沟还会继续冲下去，越冲越大，越大越荒，到时候连眼下这点粮食也打不出来了！下决心、下大力，把荒沟治理好了，就会变成咱们的一个小粮仓!"

我顿了顿，见大家表情都很庄重，就又加重了语气："咱共产党员当年豁出命来打天下，不就是为了让老百姓过上好日子吗? 有困难，我一个没胳膊没腿的残废都不怕，你们还怕啥!"

党员干部们有了劲头，群众很快就发动了起来。秋收秋种结束后，全村近200名男女劳力，浩浩荡荡地开进了"赶牛沟"。

自己的命运只能靠自己去改变。为了不再受饥挨饿，社员们干劲冲天。

大队人马兵分几路。有的上山开石运料，有的下沟开挖墙基，有的挖土垫地。

一镢一锹，一筐一车，一米一米……白天，农业劳力干，夜里，副业劳力接着干。

寒冬时节，北风呼啸，滴水成冰，工地上却热火朝天。一直干到临年节，过完春节再接着干。

当时不知什么人编了一句顺口溜：干到腊月二十九，吃了饺子再下手。

这并非出自我口，但用来说明当时群众战天斗地的高昂劲头，还是相当贴切的。后来到了“文革”期间，有人就据此说我不爱惜百姓，滥用人力，给我罗列了一大摞罪证。这是后话。

从开工到结束，我始终没有离开工地半步。天天要拖着沉重的假肢，在一千多米长的工地上来回地指挥施工，督促进度，检查质量。见我疲惫和艰难的样子，乡亲们心疼，就劝我：“这里的活一切就绪了，您就放心回去休息一下吧，甭在这里受冻了……”

看着这些朴实、勤劳的乡亲，看着他们同样疲惫不堪的身影，我又怎么忍心独自回家休息？我咬咬牙，眼睛有些潮湿：

“我怕冷，你们就不怕冷？不能干重活，干点力所能及的还行！”

人手紧张的时候，我干的就不仅是力所能及的轻活了。有好几次我都扔掉双拐，踉跄着脚步，用两只残臂去抱起几十斤重的石头，一趟趟送到沟底。每次都是直到残臂被磨出血来，我才肯在众人的劝说下休息一会儿。

一个冬天下来，搬动土石 2 万多方，终于用石块棚起了一条宽 5 米、深 1 米、长 1500 多米的地下暗渠。

荒废了不知多少年的“赶牛沟”，最终变成了 40 多亩平展展的良田，当年就产粮 5 万多斤。

这项工程惊动了县里。又是现场会，又是参观学习，张家泉又一次出了名。

面对各种各样的赞誉，我心里很不安，自己只不过干了一点应该干的事情。我暗暗提醒自己：要想让大家伙儿真正过上富足安康的生活，我要做的事情还多着呢！

苦干实干方能改变命运。这一项工程让群众尝到了甜头，也让群众明白了道理，增添了摆脱贫困的信心。此后，张家泉再没有一个清闲的冬天，乡亲们一呼百应，人人甩开膀子大干。两个冬春以后，另外两条沟——“舍地沟”、“腊条沟”也相继在我们手中魔术般地变成了70多亩良田，每年又增产粮食8万多斤。

后来，我给群众算了一笔账：苦干三个冬春，三年时间里多收粮食近50万斤。等于全村群众人均多分了1000斤，在那个饥荒连连的年月里，这是一个相当惊人的数字。

直到60年代初，张家泉村的一千多亩山场依旧光秃秃的，贫瘠而荒芜。

靠山本当吃山，可除了乱石和荒草，这山既不吐金，也不流银，倒是把无穷无尽的沉重和凄苦年年岁岁地压在了山里人的心上。

村里原本是有一个专管治山造林的专业组的，但极不正规，加之连续几年农业秩序混乱，造成责任不明、力量薄弱、形同虚设。白忙活了几年，收效甚微。

当初，在我决意成立这个专业组时，村里的人就议论纷纷，持反对意见的占了绝对的多数。他们认为张家泉造林无望的证据有两条，条条都确凿有据，似乎根本就没有我争辩的余地。

一条是村里妇孺皆知的一则传说。说的是早年间，有个秀才赶考途经张家泉，贫病交加，奄奄一息，倒在了村西南的龙王庙里。张家泉先人仁爱厚道，便将他抬回村里精心调养，直至病愈。后来，秀才做了高官，难忘救命之恩，遂给张家泉村送来金银无数。可山里人不爱钱财，不图报恩。推辞不下，先人们对他说：你在村周围的荒山上栽些树吧，既造福乡里，又可使子孙后人不忘你的恩典。秀才感激之余，就调来人马，很快就在山上栽满了树。可待到来年开春，满山的树木均枯萎而死。唯独山下一株被丢弃的树苗竟奇迹般地活了下来。村里人诚惶诚恐，唯恐有什么不祥之兆，遂在此树下立一石碑，记载了这个令先人自豪又酸涩的故事。并从此得出了一个地脉相克、不宜植树的遗训，伴着那株至今已经繁盛参天的大树，就一直流传了

下来。

有凭有据，山里人深信不疑。

第二条证据近在眼前。新中国成立后，政府极力倡导治山植树，由于树苗是政府白送的，所以村里人抱着不种白不种但依旧疑疑虑虑的心态，还是把几座荒山上统统种上了树。

树果然一棵也没活，村里人彻底失望地拔回家，当柴火烧了。同时也把绿色和富裕的念头烧得一干二净了。

林木难以成活当然有它的原因，但地脉之说则是无稽之谈。在这种情况下，要想发动群众治山造林，向荒山要宝，肯定也绝非易事。

造地工程完成以后，我就把主要精力转移到了造林的目标上来。

缺乏理论依据，我找来有关书籍认真研读，并几次爬上南山北山，仔细观察和琢磨土壤状况。我还专程几次去那棵古树下转悠，查找它之所以“一枝独秀”的原因。那树恰巧盘根在一块三面是坡的凹地里，山上的雨水三向汇聚而来。

由此不难看出，土壤差别的原因根本不存在，山上树木之所以难以成活，无非一是缺乏必要的水分，二是缺乏必要的管理。根据这种情况，只要树木品种选择得当，加强科学管护，就一定能让荒山变成宝山，穷山变成富山！

得出结论后，我马不停蹄地接连召开了党员干部会和社员大会。反复地做工作、讲道理，虽然并没有彻底消除大家心中的疑虑，但造地工程的巨大成功毕竟给大家增添了不小的信心。他们相信只有苦干才会改变贫穷的面貌，不去一试一搏，就不可能有胜利的甘甜！

在我的坚决倡导下，开发荒山发展经济的规划最终得以实施。

为了加强力量，我从各生产队抽掉了一批肯负责、能吃苦的精兵强将，正式组建了张家泉村治山造林专业队。

又一场改变贫困面貌的战斗打响了。

荒僻、沉寂的土地上，开山炮声震耳欲聋。

这是张家泉有史以来第一次改造山河的炮声。这炮声，寄托了多少代人的希望；这炮声，唤醒了群众摆脱贫困的渴望；这炮声，更像是一声声呐喊，在与昨天诀别，在向明天呼唤……

在接下来的几年中，我们一刻也没有停止过改造荒山的步伐。本着合理规划、科学治理的原则，山顶栽植了有利于保持水土的松柏及刺槐，山腰植满了花椒、桃、杏、苹果等经济林木，并将漫山遍野疯长的野生酸枣树嫁接上了桑树。

这样一场摆脱贫困的战斗，充满了艰辛和苦涩。但大家伙儿还是咬紧牙关挺了过来。几年以后，穷山荒山真的换了一副模样：春天鸟语花香，夏天郁郁葱葱，秋天果实累累……我们村的花椒园、桑园、苹果园等在当时的唐山公社，都是绝无仅有的。

苹果园的故事最为辛酸。

当时，村北山上有片荒坡，土层较深，土质、坡度等也非常适合建立一片苹果园。

为了拿出详细的规划，我不顾众人的阻拦，一次次沿着陡峭的山坡爬上爬下，一次次摔倒，一次次跌得鼻青脸肿。群众再也看不下去了，几个人找来一把太师椅，一连几天抬着我上山。有一天，抬椅子的长功也失了脚，连椅子带人一齐滚下了山坡，胳膊腿擦伤出血倒在坡底，要命的是墨镜镜片摔碎后插进了左眼窝。幸好左眼窝里没眼球，这玻璃渣子有点做了“无用功”。可那几天这眼窝本来就在发炎流脓，这一下造成了更加严重的感染，半边脸部跟着肿得老高，我被迫住进了医院。

果园开始动工后，为了掌握质量，又避免耽误大家劳动，我不得不重新开始“夜间巡查”制度。

记得那次是个月落星稀的夜晚，我悄悄装好假腿，就要出门，希荣问：“还要去看看？”

“今天开始挖树穴了，我得去看看深度够不够。”

“天这么黑，还是俺陪你去吧！”

“娘一个人弄不了这几个孩子，你甭去了，我去看看，一会儿就回来。”

妻子不放心地目送我走出了家门。

一路上小心翼翼，倒没出事。在果园东摸索、西打探的时候，却脚下一软，“扑通”摔进了一米半见方的坑穴里，一只假腿被自己压在了坑底下，另一支横在了坑沿上，嘴里灌了一嘴土，眼也被迷得睁不开了。挣扎着跪起来，想爬上坑来，可怎么也爬不出来；好不容易爬上坑沿，又连人带土塌了下去。我心疼大家伙儿的劳动成果，不忍心再弄塌坑穴，索性坐在坑里不再乱挣乱爬了，因为希荣有个习惯，只要我长时间不回去，她肯定来接我。

我背靠着坑壁，边喘息边焦急地等待着希荣的喊声。

此时已是初冬季节，山里的风没遮没拦，尽着性子放开手脚地刮。一会儿的工夫，我浑身就冻得哆嗦起来，使劲往坑底缩缩身子，尽量避避风，但寒冷仍然一阵紧过一阵。

大概过去了好几个小时了，恐怕到下半夜了吧，希荣咋还没来？

我再也撑不住劲了，一边埋怨希荣的粗心，一边赌气地用冻得已经不太灵便的两只断臂使劲地把周围的土全扒了下来，一直填到半坑，这才艰难地爬出坑来，哆哆嗦嗦地再把摔掉的假腿装好，撑起拐杖，回头有点惋惜地看看那坑，这才慢慢地回家来。

可我哪里知道，就在我静待希荣来接的时候，家里也出了事。

见我长时间不回，希荣正焦急的时候，感冒几天不见好的儿子向峰突然抽搐不止，继而休克不省人事。

希荣大惊失色，慌忙抱起刚两岁的儿子，领上家里的狗壮着胆，摸黑向十多公里外的岱崮医院奔去。一路沟坎难行，直到天亮她才赶到。孩子苏醒后，她拿上药，又抱着孩子往回走。半路上发现向峰头一歪又昏了过去，吓得她急忙掉头又赶回医院。极度的疲劳，精神的高度紧张，使她刚把孩子送回医院，就神经错乱了。失去理智的她四处乱跑，当后来我打发人找到她时，她正披头散发、两眼痴呆地坐在麦田里……

要想保证造林和果园质量，苗木是个关键。

那时，我们自己还育不了苗，所有苗木都必须外出购买。

给那 40 亩苹果园购买苗木的时候，又出了一次意外。

那天，我叫上村里的一位青年，蹬上三轮车带着我去了40里外的中庄乡。

为了给集体尽量多省下几个钱，我一连转了好几家苗圃，想拣最便宜、质量又好的树苗买。转悠了一上午，总算买齐了苗子。为了省钱，中午饭也没舍得吃，我俩匆匆往家赶。

树苗装了满满的一车厢，怕压坏了树苗，我坐在车厢的侧挡板上，一条腿担在挡板上，另一条耷拉在车厢外。那小青年不放心，一路上不停地回头嘱咐我扶好坐牢。

山路崎岖，陡坡又多，车子每颠簸一下，我都心疼地一哆嗦，唯恐苗木有什么损坏。

走着走着，车轮子不知是突然陷进了坑里还是青年连累加饿掌握不住平衡，车子剧烈颠簸一下之后，连人带车底朝天地翻进了路旁的沟里。

小青年吓坏了，龇牙咧嘴地从车把底下抽出腿来，一蹦一瘸地冲到我跟前，伸手就连拖带拽地想从树苗子底下拉出我来。

车挡板正砸在我后腰上，一支假腿也别到车底下去了。一阵阵剧痛让我头晕目眩，小青年没轻没重地一阵急拽，疼得我汗都下来了。

“你这个笨蛋！先别管我，我死不了！”我又急又火，墨镜和帽子也不知摔到哪里去了。脸被压在地面上，大吼的这一声声音倒不小。小青年吓得更是不知所措。

“你，你快点先把树苗子抱到一边，要是折断一根，看我怎么跟你算账！”

我咬着牙发狠，树苗子受损让我心疼得不得了。

车子好歹被翻了过来，仔细地拨拉着、检查了一遍，树苗部分有点擦伤，但奇迹般地一根未断，我忍不住“嘿嘿”地笑出了声。

1966年的冬天格外早地来到沂蒙山区。

秋热像是还没褪尽，一阵狂劲的北风就凄厉地尖叫着冲了进来，一夜之间，背阴的山坳里就已经结起了一层冰碴。紧接着，这风再也不肯停歇地天明刮到天黑，又从天黑刮到天明，一阵紧过一阵。

可天气的骤变，似乎并没有让多少人感到了寒意；相反，人人的心中竟像是猛然间坠进了一个火球，一阵上下蹿跃后，居然把整个身心都炙烤成了一股滚滚的热流，并四下恣意地蔓延膨胀，交互融合，“吱吱”作响着，很快把整个天地间包括那突然间变得稀薄的空气，都引燃了起来……

天快擦黑的时候，我坐在独轮车上，让人把我从公社送了回来。10天前，我去省城济南参加了全省先进农村党支部书记会议，今天中午才赶回到公社。

刚进家门，就吓了一跳，屋门上、墙头上、窗户上到处贴满了一张张硕大的白纸，白底黑字，还打着一道道刺目的红叉。北风吹拂下，“呼啦啦”飘动作响，乍一看，简直像坟头上低垂而萦绕的白幡，令人毛骨悚然。

我惊异又纳闷，难道“文化大革命”也革到张家泉来了，难道要革我朱彦夫的命？

临去开会时，公社里就有人吵着、嚷着要进行“文化大革命”了，县里、省里更是一派革命的形势。开会时，众人议论的中心也不离这场革命。不过具体怎么个革命法，我还不清楚，只是听说从中央到地方都已经动起来了，要求高举毛泽东思想伟大红旗，把各行各业都办成毛泽东思想大学校，深入开展阶级斗争、生产斗争、科学试验三大革命运动，政治挂帅、思想领先等等。略知的一点具体行动就是“过筛子”，说是凡为官者均要滤滤思想、正正红心，行动的执行者就是革命的红卫兵小将。

这些并未引起我的注意，革命就革命呗！从参军打仗算起，自己不也革了20年的命了吗？当时只是觉得这革命都是上边的事，似乎离我、离张家泉都有点遥远。要说过筛子，我这鸡头大的支书，既算不得官，也称不上职，恐怕自己想过过筛子也没资格！

其实，这些年革命的运动也没少搞，1957年的反右斗争、1958年的大跃进、1961年的纠“五风”、1963年讲三史、揭盖子（村史、家史、公社史、揭阶级斗争和生产斗争的盖子）、1964年干部“洗手洗澡”正思想，接下来还有“五反”、“四清”等等，我都一一经历过了。如果说起初还对这些革命运动抱着极大的热忱的话，后来渐渐就不感兴趣甚至反感起来，我想做的只是一心一意抓生产，抓好了生产同样也能促革命嘛！在我看来，不管是这革命，那革命，最终也不会落到我这副残躯上。

但这一次我想错了，鸡头大的“官”也无一例外地真“过了筛子”，而且一筛就筛了好几年，“革命”终于革到我的头上来了。

那天回到家里时，首先倍感惊讶的是，才几天的工夫，这革命咋就这么快地来到了像张家泉这样的穷乡僻壤，看这阵势，跟省里、县里的革命形势有点相像。我刚走了几天，村里是什么人搞的这一套？怎么把这铺天盖地的大字报贴在了我的家里？真的是要革我的命？还是要我这当支书的带个头？

我的心一下子悬了起来，急忙紧走几步，凑近了去看那些大字报上写了些啥。

这一看不要紧，原本悬着的心一下子变得惊惶起来，脑袋里阵阵轰响：那大字报上白底黑字——“打倒张家泉最大的走资派朱彦夫”、“砸烂朱彦夫的狗头”、“向革命低头、向人民认罪”……

我简直有点不敢相信自己的眼睛，擦擦眼，再去看，清清楚楚明明白白，一点没错！

这到底是怎么回事？我怎么成了走资派？谁要革我的命？谁要砸烂我的狗头？

像是当头一棍，我一下愣在院子里，不知所措。

听到院子里有动静，希荣开门朝外张望。见我像根木桩子样呆呆地站在门口，话也没来得及说，一把把我扯进屋里，随手又紧紧地关上了门。

“哎呀，你可回来了！出大事了！这两天可把俺吓死了，一天到晚来好几伙子人，吆吆喝喝的，一霎霎说是要造反，一霎霎说是要革命。还说你是什么走资派。他爹，到底出啥事了？啊？你快说呀……”

娘也在屋里，一脸惊慌和恐惧。

只有大女儿向华见我回来，顿时喜笑颜开，扑上来，一把就从我肩膀上拽下提兜，边兴奋地翻找着，边急切地问：

“爸爸，爸爸，你说给俺买的糖呢？在哪里？在哪里？……”

希荣依旧惊魂不定，见我阴沉着个脸不言不语，愈加紧张和焦急。

“你是没见，那几伙人真是熊气，一个个瞪着个眼珠子，要吃人似的。俺说你去开会去了，还不信，说走资派还开什么会！有俩人是咱庄里的，其他的俺不认识，光是些什么司令。噢，有一个叫什么马司令的，猛子说是认得他。”

希荣还在急促地絮絮叨叨，向华终于翻出了一包糖块，兴奋得大喊大叫。

我稳稳神，但面部肌肉仍在一阵阵痉挛，假肢装上了好几个小时，腿早就开始酸麻疼痛了。娘嘶哑嗓子低声叫希荣：“向华她娘，你先叫彦夫坐下歇歇……”希荣这才手忙脚乱地扶我到床沿上坐下，抖抖索索地给我卸下了假腿。

喝了口水，我忐忑不安的心绪才稍稍平静了一些。

“娘，希荣，你们别害怕，这叫‘文化大革命’，是上头叫搞的，我……我也说不清楚，兴许是、兴许是他们搞错了，我哪能是什么走资派啊！”

我努力地想使自己平静下来，想宽慰娘俩几句。

娘不住地长吁短叹，怀里抱着向峰。儿子还不到七个月，一家人连说带叫，把他从睡梦中惊醒了，“哇哇”哭着，乱踢乱闹起来。

希荣忙走过去，从娘手里接过孩子，撩起衣襟，把乳头塞进孩子嘴里，转身又走过来，挨着我在床沿上坐下。

看了一眼渐渐平静下来的向峰，我刚想开口，娘颤巍巍地抢先说道：

“向华他爸，当初俺就说你别当这个书记，没胳膊没腿的，这不是糟践人吗？咱朱家祖宗八辈也没出过官人，你这一身残废还偏偏当上了个土地老爷官，这不，来事了吧！这几天，把她娘几个吓得夜里都睡不着觉！”

“俺妈妈昨晚上还哭呢！”向华边说边把嘴里的糖嚼得咯嘣响，伸开手，吐出咬碎的几块，捏起来，分别塞进向荣、向丽的嘴里。这俩女儿胆小少语，从我进门，就偎在奶奶身边，怯怯地看着我不吭一声。老四向欣让她大姑接去了，这几天一直没回来。

我看一眼妻子，想再宽慰娘几句，一时又找不出合适的话来。

“这革命，那革命，要革咱的命可真是没良心，为了他们，咱搭钱搭物，出心出力，你看咱这日子过的！你这半条命都快搭进去了，还革命来！真是瞎了眼！”希荣的眼睛果然有点红肿，看着我，既心疼又愤愤不平。

要说这些，我也顿觉委屈。自己早早就投身革命，枪林弹雨，出生入死，落下一身残疾，这几年为了全村的老少爷们，自己也算尽心尽力、问心无愧了。不过，这毕竟是一场从上而下的革命运动，自己既然是一名共产党员，对党就应该抱有信心。既然问心无愧，又何必紧张和惊惧呢！这样一想，心里顿觉轻松和宽慰了不少。

“您都少说几句吧！我不贪不占，对党对国咱也尽了忠，大家的眼睛还是亮的，谁邪谁正，谁好谁坏，谁是谁非，相信都会搞清楚的，运动咱也不是经了一回，甭怕！”

心里轻松，话也坚定了起来。

我这么一说，全家人也都放下心来。我这才想起件事来，忙叫希荣拿过提兜来，拿出几包红糖、茶叶等，分成几份，让向华给几户鳏寡和五保老人送了过去……

第二天，天刚露明儿，我就早早爬起身来，眼睛涩糊糊的有点胀痛。连着几天长途跋涉，本来就累得不轻，昨晚一晚上脑子里又净是些“走资派、红卫兵、砸狗头”之类的玩意儿在搅和，一夜没睡好。

胡乱吃了点东西，希荣帮着给装上假腿，我想出去看看。

院子里大字报还在，只是一夜寒风吹打，已经有些脱落散乱了，给小院里增添了几分凄凉。看了一阵，甚觉烦躁，打倒、砸烂、脚踩之类的标语贴在自己鼻子底下，毕竟不是什么好滋味。

我急于找村干部们了解了解情况，挪到院门口时，这才惊奇地发现门口左右各站着一个彪形大汉。不认识，脸上凶得很，见我要出来，胳膊一伸，将我挡住：

“上哪去？没有马司令的命令，你老老实实地待在家里！”

好家伙！我朱彦夫居然混到了有专人“警卫”的地步，折煞我也！

我顿时就来了火：妈的，革命就革命吧，难道还要关我的“禁闭”不成？

正在和“警卫”争吵的时候，本村的张本富还有几个陌生人前呼后拥地走了进来，为首的就是那位“马司令”。

几个人拥到门口，打量了我几眼，张本富率先一本正经地说道：“朱彦夫，你听着，现在，无产阶级‘文化大革命’已经正式开始，我代表张家泉革命群众郑重通知你，从今天开始，解散大队领导班子，停止一切不正当的活动，你必须立即写出检查，把你在职期间所犯罪行统统写出来，听候革命群众的审查处理！下面请马司令讲话！”

“马司令”庄严地点了点头。一脸冰霜：“未经许可，不准出门，不准会见外人！”

恼怒和愤恨涌上心头，我用拐杖使劲地捣着地，大声地喝问：“你们是些什么人！凭什么不准我活动？凭什么无缘无故地诬蔑我是走资派？我是张家泉大队党支部书记，你们这样做是违反党纪国法的！”

“哼哼，朱彦夫，你别嚣张！我们是‘反到底’兵团，革命的红卫兵小将已经接管了张家泉大队，你已经不是什么书记了，还在做着美梦！现在是你从梦中醒来的时候了！你就是走资派，是张家泉大队最大的走资派！”“马司令”见我争辩，语气也变得凶狠起来，咬牙切齿。

“对敌人我们绝不留情，我们现在正集中力量围歼‘四类’分子，你就老老实实地等着革命群众的审判吧！”

一伙人得意洋洋，嚷嚷了一阵后，闹哄哄地走了。

我就这样被强行停职、强行软禁了起来。大门外的“警卫”荷枪实弹，24 小时“忠于职守”，我没法跨出院门半步。

希荣和孩子们倒是能自由出入，但也必须经过严格地检查。向华几次放学回来都哭哭啼啼，学校的“红小兵们”连她也不肯放过。

对这场革命，我越来越感到不解。听希荣回来跟我讲，村里的几个干部也全都“靠边站了”，全村乱得一团糟。这让我忧心忡忡，不抓生产了，来年都去逃荒要饭去？去省里开会时，领导们还一个劲地夸我们生产搞得好，又披红又戴花的，可眼下怎么就乱成这样了呢？上头的领导们怎么也没人出来管管呢？

当时我还不知道，被解除权力的不仅仅是我们这些小小的村官，各级政权组织几乎全部被砸烂了，瘫痪了。

“马司令”所言的革命审判大会一直还没有召开。倒是这位“司令”几次“光临”我家，只是一次比一次“不友好”。

昨天一大早，我又和“门卫”发生了争吵。一怒之下，我扔掉双拐，双臂一阵划拉，把大字报撕了个稀巴烂。这下可捅着马蜂窝了！

消息传开，造反派“义愤填膺”，胆敢辱骂红卫兵，胆敢撕烂大字报，这还了得！特别是外地的一些红卫兵组织闻听此事后，立即掀起了大规模的声援活动。不过，历经一个月的“较量”，他们也知道我不是个好剃的头，革命残废军人对他们毕竟还有一种震慑作用，加上村里有不少群众都护着我，和造反派们唱对台戏，这都增加了他们批斗我的难度。本村的造反派组织顿觉“身单力薄”，只好在声援的基础上，把外地的各路人马全部请到了张家泉，组成了“联合司令部”，这才气势汹汹地杀奔我家而来。

一进门，人们就高声断喝：“朱彦夫你听着！别以为自己是老革命、老功臣就倚老卖老，今天定要让你尝尝红卫兵的铁拳！”

“老子挨过地主的鞭子，尝过蒋介石的枪子，吃过美国兵的炮弹，还真没尝过你这造反派的铁拳，来吧！你试试看看！”盛怒之下，我两只胳膊猛力朝外一撑，棉袄扣子蹦出去老远。

这帮色厉内荏的家伙见我一副不怕死的架势，威风顿减，有点泄气。见硬的不行，转而开始舌战。

“朱彦夫，你老实交代，你手上有多少条人命?”

“嗯，让我想想，算一算啊，嗯，战场上一颗手榴弹就炸死好几个，一梭子就能撂倒一大片，还真不好算来！估摸个数吧！二百怎么样，要不三百？四百也行！”我轻蔑地望着这帮乳臭未干的红卫兵们，故意一本正经地说着，说完了，我自己再也憋不住了，竟哈哈大笑了起来。

造反派恼羞成怒，振臂高呼了一番“狗头”之类的口号，又换个话题：

“你对抗革命，搞绝食，你这是想畏罪自杀吗?”

“绝食有啥了不起？我还绝食六七天呢！不绝不行啊，连棉被套都吃没了!”我憋住笑，又装出副认真的模样。

“你老实点，听说你有反共嫌疑，你老实交代!”

“嗯，再让我想想……我反过日本‘皇军’、蒋介石的‘国军’，还有‘联合国军’……”

“什么什么！你还胆敢反联合国军！好啊！你朱彦夫还真是反动透顶，伟大的导师马克思教导我们，全世界无产者联合起来，你还敢反联合国军……”

“你先回学校学完了常识课再来吧!”

造反派队伍里也是一阵哄然，所谓的兴师问罪成了一场闹剧……

晚上，向华趴在我耳朵旁神秘兮兮地说：“爸爸，俺猛子大叔让我告诉你，‘文化大革命’还有三天，叫你再坚持三天就结束了!”

“再有三年爸爸也奉陪到底!”

我有点怅然，这种革命确实没劲。

在苦闷、彷徨和焦躁中，年关将近了。

腊月二十三这天，一大早就纷纷扬扬地飘起了雪花，北风一阵紧过一阵，天出了奇地冷。

造反派们在基本清除了外围之“敌”——“四类分子”后，终于要“终审”我这个最大的“走资派”了。

刚吃完饭，院子里“呼呼隆隆”地闯进一大帮人，为首的是两个持枪的民兵。

“朱彦夫出来！群众大会有请！”其中一位民兵把枪拍得啪啪响，厉声喝道。

娘听到叫喊，惊得浑身一哆嗦，慌忙把向峰放到床上，踮着脚走出门去。

“你们这帮没良心的！叫他去干啥？一个半死的废人了，他有什么罪？俺替他挡着！”

娘一脸怒色，简直就是大义凛然！

这几个月来，她已经从最初的惊慌中镇定下来，她了解自己的儿子，更知道自己的儿子没有错！虽然娘大字不识一个，也不懂得什么这革命，那革命，但她是非分明，善恶有辨；对这帮造反派的倒行逆施，她也认清了，看透了。

“老糊涂，你一边去！半死就没有罪吗？越是残废就越会吃老本，越吃老本就越变修，一边去！一边去！这些革命道理你不懂！革命群众正在等着他，他敢不去！抬也得把他抬了去！”那民兵声色俱厉，大喊大叫。

屋里，希荣拿过军大衣仔细地给我穿好，又把棉帽、墨镜找来给我戴好，拿过拐杖夹到我腋下，这才不放心地说：

“你……小心点，甭怕他们，也甭生气……”

走到院门口，我又转身望望娘和希荣娘几个：“别担心，都是本村的老少爷们，我去去就回来。”

会场设在村前河边的麦场里，北边靠街的一面搭起了一个一米多高的土台子，正面用草席钉起了一面墙，墙上挂着领袖像，像前方桌子上放着一顶硕大的纸帽子。墙上沿悬挂着巨大的横幅——彻底打倒张家泉头号走资派朱彦夫首届大会。

按照民兵的指示，我坐在了台角的方凳上，这是给我的“特殊礼遇”。但是大衣不能穿，说是要和革命群众“同甘共苦”。

一阵“革命无罪”、“造反有理”、“朱彦夫不投降就叫他彻底灭亡”之类的口号之后，批斗大会正式开始。

会场开始骚动起来，外村的红卫兵都想一睹我的“尊容”，争着挤着朝前涌，主持人喊哑了喉咙也不起作用。

闹哄了一大阵子，几个造反派这才轮流上台，大声宣读着我的罪状。

“这一条对不对?”念一条，他们便问一声。

“对。”

“这个罪行有没有?”

“有。”

再问、再念，依然还是“有”、“对”、“是”。

洋洋万言罪行录，不大一会儿全部念完，没争没辩，一路顺畅!这一来倒让造反派大为失望：没有矛盾，激不出毒素，怎么批判?

台下的红卫兵也顿觉兴趣索然，主持人怕冷了场，忙带头喊起了口号：

“砸烂朱彦夫的狗头!”

“砸烂他的关公烧饼脸!”

“砸烂叛徒特务的猪头、驴脸……”

台下的应和声稀稀拉拉。可一阵阵跺脚、哈气、搓手的声音却响成了一片。天气太冷，顺河风嗖嗖地刮过来，穿筋透骨般奇寒无比。毕竟“革命”的热情是不能用来取暖的。

我只穿了一件绒衣，一条单裤外加两条铁腿，除了伤口的疼痛外倒没有太冷的感觉。零下40度的雪地里冻出来的超凡的耐寒“特长”，此时竟派上了用场。

光喊口号不解气，主持人再次提议：

“革命红卫兵小将们，你们还没有见过这个头号走资派的真面目吧，咱们让他原形毕露怎么样……”

这一提议得到了台下热烈地响应，从没见我“原形”的人紧跟着大声起哄：

第九章　共产党的书记

“走资派——快卸腿!”

“走资派——快剥皮!”

“走资派——显原形!”

批斗会闹腾到这种地步，有些出乎我的预料，对这种闹剧，我已经腻烦透顶。对这种有违人道的要求，我未置可否。

造反派可等不得了，急于一睹“庐山真面目”的邪劲，使几个红卫兵跳上台来，不由分说把我掀翻在地，又卷裤子又拉腿，折腾了好大一会儿，那腿还是没能卸下来。

会场上有人高喊起来：“别他娘的胡捣鼓了！革命也不能卸人家的腿，这不是糟践人吗？咱不开这狗日的熊会了!”喊了一声“走”，一大帮人“呼隆”散去了。

主持人大骂了一阵“保皇派”，然后又应革命群众的要求，叫我站起来，站着接受批判，以示诚心。

我顺从地站起来，冷冷地看着众人。昨日还与我有说有笑、同甘共苦的邻里乡亲，转眼间就敌我两方、泾渭分明了。这个年月，人到底是怎么了?

人群里又有人吆喝：“听说走资派躲在家里写黑材料，是不是想通敌叛国啊！让他老实交代!”

这个罪状显然又一次撩起了人们的兴趣，会场上打叛徒、揪毒草等口号又此起彼伏。

“既不是黑材料，也不是大毒草，自己胡乱画拉着玩，你们看看我这样，还有啥本事写东西?”

一提这事，我就心痛不已。

被造反派软禁后，我出不了门，办不成事，整天被困在家里，时间长了，百无聊赖，躺在床上想过去，想现在。突然间我就想起了指导员临终前对我的嘱托，心里顿觉一阵火辣辣的，愧对战友。眼下时间宽裕，自己也已经学会了写字，何不趁此机会写一写烈士，写一写战友，写一写那段惊天地、泣鬼神的战斗岁月！

写字对我来讲就已经很困难了，费时费力，一天时间也写不了多少字，且歪歪扭扭，难看难辨。更何况要写成一篇像样的回忆录呢？

我艰难地摸索着、进行着，估计写了有四五万字的时候，造反派们不知怎么听说了，闯进家，硬说是通敌黑材料，是大毒草，给抢去烧毁了……

批斗会仍在进行：

我挺着一双假腿已经站立了好几个小时了。在平日，这假腿每隔两个小时就得卸下来休息。我已经有点不撑劲了，剧烈的疼痛使我冷汗淋淋，头也开始眩晕。

仍旧有外地的各路造反派不断涌来，仍旧有各派“司令”控制下的“敢死队、战斗队、独立师、突击队”扑上台来，捂嘴揪发，要我弯腰低头，向人民认罪。

批斗会已经持续到了下午。

假腿已经坚持了四个多小时。右眼开始模糊，头眩晕而且开始发胀，一阵钻心的神经抽搐便两腿猛然间颤抖起来，我再也站不住了，像一堵毫无根基的土墙，从台上轰然摔倒在台下。

参加批斗的人们一阵哗然后，终作鸟兽散。

一直躲在台下紧张地注视着我的妻子，此刻发疯般地拨开麻木的人群，冲到台下。见我已处于半昏迷状态，希荣失声痛哭，哭一阵，又骂一阵。我艰难地用断臂指指右腿，蜡黄的脸上冷汗直流，一阵天旋地转后，我再度昏迷。

希荣也不知哪来的那么大的劲，背起我，脚底生风地奔回家中，怀里揣上儿子向峰，拉起板车，天上黑影的时候，终于赶到了东里医院。

值班大夫正忙着写大字报，懒洋洋地瞅一眼半死不活的我，冷冷地吐出一句：“现在没空！去县医院吧！”

希荣一阵磕头作揖，那哀声，那哭腔，让我现在一想起来，心还一阵阵痉挛。

大夫再没吱声，摔下毛笔，扭头走人了。

去县医院，要走90里路。天黑路滑，刺骨的寒风卷起片片雪花，无情地扑打在妻子的头上、脸上、身上，怀里的孩子被冻得“哇哇”直哭。

人只有享不了的福，没有遭不了的罪。当妻子拖着板车一身雪花地赶到县医院时，终于心力交瘁，一头栽倒在大夫们面前。正直而好心的大夫们流着泪把这对特殊的夫妻双双抬上了病床。他们简直不敢想象，这样一位孱弱的女人是靠什么力量顶风冒雪拖夫带子一夜走完了90里的山路……

我的右腿严重骨折，这对于一个只有半截腿碴的人来讲，无疑是雪上加霜。除此之外，我还被检查出已患上了严重的心脏病和胃溃疡，头部残存的弹片发生移位，导致本就模糊的右眼一度出现了长达三个多月的完全失明。

生命又一次向我亮起了红灯。

命运多舛，岁月苦难。我和我的家人们默默承受了这一切。还是那句话，只要精神不死，信念不倒，任何力量都不能将我摧垮！在我的心中，始终不变地奔腾着的是对党、对人民、对正义无限忠诚、无限挚爱的热血，在我的世界里，决没有缴械投降一说，只要不死，就得战斗！生存，就应该是为了更大的胜利，更光明的未来！

精神，永远是我的第一生命！

张家泉，这名字听上去够美好的，有山有泉，当是世外桃源般的一方沃土。

但是，兴许真的是那位老祖宗的张氏猎人看走了眼，挑错了地，竟把一方穷山恶水一代代传给了子子孙孙。

山，倒是绵绵连连，可不秀不美，荒而贫瘠；水，根本没有。靠天吃饭，十年九旱。老一辈的人讲，这村原本是叫作张家庄的，旱急了，穷急了，这才满怀希冀地改叫张家泉，盼着哪一天能泉水叮咚，粮丰囤满。

直到60年代后期，张家泉缺水的历史还在延续着，不要说浇地灌溉，就连人畜用水也要到邻近的村去挑。

挑一担水，来回几里路，累倒也罢了，可人家的白眼和嘲讽你吞咽不下。

病情稍见好转之后，我硬撑着回到村里。

“文革”还在升温。但缺了斗争的“主角”，造反派也觉没滋没味。特别是那些普通群众，见“革命”革了大半年了，可换来的却是地在荒、粮在断。没吃没喝的日子他们记忆犹新，一阵惶恐之后醒悟过来，对这场“赔本”的“革命”再也打不起精神。

人心开始慢慢“归位”，虽然难以完全排除干扰和混乱，但张家泉的各项生产总算重又开始启动，人心毕竟难违！

几天来，我一直被水的问题困扰着。这个在我上任之初就立志要彻底解决的难题，却一直因为找不到满意的水源而搁浅。特别是随着造地和荒山开发的不断进展，缺水的矛盾日益突出，不解决水的问题，粮食产量难以提高，治山成果难以保障，张家泉摆脱贫困的愿望就难以实现。

问题已经到了非解决不可的地步了！

几天来，我拖着病躯连续在山上转悠。虽然早就勘查过多少遍了，可我不死心，模模糊糊的视线总盼着能看穿乱石荒坡，一眼瞅见地底下清澈甘洌的泉水。

除了被伤腿折磨得龇牙咧嘴外，依旧没有任何发现。

不过，要说线索，多少还算有一丁点。虽然还不能证实，但总算有了一线光明。

听村里几位老人讲，村里龙王庙那儿原先是有一眼泉水的。可不知到了哪一辈上，村里出了个不恩不孝的混蛋，半夜三更地把重病缠身的亲生老娘背到泉边，哄着老人说是喝点泉水包治百病。当老人颤巍巍地趴身低头去喝水的时候，这逆子竟把老人的头摁进泉中溺死了。龙王动怒了，第二天泉水戛然而止，从此干涸至今。

这座龙王庙在村东南边，离村有里把路。年代久远了，早已称不上什么庙宇了，只剩下几堵残垣断壁荒凉冷清地立在那儿。

传说总有演绎的成分，但我还是有了点信心。既然叫龙王庙，当然就应该跟水有联系。

我赶紧去勘查了一遍，看来看去，还真觉得这地方有些灵气。

第二天一大早，我架起双拐直奔五里外的桑树峪村。

几天前我就听说，这个村里有位50年代大学毕业的水利专家，叫高大捐，原先在地区水利局专管水利勘查，“文革”初期就被赶回了老家。

五里山路，对我来说困难重重。加之刚刚病愈，所以当我翻山越岭、狼狈不堪地来到高大捐面前时，专家瞪大了眼睛，感动而惊异。

高大捐来到龙王庙，左瞧右看了一番，十分坚定地说：“打吧，这地方水源充足，打不出水我爬给你看！”

打井的消息在全村迅速传开后，一场风波接踵而至。

这天，我把几位村干部召集到家里，想研究一下打井方案。可奇怪的是，自打进门开始，几个人就耷拉着个脑袋抽闷烟，谁也不吭一声。我纳闷，就问：

“咋着了？霜打着了？不愿打井？”

见我着急上火，猛子憋不住了：

“不是……不想说，俺是怕你生气……”

“怕我生气？”我更加疑惑。“我生什么气？”

长功鼓鼓劲抬起头，直盯着我的眼，慢吞吞地说：“是、是这么回事，这两天，咱庄里有一股风刮得怪凶，说是那个龙王庙是咱庄的风水宝地，谁要是敢在那里动土，准遭天打五雷轰！这几天早有不少人去那里烧香磕头的，说是龙王爷又要动怒了。”

“还有呢！”猛子见长功开了头，也放开胆子说开了。“有人还说大哥是早死的人，是借尸还阳来的，说你阳寿已尽，今年小年灶王爷要带着你升天，如果你不退身归位的话，张家泉必有塌天之祸！”

“俺听说的也是这些，庄上的人都知道了，可人家不敢跟你说。”张明喜开始跟着附和。

“有几个说是还专门跑到林地上去看了，说是你牺牲后埋的那座假坟，已经裂开了半尺多宽的口了。哎，对了，这里还有张传单呢！”

明喜边说边摸摸索索地从口袋里掏出个纸团，展平了，递给我看。

这是一张沂蒙农村过年时贴在灶屋里的灶君老爷图，只是原像被涂改成了一个横贯全幅的龇牙咧嘴的红脸凶煞像，图的下端用毛笔写了几行小字：欲攀高楼妨断梯，未等举步莫思扶，生辰原是煞神定，升天阎君牵魂归。

五六十年代，沂蒙农村部分群众的愚昧和迷信由此可见一斑。谣言四起的另一个重要原因，其实是部分别有用心的人想趁机挑起事端，搬弄是非。

对这些议论和阻挠，我虽然气恼，但未予理睬。我反倒觉得既然有人捏造谣言，倒是证明了我这人的存在和影响是真实的、有力的。对一个有着坚定的马克思主义唯物论观点的共产党人来说，这些伎俩愚蠢而可笑。就冲这帮人的无耻和狂嚣，这井我是打定了！

我的坚定和无畏，感染了几位支委，更感染了大多数正直的群众，大家消除了顾虑，放开了手脚，打井工程如期开工了。

工程进展得缓慢而艰难。

已经进入冬季了，天越来越冷，挖掘的难度也一天比一天大。可再冷再难，这井也必须按期完工。否则待开春冻一化，非坍塌不可，张家泉可怜巴巴的一点家底子就非砸进去不可。

井底开始渗出水来。乡亲们两脚踩在冰冷的泥水中继续挖掘。水越渗越多，桶舀盆泼不顶事，也耗费太多人力，唯一的办法是得找一台抽水机。那年月，这东西太稀罕。我叫上两人，推上独轮车就去了县城，好说歹说总算借着了一台，两人倒着班推车，一边坐着我，一边放着机器，来回240里山路，两人硬是一溜小跑于当天夜里赶回了村里。

井越打越深了。我不放心井下情况，硬是不顾阻拦地下到井底，边查看水情、督促进度，边用右腋夹住铁锨，两只断臂齐用力，帮着铲泥装筐。

我知道，即使像我这种情况，也不能光说不干，榜样的力量才是无穷的。虽然我每铲一锨都极其困难，但我相信，哪怕是只铲出一点，那也不仅仅是铲出了泥水，而是铲来了群众对共产党人的信任，铲来了大家伙儿脱贫致富、改造山河的信心！

数九严寒，头上的热气都结成了冰霜。铁质的假腿不断地把泥水的刺骨冰冷传遍全身，骨折初愈的右腿更难耐劳累和冰冻，我渐渐不支，只好倒扣过一个筐子，坐下来喘息一会儿。断肢由疼变麻，我感觉有点不妙，想把假肢拆卸下来休息一下，可费了半天劲，用牙咬，用断臂砸，往井壁上磕，那平时装卸自如的假肢简直像长在了腿上一般纹丝不动。

大伙见状忙过来帮忙，这才发现，原来井里的泥水、断肢磨破流出的血水，混在一起，硬是把假腿和断肢冻结在一起了！

乡亲们再也不忍心了，几个人争着脱下棉袄就要往我腿上包。

“朱书记，俺几个求求你了，您快点上去吧，您放心，俺就是用两手抠，也保证抠出个像样的井来！”

见我不要命地拼在工地上，希荣既心疼又无奈，她最了解我的脾气，认准的事，劝说是无效的。可她有她的法，趁我不注意，有一天她竟然把我的假肢藏到了房梁上，然后躲到邻居家，任我大喊大叫，她也装做听不见。

我急得在屋子里乱爬乱找，心里窝火又焦躁。我知道妻子是好心，想让我休息，可工程已到了最关键的时刻，我怎么能够躺在家里不管不问呢？

“秘密”最终还是被我发现了，我夹起夏天撑蚊帐用的竹竿，好半天才把那假腿拨拉了下来……

苦干一个冬天，一口深 6 米、东西宽 24 米、南北长 33 米的大口井终于竣工了，清澈甘甜的泉水开始浸润这片曾经干涸荒凉的土地，开始浸润人们那同样干涸荒凉的心田。

水，给了乡亲们生存的信心；水，给了乡亲们富裕的希望；水，更给了乡亲们再也无法动摇的坚定信念：龙王爷绝不是什么救苦的神灵，只有共产党人才会“显圣”救难！跟着共产党走，靠苦干实干才会最终走上富裕安康的大道！

那年月，有一幅妇孺皆知的共产主义蓝图：楼上楼下、电灯电话。

可直到70年代初，张家泉的大多数群众仍旧不知电为何物。至于电灯、电话，更是虚无而缥缈。

山区农村太需要电了，电能给封闭的农村带来光明，带来动力，带来希望。

1971年，我开始为架电而奔波。当时的我没有想到，我从此踏上的是一条长达七年的漫漫长路。

万里征程，酸甜苦辣，千难万难。个中的滋味只有我自己最明了。

……

架电，必须从15公里外的公社驻地接线。

开初，我很乐观：不就30里路吗！埋几根杆子，扯几根电线，不就得了！

我兴冲冲地找到县里的供电部门，不等我说完，人家的白眼珠子一翻："想得倒美，你寻思是撒泡尿那么简单？"

一句话，噎得我半天没回过神来。

竖起耳朵，恭恭敬敬地听完人家的训斥之后，我才知道，由于"文革"战斗正酣，工厂只抓革命，不抓生产，架电器材奇缺。要想通电，路只有一条——自己想办法去采购材料！

那人倒也仁义，见我言辞恳切，又没胳膊没腿的，顿起恻隐之心，找张白纸，密密麻麻地写下一大通材料名单，扔给我，努努嘴：

"呶，就这些，什么时候凑够了，给我们打个报告！"

我揣着那张白纸，像揣着一怀的冰块，冰得心里凉飕飕的，没有了多少热量。

架电还是这么难？还得要这么多材料？上哪弄去？县里没有，地区里有没有？省里总该有吧！

从公社往回走的路上，我使劲地瞅着这条熟悉的山路痴痴呆呆。

自己原先勾勒出的那幅一线飞架南北的光明图，在眼里越来越模糊、暗淡，渐渐地满眼里都是不可逾越的岭、宽漫无边的沟、总也走不到头的路……

独轮车的声音今天也格外地不好听，吱吱扭扭，让人心烦意乱。

有点丧气，但我并没有放弃。通电毕竟是自己多年来的心愿，虽然困难出乎意料，但办法总是人想出来的。

第二天，我开始找沿线几个村的干部们商量，希望能联系起来，分头投亲靠友，尽快购齐材料。可众人的口吻如出一辙：

“咱庄户人就会撅腚种地，出门大就黑，谁认识咱是老几啊……”

“费那个熊劲！上头啥时候给咱架，咱就啥时候用，点着油灯还不一样过！”

众人的麻木和推托，一下子挑起了我心中不服输的那股劲头：等？等到什么时候？等能等来了？你们缩头我出头！共产党员不就是为民造福的吗？我就不信，这点材料，还能把人憋死！

当七年后我终于备齐所有的材料，心中那幅一线飞架南北的蓝图真的在荒山野岭上勾画出来时，我庆幸自己当初没有动摇。这种坚定来源于我一生永远追求最后胜利的信念。干啥没有困难？天上掉馅饼还得张嘴去嚼呢！在共产党人面前，任何的困难都不应该成为令人手脚顿缩的障碍，而应诊成为跨向胜利的一级级台阶……

我开始频频外出。找关系，托门子，四处打听、联系。

为了尽量多省下一分钱用在刀刃上，我一直是独来独往。挤汽车、爬火车、排队买票、上楼下楼……这些常人轻而易举的事情，却让我吃尽了苦头。

那是发生在西安的事情。

由于路上误了车，直到半夜才赶到一家单位的办公楼前。再找旅馆花那冤枉钱太不值得了，我干脆倚着双拐坐在楼梯上等吧！还怕人家门卫发现，坐在那儿眼不敢眨，大气不敢出。就这样一直坐到第二天上午十点多了，还是不见一个人影，自己这才想起来，这天是星期天。

连续感冒发烧已经好几天了，加上饥饿头晕，下楼梯时，身子一摇晃，从十几级楼梯上“叭里哐当”地滚了下来，两只拐杖和两只假腿，东一个，西一个，上一个，下一个地大分了“家”。我抹一把脸上的血，忍着剧痛，爬上爬下凑齐了“零件”，正装着腿的工夫，人家门卫赶来了。见我这般打扮和模样，一口咬定是讨饭的，欲进楼行窃，不问青红皂白就是一顿训斥……

平常在村里，假腿时间不长就得卸下来休息，可出门在外就没这种“享受”了，一次捆上十几个小时是常有的事，创面被一次次磨破、化脓，旧伤未愈，新伤又来。

假肢不能下蹲。在家里解便有专门的器具，难度不大。可出差在外，解便竟成了我最大的难题，为了减少排便次数，我每天强忍着只吃一点点东西，甚至一连几天干脆不吃不喝，吃药也是干吞。出一次远门，不亚于参加一次战斗，身体一次次遭到摧残，每一次归来都如同大病一场。

每一次外出联系、采购，十有八九要空手而归。但只要有一丁点希望，我还得硬着头皮去试一试，闯一闯。有一回打听到有一位沂源籍的人在南京一家医院负责，熟人多，路子宽，我买了些土特产，千里迢迢地赶了去。那人倒也热情，十分愉快地接受了土特产，只是对我的请求哼哼哈哈，要我第二天来听个信。我以为有门，第二天兴冲冲地赶了去，办公室的人员一脸认真地跟我说：我们院长出差了，让我转告你，要你们发扬自力更生的优良作风……

还有更苦楚的一次经历。

那一年夏天，我到博山采购。为了省下住宿钱，晚上我就在马路边卸下假肢当枕头，睡下了。

过路的人很多，时不时就有人停下来，疑惑又同情地看我几眼，胆小一点的远远地站那儿嘟哝一句：

“这人真可怜，没儿没女的……”胆大一点的干脆走到我近前，俯身在我脸前扔下几分钱……

我努力憋住要涌出眼眶的泪水，心里有说不出的滋味。

天刚亮，突然下起了瓢泼大雨，浑身被淋了个透湿。

大雨冲毁了一段路面，车不能通了。

万般无奈，我只好雇了头毛驴往回返。

像我这样没手没脚的人，坐驴的“待遇”实在让人受不了。抓不住缚绳也夹不住驴背，上坡下坡，拐弯抹角，只有眼睁睁看着束手待摔的份儿，一路上也不知摔下来多少次，浑身是伤，浑身是土。而且自己也爬不上驴背，还得赶驴人连抱带推地帮忙。走到博山与沂源交界的松仙岭时，赶驴人再也不耐烦了，说声“你这种人出得什么门，找麻烦!”就再也不肯送我了。我只好抱起双拐，一步步艰难地往前挪。

赶驴人往回走了一段，心中不忍，又掉头追上我，问我出来干啥，当听说我是给村里架电时，那人感动得竟掉下了眼泪：

“这位兄弟，你可是舍了命为别人啊！天底下难找你这样的好人，就冲你这一点，我分文不要，不把你送到家门口，我就不是人养的!”

七年间，我就是这样一趟趟地外出，一趟趟地奔波，酸甜苦辣，受累遭罪，挨挤对，遭白眼，几乎哪一趟都有说不完的故事。

付出总有回报，七年间，我去了南京，去了上海，去了西安……行程两万多公里，15 公里的架电材料终于备齐了。

1978 年，当一声春雷响彻神州大地，共和国天空中的阴霾被一扫而尽的时候，光明也同时照射到了张家泉村及沿线十几个村的千万张被煤油灯熏黑的脸庞上。

光明带来了力量，光明带来了新生，一个崭新的时代，就从这个亮亮堂堂的日子开始了……

我有一个幸福而美满的家庭。妻子通情达理，仁爱宽厚；儿女诚实上进，忠孝有加。伴着风风雨雨，一家人携手走到今天。几十年的岁月里，在我遭受着常人难忍的痛苦和磨难时，是他们给了我爱心，给了我力量，给了我奉献。从内心深处，我深深地爱着他们，这份爱里，有感激，有欣慰，更多的还有一份难以补偿的歉疚。

对党、对公、对大家伙儿，我尽了自己最大的力量，问心无愧，无怨无悔。可对自己的妻子儿女，对家人，我真有一份萦绕于心而又挥之难去的愧意。

妻子陈希荣伴着我已走过了四十多个春秋，从青丝如瀑到两鬓染霜，她始终如一地用一颗博大的爱心，为我这样一位丈夫做到了她所能做到的一切。

还有我的六个儿女们，从他们出生在这样一个特殊的家庭之始，从他们毫无选择地拥有我这样一位特殊的父亲之始，他们注定了就要比别人家的孩子多遭罪，多受苦。

一副残躯，没能给孩子们遮挡更多的风雨；一副残躯，没能给孩子们更多的抚爱；相反，从我这儿，他们得到的只是比别人多得多的苦涩，多得多的严厉，多得多的苛求……

有一年秋天，玉米刚刚开始成熟。

田野里散发着一阵阵诱人的芳香，刚刚六岁的四女儿向欣再也沉不住气了，拉着奶奶的手又蹦又跳地跑到村边的地头。地里干活的婶子大娘们见了，随手掰下四个嫩玉米，硬要往娘的怀里塞。娘知道集体的东西不能要，更知道我公私分明的倔脾气，连连推辞。向欣可不管那一套，接过来，一溜烟地跑回了家。

娘无奈，颠颠地跟着回来，看着一脸馋兮兮又瘦瘦弱弱的孙女，心疼又怜悯。终于咬咬牙，忙着添水点火，要煮给孩子尝尝鲜。

锅里的水还没烧热，我恰好跨进了家门，见状忙问娘：

“哪来的玉米？”

“……是——他们给的……”

“谁给的？为啥给咱？”我顿时惊觉。“不行，这玉米咱不能吃，赶快送回去！”

见我大声吆喝，向欣吓得连忙躲到灶后。

“孩子小，给她解个馋……”娘心疼孙女，目光恳求地看一眼儿子。

“说不行，就不行，集体的东西，小孩就能多吃多占？”

“孩子跟着你沾什么光了？连个鲜玉米也吃不上……”娘不满地嘟哝了几句，可她也知道儿子说的也在理，极不情愿地慢吞吞捞出了玉米。

生产队长褚万福正好路过，听见院子里争吵，忙一步闯了进来，见此情景，连忙解释：

“俺早就想掰几个玉米给孩子们尝尝鲜了，大娘在庄头上哄孩子，是俺让他们给掰的，你天天为俺们操心受累，让孩子吃几个玉米咋着了！别说四个，四十个也不多！我敢说社员没一个有意见的……”

我又何尝不知大家伙儿的心意，我又何尝不疼爱女儿？只是，集体的东西决不能沾，这是我给孩子们立下的规矩。

我诚恳地对褚万福说：“万福，你也知道，我早就说过，在我这个家里，有我这一个特等残废这一个‘特’字就足够了，决不能再有特殊公民这第二个‘特’字！我这当支书的，要是带头沾集体的光，以后咱说话就腰杆子不直！再说，队里的东西，你吃一口，我拿一个，集体的利益还要不要？”

向欣一脸委屈，我揽过女儿，心里也不是滋味：“欣欣，听爸爸的话，等队上分下玉米来，我给你煮一大锅，非撑破你的小肚皮不可！”孩子懂事地点点头，可忍不住地泪眼汪汪。

四个玉米棒被原封不动地送回了大队。

大女儿向华最懂事，也最勤快。

也是一年的秋天，队里收花生的时候。正赶上星期天，向华跟平常每个星期天一样，早早起床，洗把脸就要到队上去干活。

我忙喊住她：

“向华，你知道今天队上干啥活？”

“不是刨花生吗？”

“今天你别去了……”

女儿纳闷，星期天必须到队里参加劳动，是我给几个孩子订的另一条规矩。有一次向华发高烧，烧得晕晕乎乎的，还是硬叫我撵到场上打豆子。不参加劳动，孩子是要忘本的。

见女儿疑惑不解，我干脆对她直说："爸爸怕你管不住自己，刨花生的时候，你要是忍不住，吃了集体的花生怎么办……"

我的话显然极大地伤了女儿的自尊心，向华呆愣了一会儿眼圈一红，眼泪"扑扑"地落了下来：

"爸，……放心吧！俺不吃一个，半个也不吃！"女儿委屈又赌气。

我也顿觉有点过分，忙撑起拐杖，走到女儿跟前："听我说，向华，爸爸不是不相信你，爸爸知道你从小就热爱集体，可是你年龄还小，万一……爸爸怕没脸再去管别人……"

向华没有去参加这一天的劳动，而且自此之后，每逢队里刨花生、收苹果，孩子们都知道该"退避三舍"。

还有一个一把芥菜苗的故事，也是关于向华的。

山里的孩子是闲不住的，放学之后，向华背起个筐子，拿上镰刀，上山打猪草去了。

天上黑影了，向华才背着满满一筐嫩草往家走。快到村边了，突然发现路旁的堰边上，横七竖八地扔着一把芥菜苗。往地里一看，才知道是社员们间苗时扔了不要的。

女儿很高兴，这把芥菜苗洗洗摘摘，做个素菜肯定合我的口味。忙弯腰捡起来，兴冲冲地赶回了家中。

我一眼就看见了女儿手中的那把芥菜苗，劈头就问：

"这是从哪儿拔的？"

"不是拔的，人家间了苗，扔了不要的。"女儿满脸得意。

"胡说八道！这么好的苗子谁家舍得扔了不要？你是不是拔了人家的苗子？"我根本不信女儿的话。偷拔集体的菜苗，这还了得！我立时火冒三丈。

"从哪里拔的，赶快给我栽到哪里去！栽不活，你小心点！"我用拐杖"嗒嗒"地敲着地，一脸凶相。

女儿又气又急，小脸涨得通红："就是捡的，不信，你去问问去！"

娘忙走过来，一把拉过向华："俺就不信向华会说瞎话！你也不问问咋回事，就乱吆喝，成天你哪来的那么多的火！"

"你别护着她，你看这苗子能是人家扔的？集体吃了亏你不管？"

我不问青红皂白，一顿吼叫，把娘也惹火了："你朝俺娘们使的啥厉害？孩子还不是为了你？没心没肺的东西！俺去给你栽上去！"

娘一把从我手里夺过芥菜苗，拉着向华就走了。

事情弄明白后，祖孙俩气得好几天不理我。

说到打猪草，更还有一段让我时时都觉着愧对女儿的往事。

那时，我正忙着四处奔走，给村里联系购买架电材料。

由于集体家底子薄，资金相当紧张。没办法，我只好把每月42元钱的残废金"充公"了。妻子喂猪卖的钱也让我用来购买了材料，甚至连她卖鸡蛋的几个钱也被我要出来用了。

钱全部用在了架电上，家中的生活也陷入了困境。加上当时上级来人检查工作，都是我在家里自掏腰包招待，三顿两顿还好说，长年累月了，希荣只好东借西凑。一时间，我这全村唯一吃"皇粮"的人，竟成了全村最穷、欠账最多的人。希荣理解我，支持我，从没怨言。我当了25年书记，为集体搭进去了多少钱，我自己也说不清楚，甚至有许多次家里连盐都无钱可买了。25年间，我只让村里给报销过50元钱，那还是趁我不在家，村干部们硬塞到希荣手里的。25年间，我没有接受过村里的一次宴请，没有吃过群众的一顿饭。唯一参加的一次"宴会"，是村里为一位新兵入伍送行。就是这顿饭，我还是把家里仅有的九毛八分钱交给了村里，算做伙食费。

再难再穷，可这电也得架，架电也正是为了早一天摆脱贫困，走向富裕呀！

我时刻都在教育孩子们要诚实守信，可就在那段极为艰难的日子里，我第一次欺骗了孩子们。

为了凑钱，我把目光又一次盯在了栏里正在喂养的一头小猪身上。

我把老二向荣、老三向丽、老四向欣叫到跟前，很认真地跟她们说：

“你们不是早就叫我给你们买新本子吗？咱们今天来订个‘君子协议’，你们三个好好打猪草，等到冬天把小花猪喂肥了，卖了钱，爸爸不但给你们买铅笔、买本子，还要给你们买新衣服！这回就看你们的了。”

姐妹仨闻听乐得蹦高。几个孩子穿的衣服是补丁摞补丁，大的换下，小的再穿。上学连本子也买不起，只好用着石板。听我这么一许诺，孩子们咋能不兴奋异常呢！

有了目标，几个孩子也来了劲头，放学回家，忙不迭地就操起镰刀上山割草。风里雨里，白天黑夜，小手划破了，肩膀压肿了，可劲头一点不减。

当时姐妹仨一个 13 岁，一个 11 岁，老四向欣才 8 岁。

有一天，向欣不小心又割破了手指，血滴滴答答流个不停。姐姐急了，捏一撮土把血止住，然后扯一把青草胡乱包扎起来。小手很快被感染了，几天后肿得跟个小馒头似的。毕竟是才 8 岁的孩子呀！我心疼地用两只断臂捧起那手又吹又哈，小家伙疼得龇牙咧嘴，泪都快流下来了，可还是装着满不在乎的样子在安慰我：

“没事，爸爸，一点都不疼！”

我忍不住心里一阵阵难过。

孩子们都是为了她们心中的那个目标啊！她们唯恐我心疼而不让她们上山割草，影响她们目标的实现。

天真无邪的孩子呀！你们哪里知道，即使是流血流汗，受苦受累，你们的那个小小的要求也不可能实现，爸爸要等着卖猪的钱给村里买材料啊！

我为孩子的伤而心疼，更为自己对孩子们的欺骗而酸楚，我甚至都不敢再去看姐妹几个真诚期待的眼神。

一天下午，生产队分了片玉米秸，希荣领着老二、老四去地里搬运，就剩下老三向丽一个人去打猪草。她顺着村边的小河，一路向东走着，一会儿用手拔，一会儿用镰刀割，不知不觉就走出去了三里多地。筐拔满了，天也快黑了，她这才急着往回赶。可今天打的猪草太多了，开始还走得动，到了后来就吃力了，走一会儿，歇一会儿，再以后简直就背不动了。想扔掉些又舍不得，这可是她一下午的劳动成果啊，这里面全是她的希望啊！咬咬牙，她再次背起筐，蹒蹒跚跚地往家里走。

秋去冬来，一头小花猪，在姐妹几个的精心喂养下，终于长成了肥猪。

猪终于卖了。那钱就装在我的口袋里，滚烫滚烫的，烫得心一阵阵灼痛。我对不起孩子们，我不该去伤害她们那纯真的心灵。原谅爸爸吧！孩子们，谁叫你们是爸爸的女儿呢！是爸爸的女儿就得做爸爸一样的人，做真正的共产党人！共产党人从来都是先顾了大家，才能顾小家！为了让更多的人不再失望，不再伤心，爸爸就只能让你们失望和伤心了。

六个孩子中，唯一的儿子向峰排行老五。

那年冬天，儿子刚出生几天，就挨了一场大冻。

公社里为了照顾我，刚入冬，就特地早早地送来了一车免费的烤火煤。

问题就出在这个免费上。

我是无论如何也不肯接受这种待遇的。我从来不敢把自己放在功劳簿上过日子，从来都是把自己定位在一个普普通通百姓的位置上。虽然自己曾经为祖国作出过贡献，但国家和人民是已经给了我补偿的，这种额外的照顾，让我惶恐和汗颜。

我一连三次打发大女儿向华去公社送煤款，可公社领导坚决不要。希荣跟我商量，“要不，咱先烧点吧？天这么冷，向峰受不了，等以后咱再给送去钱，还不行吗！”我的邪劲也上来了：“不行！领导上的这番心意咱不能接受，他不要钱，咱就不烧！搁到开春也不烧！”

煤就一直堆在院子里，一两也没少。

天一天冷过一天。房子年久失修，难抵北风和大雪的肆虐，襁褓中的向峰被冻得小脸青紫，昼夜哭个不停。后来孩子的体质一直不好，病灾不断，我一直认为是由于我的执拗而让孩子落下了这个病根，多遭了这份罪。我深感愧疚，小小的生命刚刚降生，就初次领略了父亲所赐予他的一份“温暖”！

向峰一天天长大，生活的艰难困苦，父辈的严厉苛刻，造就了孩子坚韧刚强的性格，遇事总爱摆出一副小小男子汉的姿态，这让我倍感欣慰。

冰雪覆盖下的小松苗是不会被压弯腰身的，穷人的孩子就该早当家嘛！

向峰5岁那年，我想趁农闲把家里早已坍塌的猪圈重新翻盖一下。这个工程量可不算小，妻子有点犯愁，想找几个人帮帮忙。我不同意，劝她说：“别麻烦大伙了，咱有这么多孩子，一个帮两把，咱就完成了。”

话是这么说，可这是怎样的一支“施工队伍”呀！

希荣算是唯一的一个整劳力了，老大向华已经参加了工作，不在家。老二、老三、老四三个女儿的年龄，加起来还不到30岁。再就是我和向峰了，我们俩毕竟是家中的男人呀！

怕乡亲们看见，我叫希荣去掩上了大门。然后由她率领一帮童子军，和泥巴，搬石头，而我则骑在墙头上负责垒砌。两腿使不出力气，身体极难平衡，为了不至于摔下来，我只好把上半身全趴在了墙头上，两只断臂夹住希荣递上来的石块、稀泥，垒一块，抹一把泥，达到一定高度，身体再向后挪动一段距离，再垒再砌。创面不停地与石块摩擦，不大会儿工夫就被蹭得渗出血来，希荣找来些绷带缠上，血很快又渗透了绷带。

小向峰仅仅才5岁，可幼小的心中完全掂出了自己作为一名男子汉的肩上所应当担负起的责任，认真而卖力地搬起一块块让我觉得他根本不可能搬得动的石头，不停地递到希荣的手中。娇嫩的小手磨破了，点点殷红的血迹沾在石块上，又最后传到我的眼前。妻子心疼得直抹泪，边给他包扎边问他疼不疼，孩子执拗地挣脱开娘的手，稚嫩的声音让我现在一想起来还觉得胸口被震得灼痛：

“爸爸比我还痛!”

由于长时间没白没黑地为村里奔波操劳，我的各处伤口时常发炎溃烂。而且心脏病、肝病、胃病、脑血管病逐渐袭上身来，新病旧伤，较着劲儿地和我这半截残躯搏斗着，时时需要住进医院。

离张家泉最近的一家医院也有十多公里。离东里医院二十多公里，离县城更远。每次来回的接送都是件麻烦事。女儿们长大后，我就不再让村里的乡亲们帮忙了，每次都是由希荣和几个女儿或推独轮车或骑自行车接送。向峰渐渐长大，有了力气，这个重担就落在了他的肩上。

那一年，向峰大概也就是十二三岁的时候吧，他骑着自行车送我去医院。

我坐自行车是件很危险的事，坐不稳也抓不住，稍有不慎就会摔到地上。

向峰一路上极其小心，谨慎又紧张，唯恐有大的颠簸。可越怕发生的事往往还就是躲不了。在一段下坡路上，正好迎面驶来一辆卡车，跟那车刚一交汇，尘土顿起，不知向峰是迷了眼还是因为过分慌张，自行车紧贴着路边拧了两拧，一下子就把我甩下了路沟。

汽车隆隆而过，向峰全然不觉地骑着车还在往前走，出去一大截了，才从刚才会车时的高度紧张中缓过神来，这也才觉出车子顿轻，疑惑地回头一望，后座上哪里还有自己的父亲!

向峰大惊失色，扔下车子，没命地往回跑，边跑边喊，总算在沟底的乱石窝中找着了我。

我躺在那里，鼻青脸肿，腿碴上鲜血淋漓，两只拐杖也甩出去老远。

向峰吓得脸都白了，看见我这副模样，竟“哇”的一声哭了起来，越哭越委屈，声音哽咽着：

“俺说是骑自行车不行，你偏说行!还说是……走得快……凉快!县里专门给家里安了电话……叫你有事要车的，你就是不叫要……”

“你……先扶我起来。”钻心的疼痛使我的嘴角抽搐得厉害，我吸

口凉气，想挣扎着坐起来。

儿子抹把泪，忙吃力地连顶带拥才把我上身抬了起来。

“啥事、啥事都跟……县里……要车，县里就……不干正事了？”我喘口粗气，强忍着疼痛，稳稳心神。

“你寻思县里那车就整天……没事啊？咱不能光麻烦……组织，爸爸……立的这点小功，没啥了不起！”

见我喘气急促，儿子急得忙给我捶捶后背，又懊悔，又心疼，又着急，眼泪还在吧嗒吧嗒地掉。

“俺骑车……还不大行，等俺长大了，俺再带你也行啊，先少用两回车……”

“蹭破点皮怕啥！爸爸这身体最撑摔打了，越摔越结实！你多带我几回，练出来了，不就行了？车能不用，咱就不用，爸爸的脾气，你还不知道？”

我看一眼瘦小的儿子，想装出点若无其事的轻松样子。孩子确实还小，也真难为他了。

越想做出轻松的样子，脸扭曲得越厉害。向峰收住泪，边给我揉着腿，边坚定地跟我说：

“爸，你等着，将来俺长大了，一定开着汽车送你上医院……”一路上，向峰再也不敢骑车，一直把我推到了医院，下午，又一直把我推回了家。

那些年，由于家里女孩多，饭量小，粮食按说应该有点盈余。可妻子儿女们都知道，我们家是从来没有余粮的，而且，常常要跟着我挨饿。因为粮食都让我送给了村里的群众。

有一年，村里来了几个讨饭的，来到我们家时，跟我商量：“俺要的饭自己吃不了，能不能卖给你喂猪？”

我说行，有多少你只管送来，我全要！几个讨饭的果然时不时地就送来些讨来的煎饼、窝头，我每次都买下来。不过不是用来喂猪，而是一家人吃了。

粮食经常救济给乡亲们，自家的粮囤常唱“空城计”，几位讨饭人倒是帮了我个大忙。

只有挨过饿的人，才知道粮食的金贵。如今孩子们都长大成人并也当了爸爸、妈妈，可珍惜每一粒粮食的良好家风却一直保持着，并传给了下一代。

家人们跟着我忍饥挨饿，有时候有点好吃好喝的，他们也难得分享一点。

那时候，国家供应我部分红糖、白面等，可娘和妻子儿女们很少能尝到一口，因为每月都按时送给了村里的老人。外出作报告，人家偶尔也送些水果、点心什么的，更是没有孩子们的份。

有一年的秋后，妻子向队里请了几天假，回日照老家看望已经多年不见的老人。

老人和村里的乡亲们，格外敬重和疼爱这位甘愿嫁给特残军人，默默奉献一生的闺女。临走时，东家凑两条，西家凑三只，凑了满满两大筐咸鱼让希荣带了回来。

在当时，这可是稀罕的好东西，我一见，就喜上眉梢，忙吩咐希荣："数数，数数，看有多少条。"

希荣不知我心里想的啥，有点莫名其妙："你还嫌少是咋着？这些还是大家伙儿给凑的，还数数！你也不丢得慌！"

"不是嫌少！你数完，再说。"

希荣像是有了点预感，犹豫了一下，叹口气，还是蹲下身，一条条拎出来，认真地数了一遍。

连大加小，总共 177 条。

我在心里估算了一下，这才对希荣说："后天就八月十五了，我寻思着把这些鱼分给大家伙儿尝尝，也算是过个节……"

希荣预料得不错，听我这么一说，她撇撇嘴，有点无奈："我寻思你就是这么想的，行啊，俺娘们也不能小气，那就分分吧！"

我兴冲冲地又吩咐向华、向荣：

"你俩帮着你妈妈挨家送去，我早算好了，一家三条，大小的搭配着点，啊！"

娘仨忙挎上篮子挨户去送。

整整跑了大半天，仨人累得满头大汗回来了。希荣进门就唠叨：“你咋着算的！怎么还少三条呢？蔡明现家还没有呢——”

我一愣：“嗯？算错了？”

向华有点着急：“那咋办？就剩下咱家的这三条了……”

我犹豫了一下，看看希荣：“把咱家的这份匀出一条……两条吧！给他送去。”

向华有点委屈：“咱这么多人就剩一条，这么多鱼，咱都没捞着……”

我也深感对不住妻儿老小，忙安慰向华：“叫你妈妈打上两个鸡蛋，再多加一点面糊……”

中秋夜，明晃晃的圆月高高地升了起来。小院里，我们一家祖孙三代人围坐在一起，一条鱼被推过来，让过去，谁也不舍得吃上一口。

1975年秋，母亲被查出患了肝癌，而且已到晚期。

当时，村里正在宣传丧葬改革，推行火化，可不少干部群众想不通，也接受不了，议论纷纷。

这消息很快传到了已经卧床不起的娘的耳朵里，她知道自己已经时日不多了，把我叫到床前，强忍着疼痛断断续续地跟我说：

“向华她爸啊，俺快……快不行了，咱娘俩……这一辈子，没少遭了罪，没少……吃了苦，俺说啥……也没寻思着……能拉扯这么一大家子人，俺死也……瞑目了……”

“娘，您老没事……日子还……早着呢，您净胡思乱想些啥……”我强忍住悲痛，望望娘蜡黄的脸庞，眼泪也扑簌簌落下。

娘越说越激动，她根本没听进去我说些啥，伸出枯瘦的双手，一把抓住我的胳膊：

“娘临死……就求你一件事，你把俺埋了，你别把俺……火化了，俺……”娘双眼突然睁得很大，满是恐惧和祈求的眼神。由于激动，引起一阵剧烈的咳嗽，咳嗽加剧了疼痛，抓着我胳膊的双手拼命地扯起来，几乎把坐在床边的我拽倒，身体因剧痛而弯成弓形。娘痛苦地闭上眼睛，豆大的汗珠子从额头上滚落了下来。

我心里阵阵苦楚和悲怆，心如刀绞般地难受。娘一生坎坷，历尽千难万难，为了儿女，她耗干了自己的心血。特别是我这样一个残废的儿子，她恨不能锯下自己的手脚为我安上，为我付出了一位母亲所能付出的一切，这样一份伟大而厚重的母爱，让我终生都难以报答。

我没有尽到孝心，我没能像常人一样去报答母亲的哺育之恩，对母亲，我只有歉疚，只有惭愧，只有不安。作为儿子，我永远都是不称职的！

可我又该怎样去安慰奄奄一息又惶恐祈盼的母亲？我该说些啥？我该怎么做？

娘啊！原谅儿子的不孝吧！儿子一生都对不起您，您的最后要求，儿子实在是不能答应啊！您的儿子是党员、是干部，凡事都得带个头，村里老少爷们都拿眼睛看着我呀！

娘啊！谁叫您是朱彦夫的娘呢?！您老不火化，儿子以后在村里就挺不起腰杆，乡亲们就会戳儿子的脊梁骨，就会看轻了咱共产党啊！

几天以后，娘怀着对另一个世界的憧憬，怀着对儿孙们的深深眷恋，怀着对自己百年后事的焦虑惶恐，终于离开了人世。

娘被火化了。

娘是张家泉第一个被火化的人。

娘一生正直宽厚、通情达理，她以自己的死，为乡邻们、为自己的儿子作出了最后的一次奉献……

第十章 生命的诗篇

命运虽然给了我太多苦难，但所幸的是，我始终是用一种战斗的姿态去面对这些苦难。当最终一一跨越和征服这些苦难后，我庆幸自己的坚韧和顽强，为能以胜利者的姿态去笑傲生活而自豪。

在我的家里，端端正正地挂着一张放大的照片，照片上只有两个人，一个是我朱彦夫——拄着双拐，一脸惶恐；另一位是迟浩田将军——举手敬礼，真诚庄重。

那是1987年7月的一天深夜。

喧嚣了一天的张家泉村正在静静地睡着。大地安详，弯月如钩。

“嘭嘭”的敲门声惊醒了希荣，她忙披衣开门。走进屋的是县民政局的两位同志。

俩人兴奋而急切，径直来到我的床前。

“朱书记，有个好消息！你的一位老战友来咱县里了，指名要见见你……叫我们今晚上就把你接到县里，车在外面等着。”左局长顾不上寒暄，开门见山。

“老战友？哪来的老战友？”我慌忙坐起来，一脸迷茫。“半夜三更的，您俩这是……”

“嗨，你先别问了，先穿衣服。”

“老陈。你快点给他穿衣服。”左局长不由分说，转脸安排希荣。

希荣也不知啥事，一阵手忙脚乱。

“甭着急，给老朱穿整齐点，人家可是一位大首长！”左局长见状，笑着对希荣说。

我不知他们葫芦里卖的什么药，更想不起自己哪来的老战友。“二五〇”高地上，唯我幸存，怎么又突然冒出了个战友？这突如其来的消息让我有点呆愣，边穿衣装腿，边问左局长到底怎么回事。

“嗨！你别问这些，首长专门嘱咐先不让说出他的名字，叫你自己去认！”左局长无奈地笑着说。

“他是去蒙阴县参加孟良崮战役胜利40周年纪念活动后，专程从地区赶到咱县里来的……”

同来的年轻人有点按捺不住，刚说到这里，却被左局长打断了：“你想暴露秘密是咋着？沉不住气！你快去叫驾驶员把车开到大门口来！”

他俩越神秘，我越纳闷焦躁。再问，左局长只笑不说了。

汽车在崎岖的山路上急速地行驶着。我疑疑惑惑，强迫自己冷静下来，仔细回想一下过去的战友、首长，可除了牺牲的那些，任我把脑袋想得胀痛，也想不起到底还有谁。

赶到县委招待所时，已是凌晨。

早饭后，两位年轻的军官领着我来到了接待楼前。

楼前整齐地站立着两列军官和县里的领导，他们正夹道迎候我的到来。见我蹒跚着走过来，两列队伍热烈地鼓起掌来，每个人的眼神中都流露出钦佩和兴奋。

这场面，这掌声，极大地感染了我，虽然愈加惶恐和迷惑，但心却莫名其妙地激动起来。作为一名战士，在炮火纷飞的年代里，自己曾一次次被热情的人民夹道迎送过，那笑脸、那掌声、那话语，曾经给了我一位年轻的战士多么大的鼓舞、激奋和自豪啊！

然而，岁月的流逝，伤残的现实，使得这一切，已经在自己的记忆中渐渐变得模糊和遥远的时候，猛然间又被重新置身在这样一种曾经熟悉的氛围中。它带给我的，就不仅仅是一份惊喜，唤醒的也不仅仅是一份回忆，更多的却是让我在不经意间一下子又找回了当年那个少年战士冲天的气概、必胜的信心和跨步格外高远的豪迈！

周身的血液在急速地涌动，笨拙的步伐变得轻盈而矫健，我觉得自己真的又像是一位凯旋的战士了。

恍恍惚惚中，正中一位身材魁梧、戎装飒爽的老将军快步迎了过来，刚毅而微笑着的脸庞上满是欣喜和快慰。走到近前，挺身立正，举起右手，向着当年那位暮色中目送着他飞奔上孟良崮山顶的支前少年、朝鲜冰天雪地中自己麾下的士兵，庄严地行了一个军礼。

首长的手久久不肯放下，军帽下炯炯有神的双眼正热切、期待地望着我。我顿时张皇失措起来，想开口，可一片空白的脑子里竟一时找不出一个字眼；想迈进一步，可刚才还轻快无比的双腿此刻竟像钉子般钉在了那里；急切地想从那张慈祥的脸上读出什么，可激动的泪水已经模糊了视线。仓皇中，我夹紧双拐，下意识地高高举起了右臂，艰难但极其坚定地完成了重残四十多年来的第一个“军礼”。

首长这才放下右手，迈进一步急切地问：

“朱彦夫同志，你还认识我吗？”

首长的话，让我从极度的兴奋中清醒过来。

见我迷惘地摇头，老将军“忽”地摘下军帽，急切而动情地说：

“再仔细看看，解放上海时……我是迟浩田啊！”

“迟浩田——”这个名字仿佛一道闪电，“刷”地划亮了我尘封的记忆。“你是——迟政委？解放上海后给我们作报告的迟政委？真的是你？……”

“是我，是我！”将军非常兴奋，一把拉起我的胳膊，“咱们都是九兵团的战友，还是山东老乡呢！”

将军舒心地笑了起来，目光上下打量了我一下，神色变得凝重和深情：“你是一位好战士，合格的战士！”

将军扶着我走进接待室，坐下。

“你的事迹我都知道了，你是我们军队的光荣和骄傲，有你这样的战士，我非常自豪！你残而不废，自强不息，这种精神难能可贵……”

首长鼓励的话语，让我激动而惭愧：“首长，我做得还不够，是您教育我们要英勇顽强，为建设一个新中国而战斗不止的……”

将军庄重地点点头。然后笑着问我：“听说你学会了写字，这可不简单啊！”边说边转脸望望众人。“能写几个字给我看看吗？”

“是！”我像战士一样回答。工作人员拿来纸笔，在我面前铺开。我夹抱起笔，认认真真地写下两行歪歪扭扭的字：“衷心感谢党的关怀，誓将努力奋斗不止！”

“写得不好，让首长见笑了……”

“不，不！写得好，写得好啊！这字不是出自普通之手，这是了不起的奇迹！”

首长连连夸赞，紧接着又关切地问：“听说你在写书？”

“是的。”一提到书，我的心又重新激动起来，觉得有一肚子的话要向将军倾诉。

“‘文革’中我就开始写了，可后来都让造反派给我烧了。我起了个名字叫《异人梦》，可他们硬说我是异人做梦。我……我是战争的幸存者，战友们的嘱托，我从来不敢忘记，我要写出这本回忆录，完成烈士的遗愿……”

“嗯，我支持你写！”将军听完我的倾诉，庄重地环视一下众人，对众人更是对我说：“党已经对那段历史作出了公正的评价。要重新鼓起勇气，树立信心，一定要把这书写出来，用血与火的战斗经历，用一位特残军人顽强奋争的精神，去教育世人！鼓舞人民……”

将军要走了，我喉头哽咽，恋恋难舍。将军郑重地嘱咐我：“有什么困难，尽管写信告诉我，我等着看你的书！”

将军的鼓励，给了我无尽的勇气。我暗暗发狠，战士的职责就是战斗不止，这座没有硝烟的堡垒我一定要攻克！有生之年不拿下这本书，我就枉为一名战士。

其实早在 1982 年，我从支书的岗位上退下来之后，就把主要的精力全部投入了这本书的构思和筹划当中了。

见我退了下来，一直呕心沥血精心伺候了我几十年的妻子如释重负：“这下可好了，你总算能休息一下了，俺也轻快轻快……”

我瞪一眼妻子，半开玩笑半认真地说：“休息？我这一辈子可没有休息的时间，你累了？咱俩还早呢！你最少还得陪我 30 年！噢，我知道了，肯定是你上辈子欠下我朱家的债，这一辈子是专门来给我还债的！”

妻子嗔怪又无奈：“俺就知道你还想写你那本书！唉！再折腾下去，俺真是怕把你这半条命最后也给折腾没了……”

我劝慰妻子，又像是说给自己听：“我不写能行吗？这两年，我老梦着指导员来找我，一遍遍地问我：‘朱彦夫，我交给你的任务完成了没有？’我说还没呢！指导员大怒：‘好你个朱彦夫，你活下来，就把死去的战友们给忘记了！你完不成这个任务，我和战友们非找你算账不可！’你说，我能不写吗？我早想好了，这本书要是能写好，能出版，那最好不过了，要是不行，就当咱的家史，实在不行，就算我的遗言……”

真正开始动笔，是 1987 年。而催促我产生紧迫感的动因还是缘于一次令我刻骨铭心的报告会。

从 40 年前的那个清明节，我第一次为人们作报告开始，一直到现在，我作报告的场数已经超过了一千场，听过我的报告的人也超过了几百万人了。因此，就有人给我起了个“报告大王”的绰号。不论褒贬，我倒乐得接受这份荣耀。

回村几十年来的一件件经历，不断地给我的报告增添了新的内容，包括后来终于创作完成了《极限人生》这本自传体小说所经历的种种磨难，也成了我后来报告的内容。

几十年间，我不停地出入企业、学校、机关、部队，本省、外省，足迹几乎走遍了大江南北。没有行业之分，没有地域差别，更没有年龄的界线，人们纷纷睁大了好奇的眼睛，静静地听着我的叙述。鲜花和掌声告诉我，我的坎坷经历和顽强的斗志，引起了人们的共鸣，人们纷纷把我当作了信念和意志的标尺，当作了力量的象征！这使我倍感欣慰，一个特残的军人，一个历经磨难的共产党人，只要还能为社会发出一点光和热，那就是我求之不得的理想，莫说一千场，就是一万场，我也应该在所不辞！

许许多多听过我报告的人都真诚地给我写信，倾诉他们的苦闷，倾诉他们对困难、对挫折、对不幸的态度。他们极其真诚地告诉我，一个新的天地已经在他们心灵深处轰然洞开。从我的身上，他们重新认识了这个世界，认识了困难、挫折、不幸，认识了人的意志、勇气，认识了人的力量和潜能。

“一位万般无奈的母亲”给我来信说：“儿子几乎要让我们绝望了，他不思学业，不走正道，请您用刚强的残臂给孩子写几个字吧，让他明白，拥有不屈的信念、坚强的毅力，即使残缺了肢体也能写出辉煌的篇章！浑浑噩噩，是对生命的犯罪啊！您 14 岁时，已为国出力了，他也 14 岁了，可他在干些什么……”

是的，我始终以为，人，才是世界的主宰。人的身上应该、也完

全可能涌动着一股不可估量的力量，蕴藏着取之不竭的超凡的潜能……

那次，是在一所中学作完报告之后，同学们纷纷涌上来，嬉笑着要我签名，提出各种各样的问题。

一阵喧闹之后，有一个孩子挤到我的面前，鼓了鼓勇气，认认真真地问我："朱爷爷，同学们都在议论，说现在干啥事都要讲钱，到处有人请你作报告，你肯定收了人家很多钱，这是真的吗？"

孩子是认真而无邪的。但这话却像一根钢锥，深深地刺进了我的心中。

心灵的剧痛，让我清醒，作为历史的见证人，我们有责任告诉孩子们，除了金钱，他们还应该去追求许许多多的东西，还应该去读懂许许多多的道理！

这个孩子提出的问题，大大增强了我的使命感和紧迫感。自己一个人的力量毕竟是微不足道的，而且伴随着年老体衰，自己还能有多大的精力，作多长的报告？

书！只有写书！把革命先烈舍生取义、前仆后继的英雄壮举写出来；把共产党人为国家为人民的利益无私无畏、甘愿奉献的凛然正气写出来；把一个特残军人自强不息、挑战生命极限的奋斗历程和精神信念写出来！愿它们真的能如春风化雨，去滋润、浇灌每一颗干涸、荒瘠的心田，让子孙后代知道，在这个世界上，曾经有一群用特殊材料制成的人，曾经有一种精神叫作生命不息，奋斗不止！

1987 年，秋风劲吹的时节，我开始全身心地投入写作。

可我投入的又是一场怎样艰巨而残酷的战斗啊！

对于一个一天学也没上过，残臂抱笔，用嘴衔笔，每天至多也只能写出百多个模糊难辨的字的人来讲，要终就一部几十万字的文学书，其艰难又何止是攻占一个高地！我至今似乎都不敢再去回想在那以后的七年中所经历的千难万苦……

谋篇布局，情景描绘，人物刻画，这些文学创作的基本技能，对当时的我来说都是闻所未闻的。

文学的殿堂陌生而深奥，我跌跌撞撞地闯进来，开始摸索着走过每一天。

家人们给我搬来了一大摞书籍：《钢铁是怎样炼成的》《把一切献给党》《烈火金刚》《雪地将军》……我睁大眼睛，像一个饿极了的乞丐，一点一点地“啃”着，一遍一遍地“啃”着，边“啃”边揣摩领会。

读书的过程充满着艰难。两只断臂掀不起书页，往往是一掀就掀过去几十页，又得重头去找，好不容易夹住了一页，双臂的力量要是稍失轻重，就会“哧啦”一声撕将下来，一本书最终看下来，往往已经撕得少头无尾，七零八落了。

无奈，就只能用舌头去舔，口涎又不受控制，舔一页，湿一片，一本书不等看下来，就皱折、膨胀得面目全非。

一遍、两遍看下来，脑子里却空荡荡的，还琢磨不出多少道道来。那就得再来几遍，直到把其中的艺术特点、构思方法、记叙描写以及语言特点等统统找出来，琢磨透，记得住，一本书才算彻底看完。这时候，这本书也就彻底“报销”了，像烂草一团。

动笔了，其艰难令人心酸。

我的“书房”全在床上。先是把棉被叠成方块，把两只断腿垫高，然后再把写字板压在腿上，用嘴含着笔、用双臂抱住笔，一撇一画，缓慢而笨拙地去爬完每一个格子。口水顺着笔杆细泉般淋下来，浸湿了稿纸，换一张重新写！再湿再换……开始每天只能写出十几个字、几十个字，就这些，还得重描几遍，方能认得清楚。

弯腰弓背，摆臂屈腿，几乎要把残躯上所有的“部件”统统拽入这场“会战”中。写作时间稍长，各处伤口和创面神经就阵阵剧痛，头晕目眩……

最令我感到痛苦和烦躁的，是知识的贫乏和语言表达上的困难。

战争的惨烈场景，烈士的音容笑貌，仿佛就近在眼前，可一旦要下笔成文时，脑子里却又是一片空白。

多少次，为了一个情节的描写，冥思苦想得走火入魔一般。嘴上叼着笔，却当成烟去点；多少次，嘴上明明是叼着烟，却又当成笔去摁到了稿纸上；稍微一走神，烟就可能引燃了棉被，直到浓烟腾起，灼痛了肌肤，这才手忙脚乱地一阵折腾。等到火灭了，脑子里刚“挤”出来的几个句子早不知飞到哪里去了。

脑动脉硬化造成的大脑迟钝和健忘，更是雪上加霜。

更大的难题还在后面。随着情节的展开，人物的出场，难免出现漏落、颠倒、重复和混乱。对常人来讲，只需翻阅前面的书稿，查对一下就可以了，可对我来说就难了。

我只好把涉及的人物线索、情节次序等写到一张张纸片上，然后让妻子用胶水贴在竹竿上，固定在床边的墙上，跟挂万国旗似地一字排开一长溜儿，以便随时查对。

一天午后，一阵疾风从窗口涌进，吹落了竹竿上的三张纸片。我正急于完成一段构思好的情节描写，便没在意。

妻子悄悄地推门进来，轻手轻脚地把屋里收拾一番，那三张纸片就被她当成垃圾打扫了出去。

到了晚上，我恰好就用到了这几张纸片上的情节和对话，我喊来妻子，要她从地上拾起那三张纸片，妻子找了一阵。地上啥也没有，还埋怨我：“看你这脑子，都稀里糊涂了……”

“不可能，你再找找，下午叫风吹下去的，一共三张!”我有点着急了，催促着。

妻子这才想起了扫出去的垃圾，叫上几个孩子，拿上手电筒就去那垃圾桶里翻找，可哪里还有半点纸片的影子……

我顿时火冒三丈，“啪”地把写字板狠狠地摔在了妻子的身上。希荣委屈的泪水在眼眶里打着转儿，默不出声地忍受着。

寒冷的冬天来到了。

狭窄的小屋里，灶中那一点可怜的炉火抵挡不住北风的呼啸，屋里冰窖似的没了一点热气。双腿还可以塞进被窝里，但抱笔的两只断臂必须光溜溜地露在外面。假若隔着衣衫，就会影响抱笔的神经感触灵敏度。

双臂渐渐就被冻得麻木，失去知觉，笔尖根本接触不到纸面上，可我竟察觉不出，依旧抱着笔在机械地滑动着、写着。半天过去了，纸上没有一个字迹……

夏天，更不好过。

屋里闷热难耐。风扇是不敢开的，怕吹乱了纸张。

还不等写出几个字，汗水就跟小溪一样，顺着胳膊淌下来，流到笔上，又浸到纸上，一片模糊。妻子看不下去了，悄悄进屋，站在我身后扇起蒲扇，可“扑啦扑啦”的声音搅得我愈加心烦意乱，只好把妻子又撵出屋去。

长时间的抱笔触磨，两臂创面时常磨破溃烂，流脓流血，疼痛难忍。

儿女们不忍心了，一次次提出来由我口述，他们代笔，可我觉着那样总是隔了一层什么。儿女们毕竟没有那种亲身经历，自己更会少了一些思考的空间，表达不出自己的真情实感，对不住死去的英灵。

写作的进度极为缓慢。

焦躁和疲惫已经使我白天和黑夜不分、历史和现实难辨，几乎进入了一种狂癫的状态。

睡梦中，我时常会恍恍惚惚地爬起来，一阵呆愣后又一脸茫然地躺下；半夜三更里，突然就会觉着自己已经走回了历史中，像是在枪林弹雨、冰天雪地中冲杀一样，嗷嗷叫着从床上滚落下来，甚至爬出门外，自己还浑然不知……

常年的埋头写作，长时间的身心交瘁，使各种疾病相继袭来。一副残躯就像一架带伤而超负荷运行的机器，各个部件先后“警报”不断。

特别是失去眼珠的左眼窝，开始不断地往外流着黑黄的血水，贴在上边的纱布，原本是要每天一换的，可创作正在进入到最关键的时刻，任何人的劝阻我根本充耳不闻，一连几天将自己封闭在屋内。终于，左眼开始剧烈疼痛，而且右眼也紧跟着出现间歇性的短暂失明。

这天，六岁的外孙女艺卓轻轻地来到屋里。全家人就数她“面子”大，可以自由出入我的“书房”。

为了避免打扰，希荣就跟门卫似的，天天守在门口，除了艺卓，任何人都甭想进屋。

孩子手里端着一杯水，进门后，就看见满屋子里一片狼藉，地上、床上，到处是散乱的、揉皱的稿纸。我一头灰黄的头发乱草般地直竖着，而且胡子拉碴，脸色蜡黄，两腮也深深地塌陷进去。

见我这副模样，艺卓的小脸上有点惊恐，战战兢兢地放下茶水，想转身就走，又有点不情愿，抬头盯着我的脸。

我想冲孩子笑一笑，可嘴角的痉挛一下子使得左眼剜心般地疼痛起来。我忙抬起胳膊触摸一下贴在上面的纱布，那纱布竟黏糊糊地结成了硬板！我一咬牙，两只断臂一搓，纱布掉了下来。

艺卓刚看了一眼，就吓得“哇”的一声大哭了起来。

原来，连着几天被脓水浸泡，眼眶四周全部溃烂，又黏又黄的流质不停地淌出来，半边脸部变得狰狞骇人。

听见哭声，一家人惊慌失措，也顾不得“禁令”了，一齐冲了进来，大女儿向华急得直抹眼泪，一家人七手八脚，强行把我抬进了医院。

不仅眼睛，而且残臂、残腿创面也都全部感染，大夫语气沉重：“如果不抓紧治疗，就有再次截肢的危险！”

我很快就发起了高烧，浑身开始抽搐，几乎枯竭的心脏，已经跳动得极其微弱……

整整七年过去了。

两千多个炼狱般的日日夜夜。

七易其稿的漫长和艰难。

此刻，1996 年的 7 月，一个流火的日子，一本 33 万字的自传体小说《极限人生》终于摆在了我的眼前。

我不知道是怎样按捺住了自己心头的狂喜，小心翼翼地捧起了它，心中虔诚到甚至不敢去翻动它那散发着墨香的书页。

我把自己独自关进了屋里，恭恭敬敬地在书的扉页上写满了战友们的名字。然后跪倒双膝，擦着火柴，将其点燃。

蓝幽幽的火苗呼呼地蹿起时，眼泪，终于从自己的脸颊上滚落下来。跳动的火焰中，我清清楚楚地看见了自己的斑斑心血，看见了自己七年煎熬中跋涉和挣扎的身影。我甚至看得见，那章章节节、字字句句此刻竟幻化成了一曲悲歌、一幅挽联，唱给了烈士们朝盼已久的魂灵，飘荡在浸透着他们的生命和忠诚的骨血的山河间……

我很欣慰，长舒了一口气，极度疲惫的身心也像是在字里行间寻到了一个最舒适的喘息的角落，安静了下来，轻盈而又空明。胜利的喜悦给了我解脱，不仅仅是躯体上的、精神上的解脱，而且是心理重负的解脱。作为一名幸存者，我一直觉着欠着战友们什么，作为一名战士，更是觉得自己苟且偷生般地忘记了指导员的嘱托，这使我惶恐，使我惭愧，更使得心里背负着巨石般的沉重。

而此刻，我也许该给自己一些安慰了，也许该给心灵一份解脱了。虽然，对自己苦撑苦熬的七年，对自己为之付出的心血乃至生命，自己还不知道能否有所值，能否对得起将军的鼓励和信任，能否得到战友们的首肯和认可……但我毕竟已经竭尽了全力。这一点，是我唯一感到可以聊以自慰的，也是唯一可以让自己喘息一口的理由。

1996 年 11 月的一天，在一次报告会上，因突发脑血栓，我倒在了讲台上……

我瘫痪了。

命运再一次向我发难，病魔再一次夺走了我行走的权利！

此生，我不知道还能否再一次站立起来，迈开双腿，跨步在这片坚实的土地上。

我不知道我的生命还能走多远，也不知道这半截残躯内到底还有没有能量，供我一次次地从死神门前挣扎而回。也许没有了，也许我已经走到了一个特残生命所能够走到的最遥远的地方，也许一本《极

限人生》恰恰是我为自己的生命历程找到了一个极限。

这些念头袭上心来的时候，我竟感到了一丝悲凉。但很快我就一遍遍地告诫自己，这些念头是万万不应该有的，因为我知道，作为一名战士，只要一息尚存，就不能泯灭自己始终追求更大胜利的渴望，脚下应该还有更长更远的路正等着自己去跨越，谁也没有为人生的极限界定出一个标准，人生本就不该有什么极限。只要自己竭尽全力地去搏杀，总能达到一个新的目标，跨越了极限，也就不存在什么极限了，所有的极限全部跨过之后，也许就会有一片更加崭新的天地！

命运虽然给了我太多的苦难，但所幸的是，我始终是用一种战斗的姿态去面对这些苦难。当然，自己毕竟也只是一个凡夫俗子，在苦难面前，难免也会有犹豫和彷徨，当最终一一跨越和征服这些苦难后，我庆幸自己的坚韧和顽强。能够把痛苦和磨难踩在自己的脚下，能够以胜利者的姿态去笑傲生活，还有什么能比这更令人感到骄傲和自豪的！

别人问我：除了苦难，你有幸福吗？

在许多人的眼里，都认为像我这样一个超特残的生命，似乎很难有什么幸福可言。但我以为，幸福也应该是多种多样的，从不同的角度去深究它的内涵，就会得出许多有差异甚至截然相反的幸福观。起初，自己能走上几步而不至于摔倒，就感觉幸福得心花怒放；自己能自理吃喝拉撒了，又几乎被幸福所陶醉；在支书的岗位上，每当为群众办成一件实事，幸福的感觉竟是那样不可名状；苦熬七年，终成一书，奉献给社会，更是一种神圣而庄严的幸福。

人活着，就得奋斗，奋斗着，就是幸福，奋斗不止，幸福就不断。

党和人民给了我极高的荣誉。1996 年，我被评为全国优秀共产党员。1997 年又被评为全国自强模范，受到了江泽民等中央领导同志的亲切接见。

面对这些荣誉，我感到非常的不安。毕竟，我只是做了一名战士应该做的，只是尽了一名共产党员应该尽到的责任。战争为我留下了这点躯体，战友们用自己的死换来了我的生，那么，我还有什么理由不让这点躯体、这点生命去燃烧、去发光发热、去报答祖国和人民呢？我惭愧的是自己做得还很不够，离自己在党旗下的誓言还差得很远！痛苦和不安的是病残剥夺了我太多的可以为党和人民作奉献的权利和能力。

如果说多多少少也总算为社会做了一点什么的话，我想那应该是我一生坎坷的经历所给予人们的一点启发。人们应该热爱生命，更应该加倍地珍惜生命，应该竭尽自己的力量，去奏响生命之歌，去揭示生命的价值，把生命的能量定格在最壮美的极限深处！那样，当我们告别这个世界的时候，就会少一点遗憾，多一份豪迈。

人生一世，潇潇洒洒走一回，那是很过瘾的！

人，也不应该老是抱怨人生的多舛和生存环境的恶劣。因为，只有靠自己的奋争，才能去改变一切，包括人自己的命运。

生命的潜能是无穷无尽的，我坚信这一点。

虽然，病魔正在残酷地折磨着我，但我决不会就这样倒下去的，我还要抗争，我还要发掘生命中仅存的能量，向命运做最后的挑战！即使失败，我也不会轻易地放弃。而且，将来的某一天，我终究是要去和战友们相会的，那时，假若他们问我："朱彦夫，你这就满足了？你这就算对我们有个交代了？你浑身真的再也没有一点力气了？"到那时，我该多么惭愧，我该何以作答？

凡此种种，都在激励和督促着我，我没有理由可以停下脚步，没有理由可以松懈自己，更没有理由可以认为自己已经达到了某种极限！

让我们一起，去向命运挑战吧！

代笔者赘语

我是听着朱彦夫的英雄故事长大的。

第一次听他作报告的时候，我还只是一名小学生。那时他留给我的印象，就是一位戴着墨镜、没手没脚、浑身是伤，可又非常了不起的英雄。可敬又似乎离自己很遥远。

长大后，自己从事的恰好是新闻记者工作，这给了我更多的机会去接近和了解身边的这位英雄人物。每一次的采访和交谈，都使自己的心灵受到极大的震撼。我对于他的信念和精神，他的人格和品质，他的英雄气概，他的共产党人的浩然正气，已不独是敬仰和感动，而且简直就是使自己的灵魂接受了一次次的洗礼和净化！小时候他在自己心中那模糊而遥远的印象，越来越清晰，越来越真实，越来越高大，越来越触手可及。

1998 年 5 月，接到为朱彦夫同志传记代笔的任务后，顿感兴奋而又惶恐。能有机会进一步地走近英雄、走进他的世界，这当然是自己求之不得的事情。但自己能行吗？这毕竟是一部弘扬英雄正气的大书，自己的写作能力，能担当此任吗？我心里没底又有点怯阵。

此时的朱彦夫同志因脑血栓已经瘫痪，口齿也有些含混不清了。但他的语气坚定，鼓励我树立信心，完成任务，这使我很感动，勇气倍增。

在接下来两个月的写作过程中，我努力地使自己走进英雄精神的世界，用他的视角和心灵，去观察和体味人生，去哭、去笑、去悲伤、去痛苦、去欢乐、去战斗、去磨砺。越写越觉出了英雄的可亲可近！越写越觉出了英雄的可歌可泣！自己就是这样被感染着，被激励着，被震撼着，一步步去追寻他的人生轨迹……

为了方便照顾朱彦夫的生活和医疗，沂源县领导班子决定将他全家迁到了县城。他的家离我们单位不过百步之遥。我接受了代笔任务后，在整个夏天里，每一次去拜访他时，总是见他坐在轮椅里，坐在自家小院的林荫下，用唯一还能动弹的左臂，极其艰难地翻阅着书报。小院里，开满了各种各样的鲜花，那都是他亲手栽植和培育的。

朱彦夫是极其乐观和坚韧的，即使是在病榻上也一如既往。几乎每天，他都要接待一批又一批的来访者，他也正是用这种乐观和坚韧，让越来越多的人从他的身上，读懂了什么是力量，什么是生命，什么是生命的价值。

用唯一的能够活动的左臂写字，其难度更大了，但他还是用套在胳膊上的钢笔为我写下了这样一句话："精神，只有精神才是我的第一生命，用无形生命创造有形价值，是我的最大志愿！"字迹已经模糊难辨，但他是用心写出的，是用自己的血肉和生命写出来的！

感谢所有对该书的创作给予热忱帮助的领导和同志们。

由于自己生活阅历浅薄，文学水平不高，实在难以完整、准确、清晰地记叙出朱彦夫催人泪下的一生。不妥和不尽如人意的地方还请朱彦夫同志及读者朋友们给予谅解和指正。

张立新

1998年10月